Chronique
de l'année
2000

« Chronique de l'année 2000 »
a été conçu et réalisé sous la direction de Catherine et Jacques Legrand

Rédacteur en chef : Pierre-Yves Grasset

Comité de rédaction : François Nida, Michel Marmin,
Vincent Balouet, Bruno Larebière
Iconographie : système « Online » (Sipa Press)
Direction technique : Catherine Balouet
Secrétariat de rédaction : Sandrine Stefanelli
Cartes et infographie : Olivier Barbut
Index : Doriane et Zoé Bautista

Impression et reliure : Brepols (Belgique)

Notes de l'éditeur :

Le lecteur trouvera en bas de chaque colonne de chronologie hebdomadaire la valeur de l'indice CAC 40 (🏛), de l'euro (€) par rapport au dollar américain et le prix du baril de pétrole (🛢) (sources « Le Figaro »).

Les cotations sont celles du vendredi soir — ou du jeudi soir si le vendredi est férié —, jour de la clôture hebdomadaire de la Bourse.

Les flèches de renvoi (→) signifient que l'événement traité connaît un développement ultérieur à la date ainsi indiquée.

ISBN : 2-84355036-X

Présent tirage de cette édition : © Acropole 2001
Adresse : 12, avenue d'Italie — 75013 Paris
Internet : www.editions-acropole.com
ISBN Acropole : 2-7357-0203-0

Dépôt légal : janvier 2001
Achevé d'imprimer en janvier 2001

Distribution en Belgique
Chronique Diffusion
La Haze, 74
4130 Esneux
Tél. : (04) 380 07 59
Fax : (04) 380 07 58

Jacques Legrand SA
Editions Chronique
Aéroport de Périgueux
BP1 — 24330 Bassillac
Tél. : 05 53 35 91 21
Fax : 05 53 35 14 06
Internet : www.chroniques.com
e-mail : chronic@easynet.fr

Chronique
de l'année
2000

Editions
Chronique

ACRO
POLE

Janvier

Lu	Ma	Me	Je	Ve	Sa	Di
					1	2
3	4	5	6	7	8	9
10	11	12	13	14	15	16
17	18	19	20	21	22	23
24	25	26	27	28	29	30
31						

Lisbonne, samedi 1er
Le Portugal prend pour six mois la présidence de l'Union européenne. (→ 1.7)

Suède, samedi 1er
Entrée en vigueur de la loi séparant l'Eglise luthérienne de l'Etat.

Egypte, mardi 4
Les violences contre les coptes continuent en Haute-Egypte. A 500 km au sud du Caire, les troubles ont fait 20 morts, dont 18 chrétiens.

Londres, mercredi 5
Des dépêches de Churchill sont déclassifiées par le Foreign Office : en mai 1943, le Premier ministre britannique songeait sérieusement à « éliminer politiquement » de Gaulle.

France, jeudi 6
Les propriétaires de pit-bulls et autres chiens de combat considérés comme dangereux doivent les avoir fait stériliser et ne peuvent plus les promener dans les lieux publics.

France, jeudi 6
L'équipement en téléphones mobiles passe le cap des 20 millions d'appareils.

Etats-Unis, vendredi 7
Monica Lewinsky, la secrétaire la plus célèbre du pays, fait désormais de la publicité pour une marque de régime minceur.

Hong Kong, dimanche 9
Un des principaux quotidiens de la ville, le *South China Morning Post*, confirme que la Chine prélève certains organes de ses condamnés à mort à des fins de transplantations.

Brest, dimanche 9
Philippe Monnet part pour un tour du monde en solitaire à la voile, dans le sens inverse de celui habituellement emprunté. Pour lui, ce sera cap Horn, Australie et cap de Bonne-Espérance. (→ 9.6)

DECES

Canaries, dimanche 2
Doña Maria de las Mercedes de Bourbon, épouse de don Juan de Bourbon et mère du roi Juan Carlos (*23.12.1910).

Rome, dimanche 9
Bruno Zevi, critique d'art et historien de l'architecture (*22.1.1918).

5.539,61 — 23,43 $

€ 1,0294 $

Un nouveau Centre Pompidou après vingt-sept mois de travaux

Paris, samedi 1er
La bibliothèque n'ouvrira ses portes que le 26 janvier ; le restaurant, dont le décor a été confié à des designers pleins de promesses, est encore en travaux. Qu'importe ! Ils furent des milliers à se presser pour découvrir un Beaubourg qui a fait peau neuve. Les tubulures ont été repeintes avec les couleurs vives qui avaient fait la célébrité du lieu, les espaces ont été réorganisés. Toute l'administration a été déplacée dans un immeuble voisin : la place libérée permet au musée national d'Art moderne de proposer un nouvel accrochage plus aéré de ses collections. Neuf jeunes plasticiens français sont à l'affiche de la première exposition.

Pour ce premier jour de réouverture, 40 000 visiteurs sont entrés gratuitement.

Les Anglais résistent au système métrique

Londres, samedi 1er
Dernier carré de résistance à un système métrique que les Anglais préfèrent appeler continental, les commerçants doivent à partir de ce jour servir leurs clients en kilos, non plus en pounds (livres). Seuls le lait et la bière, deux piliers du royaume, échappent à l'harmonisation pour être toujours vendus en pintes. Des commerçants de détail comme des supermarchés, encouragés par les tabloïds, assurent qu'ils ne céderont pas, quelles que soient les amendes dont Tony Blair les menace. (→ 23.7)

A 36 ans, Florence Parly prend le Budget

Benjamine du gouvernement Jospin.

Paris, lundi 3
Cette énarque atypique était la plus jeune de l'équipe de conseillers de Lionel Jospin à Matignon. Nommée secrétaire d'Etat au Budget, elle va donc occuper ce poste laissé vacant depuis la nomination en novembre de Christian Sautter au ministère de l'Economie. Florence Parly connaît sur le bout des doigts les arcanes du pouvoir : sa mère, Jeanne-Marie, est directrice de cabinet du ministre de l'Education Claude Allègre. Ancrée à gauche – elle milite au sein du PS parisien –, elle doit sa nomination à sa fidélité au Premier ministre tout autant qu'à sa réputation de rigueur.

Bogue de l'an 2000 : passage sans casse

France, lundi 3
Les premières secondes du nouvel an ont été celles de la surveillance du bon passage à l'an 2000 de toutes les installations informatiques de la planète, en raison d'une inconséquence informatique commise dans les années 70. Par manque de place, les informaticiens ont codé l'année sur deux chiffres au lieu de quatre : le passage à l'an 2000 (de 99 à 00) pouvait entraîner des erreurs fatales. Devenus possibles dès le début des années 90, les contraintes de place et de coût ayant disparu, les travaux de correction furent négligés jusqu'à ce qu'une poignée de consultants du monde entier sensibilisent pouvoirs publics et entreprises à l'urgence de la situation. Des travaux s'engagent en France en 1992. Une structure mondiale d'experts se met en place : *Global 2000*. Mais ce n'est vraiment qu'en 1998 qu'est créée une mission dont l'action débute en janvier 1999. En France, 120 milliards de francs sont consacrés à la rénovation des systèmes. Le 31 décembre 1999, une cellule basée aux Etats-Unis attend les messages du monde entier. *Bug or not bug ?* Au fur et à mesure du franchissement de l'heure fatidique, et en dépit de nombreux incidents (des systèmes de surveillance d'une centrale nucléaire tombent en panne au Japon), tous les pays affichent le vert : *no problem*. Coût total de cette gigantesque opération planétaire de mise à jour : 600 milliards de dollars. Le prix de la sécurité.

Fuite en Inde du 17e bouddha vivant

Dharamsala, mercredi 5
Des réfugiés, il en arrive tous les jours dans cette ville indienne où le gouvernement tibétain en exil et le dalaï-lama se sont installés. Mais le nouveau venu, âgé de 15 ans, n'est pas n'importe qui. Ugyen Trinley Dorje est, après le dalaï-lama et le panchen-lama, la plus haute autorité religieuse tibétaine : karmapa-lama. Il est aussi la 17e réincarnation de Bouddha. Le jeune homme et son escorte ont traversé l'Himalaya en plein hiver. Reconnu par Pékin, il n'aurait pas accepté que lui soient refusés certains enseignements, ni que la Chine lance une campagne au Tibet en faveur de « l'athéisme ».

Mesures d'urgence après les tempêtes

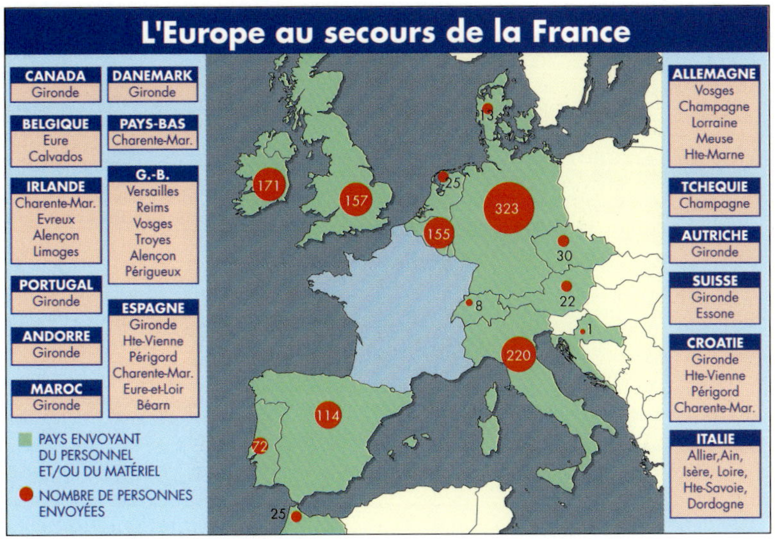

Dordogne, jeudi 6
Dix jours après le second ouragan, celui qui a traversé une partie du Sud-Ouest, Lionel Jospin s'est rendu dans le Périgord et le Limousin, au cœur des zones les plus touchées. Les agents d'EDF doivent effectuer un travail titanesque sur le terrain. Ils ont reçu l'aide d'équipes venues d'Allemagne, d'Irlande, d'Espagne ou de Grande-Bretagne. Il reste près de 180 000 foyers toujours privés d'électricité. Beaucoup sont isolés et souvent habités par des personnes âgées. 270 millions d'arbres sont à terre. Provisoirement, la facture est estimée à 40 milliards de francs dont 17 pour EDF. Les fournisseurs de bâches, de tuiles et de zinc sont en rupture de stock. (→ 14)

Consécration de cinq évêques en Chine

Ils appartiennent tous à l'Eglise « patriotique », non reconnue par le Vatican.

Pékin, jeudi 6
Signe que les autorités chinoises ne se soucient guère de détendre leurs relations avec le Vatican, elles ont autorisé l'ordination, en ce jour, de cinq nouveaux évêques. Ceux-ci ont été désignés par la seule Eglise que reconnaît le pouvoir communiste : l'Association patriotique des catholiques de Chine. Le Vatican et Pékin ont rompu leurs liens diplomatiques en 1951, car l'autorité du pape sur les croyants était considérée comme une atteinte à la souveraineté de la République populaire. L'an dernier, des négociations avaient repris sur une éventuelle normalisation. Cette fois, la perspective de voir le pape fouler le sol chinois, comme il en a émis le souhait, recule un peu plus.

Imbroglio juridique autour du petit Elian

La communauté cubaine multiplie les manifestations contre le départ d'Elian.

Washington, vendredi 7
Une commission du Congrès a donc accédé à la demande de la famille américaine d'Elian : le jeune Cubain sera cité à comparaître – c'est-à-dire qu'on lui demandera s'il souhaite ou non rester aux Etats-Unis – alors que le gouvernement avait exprimé l'intention de renvoyer le garçon à Cuba. Cette décision passe outre l'avis des services d'immigration : ils estimaient qu'il devait être remis à son père, à Cuba, tant selon les lois américaines qu'internationales. La décision des élus donne un nouveau délai à la famille de sa défunte mère, en Floride, pour essayer d'obtenir la garde de l'enfant, devenu, pour les Américano-Cubains, le symbole de l'oppression castriste. (→ 30.3)

Trêve dans l'offensive russe en Tchétchénie

Caucase, dimanche 9
Qu'ils parlent de pause ou de trêve, les officiers russes ont justifié leur décision par la protection des civils tchétchènes et russes bloqués dans la ville. Selon l'état-major russe, les habitants de Grozny servent encore de boucliers humains aux rebelles indépendantistes. Officieusement, la trêve s'explique plutôt par les pertes élevées et les difficultés à s'emparer de la capitale de la Tchétchénie. Sur le terrain, ce sont les mêmes mots qui reviennent sans cesse dans la bouche des soldats russes : bourbier et enlisement. Il faut se rappeler qu'en octobre, lors du lancement de cette offensive, l'état-major avait pu promettre au président Eltsine que la ville tomberait en une semaine. Près de la frontière ingouche et dans l'est de la république, les Russes ont subi des contre-attaques et plusieurs embuscades meurtrières durant le week-end. Le 1er janvier, alors qu'il était à peine investi président par intérim, Vladimir Poutine s'était rendu sur le front pour encourager ses troupes. Avec la présidentielle, il a déjà fait de la perspective d'une victoire rapide son principal cheval de bataille. (→ 13)

Mgr Lehmann envisage le départ du pape

Berlin, dimanche 9
Les déclarations du président de la conférence épiscopale allemande et évêque de Mayence ont relancé les spéculations sur une démission de Jean-Paul II. Mgr Karl Lehmann a évoqué « l'incroyable résistance » du Saint-Père, pour s'en féliciter, et, sur sa lancée, pour espérer que celui-ci aura le courage de se retirer s'il ne se juge plus capable de diriger une Eglise catholique forte de près d'un milliard de fidèles. Il n'y a dans le droit canon et dans les règles et usages pontificaux aucune mesure concernant les cas d'empêchement physique. Le seul exemple connu de renonciation volontaire, conforme à l'article 332 du droit canon, est celui de saint Célestin V, en 1294.

Janvier

Lu	Ma	Me	Je	Ve	Sa	Di
					1	2
3	4	5	6	7	8	9
10	11	12	13	14	15	16
17	18	19	20	21	22	23
24	25	26	27	28	29	30
31						

Israël, lundi 10
150 000 personnes manifestent à Tel-Aviv contre la restitution complète ou partielle du Golan à la Syrie. Les discussions israélo-syriennes se sont achevées aux Etats-Unis sans résultat probant. (→ 8.2)

Chine, lundi 10
Les autorités interdisent la vente du parfum « Opium » de Saint Laurent. Il véhicule selon elles un message « incorrect » à destination de la jeunesse.

Bruxelles, mercredi 12
L'Europe va se doter d'une autorité spécifique chargée de la sécurité alimentaire. Elle sera mise en place en 2002 mais n'aura pas les pouvoirs de son modèle américain, la Food and Drug Administration, forte de 9 000 fonctionnaires.

Londres, mercredi 12
Le ministre de l'Intérieur, Jack Straw, déclare qu'il serait enclin à laisser partir le général Pinochet en raison de son état de santé. Le dossier médical ne sera pas rendu public. (→ 16)

Caucase, jeudi 13
L'état-major russe interdit aux Tchétchènes de 10 à 60 ans de quitter le territoire. (→ 24)

Etats-Unis, vendredi 14
Dans le magazine *Science*, une équipe de l'Oregon annonce le clonage réussi d'un rhésus. Le macaque s'appelle Tetra. (→ 5.3)

Paris, samedi 15
Coup d'envoi des soldes. Plus courts et plus encadrés que les années précédentes, ils provoquent des afflux de clients rarement vus dans la capitale.

Australie, samedi 15
Victoire de la joueuse française Amélie Mauresmo au tournoi de tennis de Sydney. Elle bat en finale l'Américaine Lindsay Davenport, n° 2 mondial, en deux sets (7-6, 6-4), après avoir battu la Suissesse Martina Hingis en demi-finale. (→ 30)

Italie, dimanche 16
L'équipe de France de bobsleigh à quatre est sacrée championne d'Europe à Cortina d'Ampezzo.

DECES

Paris, samedi 15
Alain Poiré, producteur de cinéma (*13.2.1917).

5.787,44 — 25,57 $ — € 1,0133 $

Nouveaux contrôles aux frontières belges

Bruxelles, lundi 10
La campagne de régularisation des immigrés clandestins, lancée par le gouvernement de Guy Verhofstadt, doit durer trois semaines. Durant ce laps de temps, tous les étrangers en situation irrégulière pourront retirer un dossier. Il sera tenu compte de la durée d'installation en Belgique du demandeur, de son intégration et de la situation politique dans son pays natal. Un risque est à craindre : que cette mesure entraîne un afflux de demandeurs d'asile en provenance de toute l'Europe. Malgré l'espace Schengen, le ministre de l'Intérieur, Antoine Duquesne, a donc rétabli les contrôles aux frontières. (→ 20)

A la recherche de clandestins cachés.

Montée au créneau des patrons routiers

France, lundi 10
Les patrons des transports routiers ont mis leur menace à exécution. Ils ont établi des barrages filtrants aux frontières espagnole, allemande, belge et italienne. Ils en appellent au ministère des Transports pour faire baisser le prix du gasoil. Les manifestants refusent la prochaine mise en place des 35 heures dans leur activité alors que leurs salariés font facilement le double. Appliquer cette loi les placerait dans une situation difficile, affirment-ils, face à la concurrence espagnole, hollandaise et polonaise. (→ 4.9)

La Cour des comptes s'en prend à Bercy

Paris, lundi 10
En présentant son rapport sur « la fonction publique de l'Etat », fruit de l'étude du mode de rémunération de 2 684 744 personnes, Pierre Joxe, président de la Cour des comptes, a tenu à rappeler un principe majeur de la République : les fonctionnaires et assimilés ne peuvent échapper à une nécessaire transparence. Or la Cour est formelle : l'opacité règne en ce domaine, tant les indemnités et les primes s'empilent sans que leurs justifications sautent aux yeux. Cela serait particulièrement choquant au ministère des Finances, où est notée « une absence de visibilité ».

Fusion géante entre AOL et Time Warner

New York, lundi 10
Prenant Wall Street par surprise, AOL et Time Warner ont annoncé leur mariage par échange d'actions – une opération estimée à 350 milliards de $. En fait, il s'agit plus de la prise de contrôle de Time Warner par l'un des leaders de la nouvelle économie. Steve Case, le président d'AOL, prend d'ailleurs la tête de la nouvelle entité. Celle-ci incarne une alliance idéale, celle des nouveaux modes d'accès que sont les portails du Web avec le premier fabricant de contenu médiatique, lequel maîtrise aussi bien la télévision que la presse, le cinéma ou la musique.

Les homos anglais acceptés aux armées

Londres, mercredi 12
Le gouvernement Blair ne pouvait que s'incliner, ainsi que la hiérarchie militaire. Après un arrêt rendu par la Cour européenne des droits de l'homme, il a accepté de modifier le règlement (unique en Europe) qui interdisait aux homosexuels l'accès aux forces armées. Les homosexuels britanniques pourront donc porter les armes. Seuls demeurent interdits « tous signes publics d'affection », comme c'est d'ailleurs le cas pour les hétérosexuels. Il n'est pas précisé si les quatre recrues qui avaient été limogées en raison de leur sexualité différente seront réintégrées.

Arrêté à Lisbonne, Sid Ahmed Rezala s'oppose à son extradition

Portugal, jeudi 13
Avec son assentiment, la procédure aurait pu prendre 48 heures. Mais Sid Ahmed Rezala a refusé d'être extradé. De recours en appel, son retour en France peut prendre des mois. Le jeune homme a été arrêté il y a deux jours dans une banlieue de Lisbonne. Ce sont les appels qu'il passait vers la France depuis une cabine qui ont permis à Interpol de le localiser. Agé de 20 ans, Rezala avait échappé de justesse à la police le 15 décembre dernier à Marseille. Il était devenu l'ennemi public n°1. La justice l'accuse des meurtres de trois jeunes femmes commis dans les trains Calais-Vintimille et Paris-Limoges, et à Amiens. (→ 24.5)

Il est le suspect n° 1 dans l'affaire des meurtres des trains de nuit en France.

« Concorde civile » difficile en Algérie

Alger, jeudi 13
La loi de « concorde civile » prévoit l'amnistie pour les islamistes qui ne sont impliqués ni dans des crimes de sang ni dans des viols. Ils avaient jusqu'à hier minuit pour déposer les armes et en bénéficier. Force est de constater qu'ils auront été très peu nombreux à se rendre : 1 500 selon les autorités. Le seul fait marquant est la reddition de Madani Mezrag, il y a deux jours, dans des conditions confuses. Le chef de l'AIS, l'Armée islamique du salut, a tout de même annoncé la dissolution de ce qui fut le bras armé du FIS. (→ 31.5)

Une greffe des deux mains tentée à Lyon

Lyon, jeudi 13
L'équipe du professeur Jean-Michel Dubernard a tenté une double greffe des mains (main et section d'avant-bras). C'est une première mondiale. L'opéré est un homme de 33 ans, peintre en bâtiment, qui a perdu ses deux mains à la suite de l'explosion accidentelle d'une fusée artisanale. Son identité n'a pas été révélée. Une cinquantaine de personnes ont été mobilisées durant près de dix-sept heures à l'hôpital Edouard-Herriot. Le patient a été choisi pour sa force de caractère : si la greffe prend, il suivra à vie un traitement antirejet.

Alphonse Boudard rejoint les cloportes

Résistant, voyou, taulard et écrivain.

Nice, vendredi 14
Malade, Alphonse Boudard n'a pas résisté à une attaque cardiaque. Il s'en est allé rejoindre le paradis des voyous et des mauvais garçons. Cet enfant naturel (*17.12.1925) était entré dans la Résistance en 1943. Une vie pour le moins agitée et une attirance certaine pour les coffres-forts le conduisirent plusieurs fois en prison : il y attrapa la tuberculose mais y découvrit la littérature. *La Métamorphose des cloportes*, publiée en 1962, le rendit célèbre. Le succès ne quittera plus le romancier, ardent défenseur de l'argot, ni le scénariste. Son seul regret : n'avoir pu obtenir la réouverture des maisons closes.

Bilan des tempêtes et de la marée noire

France, vendredi 14
Au terme d'une course contre la montre, d'une mobilisation humaine et technique sans précédent, EDF a pu annoncer que ses équipes ont achevé de réalimenter les derniers clients encore privés de courant, par câblage ou groupe électrogène. Le coût des travaux de reconstruction est évalué à 12 milliards de francs. Il y a deux jours, le Premier ministre a dévoilé son plan de secours : une première enveloppe d'aides directes aux professionnels sinistrés et aux collectivités locales de 4 milliards. A cela il faut ajouter 12 milliards de prêts. Les procédures de déclaration aux assureurs ont été simplifiées et les délais allongés. Autre domaine ravagé : les monuments, jardins et sites historiques recevront quelque 700 millions de francs. Du côté de la marée noire, un second robot a été envoyé sur l'épave de l'*Erika*, où des fuites ont été détectées. Quant aux centaines de bénévoles ou de militaires mobilisés sur les côtes, ils sont victimes d'émanations toxiques issues tant du pétrole échoué que des produits employés pour le faire disparaître. Certains souffrent de maux de tête, d'éruptions cutanées, voire de nausées. De son côté, le capitaine de l'*Erika* a affirmé que le mauvais état du navire était connu de l'armateur. (→ 10.2)

EDF a annoncé le 14 que tous les clients privés d'électricité étaient réalimentés.

Assassinat d'Arkan, chef et tueur serbe

Belgrade, samedi 15
De son vrai nom Zeljko Raznatovic, ce chef de bande est tombé sous les balles des tueurs dans le hall d'un hôtel de Belgrade. Agé de 47 ans, parrain du « milieu » serbe, il était lié aux services secrets. L'éclatement de la Yougoslavie le rendit célèbre. Avec sa milice des Tigres, il écuma les campagnes croate et bosniaque, terrorisant et tuant les non-Serbes, se payant en pillages et en trafics. Revenu à la vie dite civile, il s'offrit un club de foot. Arkan ne répondra donc pas devant le Tribunal pénal international qui le recherchait pour crimes contre l'humanité. (→ 7.2)

Les Chiliens choisissent de nouveau un président socialiste

Ricardo Lagos avait été un collaborateur du président Salvador Allende.

Santiago, dimanche 16
Ricardo Lagos a obtenu 51,32 % des suffrages contre 48,68 % à Joaquin Lavin, son adversaire conservateur. Même s'il fut un collaborateur de Salvador Allende, renversé en 1973, le nouveau président se situe plus au centre et ne cesse de répéter qu'il est moins doctrinaire que celui-ci. La coalition qui le soutenait incluait d'ailleurs la Démocratie chrétienne ; et les communistes n'avaient donné aucune consigne de vote. A 61 ans, Ricardo Lagos, qui fut plusieurs fois ministre, trouve un Chili en plein marasme économique et en proie au doute : en cas probable de retour du général Pinochet, celui-ci doit-il être jugé ? Lagos y est favorable. (→ 31)

Janvier

Lu	Ma	Me	Je	Ve	Sa	Di
					1	2
3	4	5	6	7	8	9
10	11	12	13	14	15	16
17	18	19	20	21	22	23
24	25	26	27	28	29	30
31						

France, lundi 17
Selon le ministère du Travail, les femmes gagnent toujours 25 % de moins que les hommes à travail égal.

New York, lundi 17
Un appareil mis au point par l'institut Dobell a permis à un aveugle de 62 ans de recouvrer une partie de la vue. Il a fallu 30 ans pour le réaliser. Une caméra miniaturisée reliée à des électrodes, eux-mêmes reliés au cerveau du patient, produit des points blancs sur fond noir que l'aveugle apprend à lire. (→ 28.4)

Paris, mercredi 19
Le gouvernement annonce une série de mesures pour lutter contre l'effet de serre. Une écotaxe frappera les entreprises polluantes, mais une baisse des charges la compensera. Les routiers sont épargnés.

France, jeudi 20
Le Pacs fait fureur. Près de 12 400 personnes ont signé un Pacte en un mois et demi. Un tiers vit en région parisienne.

Turquie, jeudi 20
Visite du ministre grec des Affaires étrangères. Ce réchauffement des relations entre Ankara et Athènes est une conséquence directe du tremblement de terre de 1999.

Guyane, vendredi 21
Le centre spatial de Kourou fête ses 30 ans. De 600 âmes en 1970, le département compte 20 000 habitants aujourd'hui.

Italie, samedi 22
En descente, à Cortina d'Ampezzo dans les Dolomites, victoire de la Française Régine Cavagnoud. C'est son second succès d'affilée sur cette piste et sa quatrième victoire. (→ 18.3)

Equateur, samedi 22
Coup d'Etat de dupes à Quito. Après des défilés massifs de paysans indiens contre la « dollarisation » de l'économie, l'armée a poussé le président Jamil Mahuad à la démission. Elle le remplace par Gustavo Noboa, partisan du même programme économique.

DECES

Floride, mercredi 19
Hedy Lamarr, née Hedwig Eva Maria Kiesler, actrice hollywoodienne (*9.11.1914).

5.681,32 — 27,51 $ — € 1,0068 $

De l'eau sur Europe, satellite de Jupiter ?

Espace, lundi 17
La sonde spatiale américaine *Galileo* a survolé Europe le lundi 3 janvier à 351 km d'altitude. Elle a détecté de forts changements de direction de son champ magnétique. Après deux semaines d'analyse, les experts de la Nasa estiment très probable la présence, sous les 100 km de glace qui recouvrent l'une des lunes de Jupiter, d'une énorme masse liquide qui serait une mer sous-glaciaire. Déjà, le département des projets de la Nasa a imaginé un robot capable d'explorer cet océan enfoui. Quant à *Galileo*, sa mission a été prolongée avec les survols de Ganymède et de Io, autres lunes de Jupiter.

Houra.fr à l'assaut du marché sur Internet

Le nouveau site propose 50 000 produits et la livraison dans toute la France.

Ile-de-France, mardi 18
Le groupe Cora lance la première grande surface sur le Web. Certes, des enseignes de magasins en ligne existent déjà, mais celle-ci a l'insigne mérite de livrer ses produits dans la France entière. Houra.fr propose près de 50 000 références avec une livraison sous 48 heures. C'est dans l'Est parisien qu'ont été basés les immenses entrepôts. Houra, qui n'a pas de produits frais, mise sur la complémentarité et laisse ce secteur aux commerçants de ville. Principal axe de développement : les couches et les bouteilles d'eau, les produits lourds ou encombrants, tout ce dont l'achat constitue une corvée. (→ 24)

Chirac enterre la réforme de la justice

Paris, mardi 18
Faute d'avoir pu rassembler, même dans son propre camp, une majorité suffisante, Jacques Chirac doit se résoudre à annuler la convocation du Congrès. C'est lundi prochain que députés et sénateurs devaient se prononcer sur la modification de la Constitution souhaitée par le chef de l'Etat afin de réformer le Conseil supérieur de la magistrature. Cette refonte du CSM, visant à le rendre plus indépendant et à renforcer ses pouvoirs, est reportée *sine die*. Les réticences du RPR et de l'UDF ont fait reculer l'Elysée.

Bettino Craxi est mort exilé en Tunisie

Hammamet, mercredi 19
Affaibli par le diabète, l'ex-président du Conseil italien Bettino Craxi est décédé d'un infarctus (*24.2.1934). De 1983 à 1987, il avait réussi, avec le petit Parti socialiste italien dont il était secrétaire général, à tenir tête aux communistes et aux démocrates-chrétiens, établissant un record de longévité au pouvoir dans l'Italie de l'après-guerre. Les accusations de corruption qui entraînèrent sa chute furent confirmées par la justice. En 1996, Bettino Craxi fut condamné à huit ans de prison qu'il se refusa à effectuer, choisissant l'exil tunisien.

Le 18, à Liège, le prince Philippe et son épouse, Mathilde, prennent avec le sourire leur premier bain de foule : 15 000 personnes les acclament.

Naturalisation plus souple en Belgique

Bruxelles, jeudi 20
La procédure de naturalisation que les parlementaires ont adoptée est l'une des plus libérales d'Europe. Le délai de présence sur le territoire est ramené de cinq à trois ans, et même deux ans pour un réfugié politique. Pour un étranger résidant depuis au moins sept ans, la nationalité sera obtenue de façon quasi automatique par simple demande à la commune. Si la question du droit de vote des étrangers posait un réel problème sans trouver de solution, les députés l'ont partiellement réglé en ouvrant l'accès à la nationalité.

La CDU en pleine tourmente en Allemagne

Helmut Kohl, ici avec W. Schäuble, a dû abandonner la présidence de la CDU.

Berlin, jeudi 20
L'affaire des caisses noires du Parti chrétien-démocrate, la CDU, a fait son premier mort. Un cadre chargé des finances de ce parti, Wolfgang Hüllen, s'est pendu chez lui, pour des « raisons personnelles » selon la police. Dans la matinée, le chef du parti, Wolfgang Schäuble, avait dû s'excuser devant le Bundestag pour les irrégularités commises et pour avoir menti. L'affaire concerne des comptes secrets ouverts à l'étranger, des transferts et des dons illicites. Helmut Kohl, sur lequel le feu des critiques se concentre, a quitté la présidence d'honneur du parti. Mais il ne donnera aucun nom. (→ 16.2)

Réouverture du parlement de Bretagne

Reconstruit après l'incendie de 1994, le bâtiment a recouvré ses fonctions.

Rennes, jeudi 20
Le président de la République tenait à assister à l'audience solennelle de rentrée de la cour d'appel qui avait lieu dans le parlement de Bretagne restauré. Il s'agissait d'une première depuis l'incendie de février 1994. Magistrats du siège et du parquet, ils étaient là en grande tenue, rouge ou noire, sous les ors des plafonds du XVIIe siècle. Accompagné par le ministre de la Justice, le président Chirac a répété sa « détermination » à sortir de l'impasse politique et à faire rapidement aboutir la réforme de la magistrature. Il s'est ensuite rendu sur les plages souillées par le fioul de l'*Erika*.

Explosion du MP3 et piratage des CD

Cannes, vendredi 21
Au Midem, le rendez-vous annuel des professionnels de la musique, un sigle est sur toutes les lèvres : MP3. La crainte qu'il inspire s'explique par les pertes financières qui lui sont dues. MP3 désigne en effet le format de compression de la musique qui s'est imposé par le biais d'Internet. Le MP3 a fait exploser la pratique du téléchargement de la musique. La conséquence immédiate en a été le boom de la piraterie. N'importe qui peut désormais graver ses CD, pour son propre usage ou pour la revente, à un coût très bas. (→ 12.6)

Code percé pour les cartes bancaires

Paris, vendredi 21
Serge Humpich a percé une brèche dans le dogme de l'inviolabilité des cartes bleues, comme le prétendait le groupement chargé de la sécurité des 34 millions de cartes françaises. Cela lui aura pris quatre ans, mais il a décrypté l'algorithme protégeant le code à quatre chiffres que possède chaque puce. Il a voulu négocier son savoir-faire, une pratique courante dans l'informatique, sans jamais se servir dans les distributeurs comme il en avait la possibilité. Les banques ont préféré attaquer : deux ans de prison ont été requis. (→ 10.3)

Un rallye Dakar - Le Caire mouvementé

Jean-Louis Schlesser, sur Renault, lors de son arrivée victorieuse au Caire.

Egypte, dimanche 23
Ce sont les Français Richard Sainct, en moto, et Jean-Louis Schlesser, en auto, qui ont remporté, au pied des pyramides, le Dakar 2000. Cette édition aura surtout été marquée par le gigantesque pont aérien que les organisateurs ont dû mettre en place entre Niamey et Waw al Kébir en Libye. Selon les services secrets français, une colonne du GIA était prête à attaquer la caravane et les concurrents du Dakar. Les étapes du Niger ont toutes été annulées. Du 13 au 17, quatre Antonov 124 civils ont transporté 143 motos, 150 autos, 77 camions, 1 365 personnes et plus de 2 500 tonnes de matériel. Les Nigériens, furieux, affirment que la colonne terroriste n'aurait été que l'escorte automobile d'un émir du Golfe chassant dans la région.

Union contre la rupture de la trêve par l'ETA

Madrid, dimanche 23
Deux mois après avoir annoncé la rupture de la trêve de ses attentats qui durait depuis le 17 septembre 1998, l'ETA est repassée à l'action avec pour seul résultat politique de recréer contre elle l'union sacrée de tous les partis politiques espagnols, sauf le Parti nationaliste basque. La manifestation silencieuse qui s'est déroulée aujourd'hui dans les rues de la capitale a réuni un million de personnes. Tous protestaient contre l'assassinat vendredi du lieutenant-colonel Blanco Garcia. Il a péri dans l'explosion de sa voiture. (→ 22.2)

Janvier

Lu	Ma	Me	Je	Ve	Sa	Di
					1	2
3	4	5	6	7	8	9
10	11	12	13	14	15	16
17	18	19	20	21	22	23
24	25	26	27	28	29	30
31						

France, lundi 24
La direction de Moulinex annonce une restructuration : trois usines vont être fermées.

Bruxelles, mardi 25
La Commission européenne donne son feu vert à la fusion-acquisition de Carrefour et de Promodès (Continent), les deux géants français de la grande distribution, qui deviennent le leader européen du secteur.

Genève, jeudi 27
Le procureur général confirme que Pavel Borodine, proche de Boris Eltsine, homme d'affaires et administrateur des biens du Kremlin, est sous le coup d'un mandat d'arrêt international pour corruption. C'est une nouvelle étape de l'affaire Mabetex qui vise le clan et les proches d'Eltsine, surnommés par les Russes « la famille ».

Sénégal, jeudi 27
Après le dépôt d'une plainte le 25, le procureur général de Dakar autorise l'ouverture d'une information judiciaire contre l'ancien président tchadien Hissène Habré, réfugié au Sénégal, pour « crimes contre l'humanité ».

Melbourne, dimanche 30
Andre Agassi remporte la finale de l'Open d'Australie devant le Russe Evgueni Kafelnikov en quatre sets (3-6, 6-3, 6-2, 6-4). Chez les dames, Lindsay Davenport a battu Martina Hingis en deux sets (6-1, 7-5).

Atlanta, dimanche 30
Football américain : les Rams de Saint Louis remportent le Super Bowl face aux Tennessee Titans.

Londres, lundi 31
La Haute Cour repousse les derniers recours déposés contre le départ de Pinochet. (→ 22.2)

DECES

Marseille, mercredi 26
Jean-Claude Izzo, poète et auteur de romans policiers sur la cité phocéenne (*20.6.1945).

Californie, vendredi 28
Alfred Eton Van Vogt, écrivain de science-fiction (*26.4.1912).

Paris, vendredi 28
René Girier, alias René la Canne, chef du « gang des tractions avant » de 1940 à 1951 (*9.11.1919).

5.731,05 — 26,64 $ — € 0,9850 $

Bilan moins triomphant et enlisement des Russes en Tchétchénie

Moscou, lundi 24
Pour les médias russes, la guerre qui a débuté en Tchétchénie en octobre dernier rappelle celle d'Afghanistan : opacité, chiffres tronqués, sources uniquement militaires. Le travail de certains journalistes et du comité des mères de soldats porte ses fruits : l'opinion russe ne croit plus guère au triomphalisme du ministère de la Défense. Les pertes oscillent entre 800 morts reconnus par l'état-major et 2 500, recensés par les mères de soldats. L'armée fédérale piétine dans Grozny, censé avoir été libéré depuis des semaines. Elle admet la perte d'un général dont nul n'avait de nouvelles depuis le 21. (→ 6.2)

L'armée russe subit de lourdes pertes à Grozny : cinquante morts en trois jours.

La BNF à domicile avec gallica.bnf.fr

Paris, lundi 24
Pour ce qui est de la rapidité et de la qualité de son développement, la Bibliothèque nationale de France virtuelle a largement battu la BNF réelle. Elle est maintenant la plus importante institution de ce genre dans le monde. Sur les 12 millions de volumes de la BNF, 87 000 ont déjà été numérisés et 35 000 sont consultables en ligne. Sur demande et gratuitement, ces ouvrages sont téléchargeables par les internautes partout dans le monde. Le site reçoit 10 000 visites par jour dont 60 % de l'étranger. (→ 10.2)

Des enfants lancent une prise d'otages

Thaïlande, mardi 25
A Ratchaburi, près de la frontière birmane, l'armée thaïlandaise a fini par donner l'assaut contre l'hôpital où, depuis hier, un commando de la rébellion karen retenait en otages 500 personnes. Ces hommes étaient issus de l'Armée de Dieu, la frange la plus radicale de la guérilla karen, dirigée par deux jumeaux de 12 ans. Luther et Johnny Htoo, à peine plus haut que les M16 avec lesquels ils jouent, sont tenus par leurs soldats pour des prophètes, insensibles aux balles. Les corps des enfants n'ont pas été retrouvés.

Les députés veulent une vraie parité

Paris, mercredi 26
Finalement, seule Christine Boutin (UDF) a voté contre le projet de loi visant à favoriser un égal accès des femmes et des hommes aux mandats électoraux. La droite et la gauche ont même durci le texte défendu par le ministre de l'Intérieur. Face à la souplesse que réclamait Jean-Pierre Chevènement, les députés ont opté pour des listes « chabadabada » (un homme, une femme) aux élections européennes et sénatoriales. Pour les municipales et les régionales, la parité se comptera par groupes de six. Le Sénat doit l'avaliser. (→ 3.5)

Le prêt-à-porter masculin définitivement entré dans les mœurs

Queue-de-pie Yves Saint Laurent.

Paris, jeudi 27
L'homme 2001 sera chic, portera de la couleur et sera moins sport que classique. Les défilés de la semaine du prêt-à-porter ont été marqués par les mêmes tendances lourdes. Chez Hermès, chez le Bruxellois Xavier Delcour, chez Yves Saint Laurent avec Hedi Slimane, ou encore chez Jean-Charles de Castelbajac, le noir, le parme et le prune ont marqué le retour des couleurs profondes et presque aristocratiques. Dans les matières, ce sont les velours et les effets de moire qui se sont retrouvés en vedette. Dans les formes et les coupes, ce fut le triomphe de l'esprit cottage, de la décontraction anglaise et de l'élégance romantique.

Lanvin reste fidèle au classicisme.

Fin du mythe de la neutralité suédoise

Stockholm, mercredi 26
Intervenant lors de l'ouverture d'un forum sur l'Holocauste, la mémoire et l'éducation, le Premier ministre suédois, Göran Persson, a invité ses compatriotes à oublier le mythe de la « Suède neutre, sans tache ». Des ouvrages récents ont levé la chape d'amnésie volontaire qui pesait sur la mémoire du pays depuis 50 ans : des Suédois s'engagèrent dans la Waffen SS ; les livraisons de fer au Reich ne cessèrent jamais ; l'or nazi y fut stocké un temps. « Cette honte sur notre passé, avait-il déjà lancé, nous devons la porter ensemble. »

Clinton se félicite à la tribune du Congrès

Washington, jeudi 27
Bill Clinton a été au mieux de sa forme et d'un optimisme presque lyrique : « L'état de notre Union n'a jamais été meilleur... Le soleil se lève toujours sur une Amérique éternellement jeune ! » Pour son huitième et dernier discours sur l'état de l'Union, le Président a mis en avant le bilan exceptionnel de son double mandat, avec la plus longue période de croissance que l'Amérique ait connue. Mais, loin de ne prononcer qu'un testament politique, le chef de l'Etat a aussi évoqué les qualités de son vice-président, Al Gore, et posé les enjeux de société de la prochaine élection présidentielle. (→ 6.2)

Après le discours sur l'état de l'Union.

Colère du personnel hospitalier en France

France, vendredi 28
Dans le secteur hospitalier public, le ras-le-bol est général. Des années d'économies à outrance, au nom de la réduction du déficit de la Sécurité sociale, ont abouti à des situations intenables. La charge de travail est devenue énorme dans les services d'urgence à cause du manque de personnel. Les agents hospitaliers et les infirmières ont lancé une grève unitaire et espèrent que le corps des médecins les rejoindra. La colère hospitalière pourrait être entretenue par les prochaines négociations sur l'application des 35 heures. (→ 16.3)

Inflation des sorties de films : inquiétudes

Paris, vendredi 28
L'hebdomadaire de la profession, *le Film français*, s'inquiète du nombre grandissant de sorties. Sous le gros titre « Trop de films tue le film ! », il y est rappelé que le nombre de longs métrages distribués en salle est passé de 361 à 595 entre 1993 et 1999, soit une hausse de 65 %. Dans le même temps, le nombre moyen d'entrées par film a considérablement décru. Le public se disperse, et des films pourtant dotés d'un fort potentiel quittent rapidement les salles. Quant à la part du cinéma américain, elle ne cesse de croître. (→ 2.4)

Les Bleus classés 4es aux championnats d'Europe de handball

Marc Wiltberger lors du match nul (26-26) face aux Croates, le jeudi 27.

Zagreb, dimanche 30
Les Français ont échoué d'un point (23-24) face aux Espagnols dans la « petite finale ». Ils n'auront pas la médaille de bronze. L'or et le titre européen sont revenus aux Suédois, déjà vainqueurs en 1994 et 1998, grâce à leur victoire sur les Russes par 32 à 31. La quatrième place des Bleus est une belle surprise. Depuis le titre européen obtenu en 1995 par les Barjots, leurs prédécesseurs dans l'équipe de France, les nouveaux joueurs ont su rebâtir une équipe soudée. Face à des formations qui leur en imposaient en taille comme en poids, les Tricolores ont joué sur la vitesse et la polyvalence.

Geste humanitaire au Forum de Davos

Suisse, lundi 31
A Davos, la très chic station de ski des Grisons, Bill Gates a été le seul à passer de la parole aux actes. Le fondateur de Microsoft a annoncé un don de 750 millions de dollars (4,8 milliards de francs) à l'OMS pour financer des campagnes de vaccination. Le Forum économique mondial, le 30e du nom, n'aura été troublé que par les manifestations, vite circonscrites, des opposants à la forme actuelle de la mondialisation. José Bové et tous les militants anti-OMC avaient fait le déplacement. Ils n'ont suscité des congressistes que des déclarations générales sur le partage des richesses. (→ 11.4)

Expérience artistique et scandale au Chili

Santiago, lundi 31
Depuis onze jours, Daniella Tobar, une comédienne de 27 ans, vit dans une maison de verre non loin du palais présidentiel de la Moneda. Livrée aux regards des passants, elle boit, mange, reçoit des amis, dort et se lave. Cette installation – véritable happening artistique – se veut un hommage au dénuement à travers le symbole de la totale transparence. Mais, dans un pays où la censure surveille de près le dévoilement des corps, la nudité de Daniella sous sa douche a provoqué la colère de la presse catholique et des mères de famille. En conséquence, une foule de badauds s'est agglutinée devant le domicile de la dame pour admirer ou conspuer l'objet du délit.

La douche transparente de Daniella.

Quinze perpétuités pour le « Dr la Mort »

Manchester, lundi 31
Harold Shipman a été condamné à quinze peines de perpétuité pour les meurtres de quinze de ses patientes, des femmes âgées de 50 à 81 ans, au moyen d'injections de morphine ou d'héroïne. Le dossier de celui que les tabloïds appellent « Docteur la Mort » n'est cependant pas clos. La police enquête sur 136 autres morts suspectes dans lesquelles il pourrait être impliqué. Le docteur Shipman apparaît déjà comme le plus grand tueur en série de l'histoire criminelle britannique. Selon les psychiatres, il s'est pris pour Dieu et aurait eu pour seule motivation le plaisir d'exercer un pouvoir de vie ou de mort.

Février

Lu	Ma	Me	Je	Ve	Sa	Di
	1	2	3	4	5	6
7	8	9	10	11	12	13
14	15	16	17	18	19	20
21	22	23	24	25	26	27
28	29					

Paris, mardi 1er
Valeo, la première entreprise française d'équipement automobile, annonce un bénéfice de 3,7 milliards de francs pour 1999 et la suppression de 6 000 emplois en France et aux Etats-Unis.

Paris, mardi 1er
Avec un an de retard sur les directives européennes, la France adopte une loi ouvrant partiellement le marché de l'électricité à la concurrence.

France, mardi 1er
La durée hebdomadaire légale du travail passe aujourd'hui à 35 heures dans les entreprises de plus de 20 salariés. Elle était de 39 heures depuis 1982.

Pologne, jeudi 3
Le disque enregistré à partir de discours du pape, *Abba Pater*, a réalisé la meilleure vente d'albums étrangers en 1999 : 23 900 copies depuis mars.

Bruxelles, jeudi 3
Expulsion d'une cinquantaine de délinquants albanais, dont des prostituées, vers Tirana. Les autorités estiment que la Belgique est devenue la tête de pont de la mafia albanaise en Europe occidentale.

Monde, samedi 5
La Chine et la diaspora chinoise célèbrent l'avènement de l'année du Dragon.

Helsinki, dimanche 6
Tarja Halonen devient la première femme présidente de Finlande. La sociale-démocrate a obtenu 51,7 % des suffrages face au centriste Esko Aho.

Allemagne, dimanche 6
Le train assurant la liaison de nuit Amsterdam-Bâle déraille dans la gare de Brühl près de Cologne. L'accident, dû à une vitesse excessive, fait huit morts et une centaine de blessés.

Purchase, dimanche 6
Entourée de sa fille, Chelsea, et de son mari, Hillary Clinton annonce officiellement, à 60 km de Manhattan, sa candidature au poste de sénateur de l'Etat de New York.

DECES

Paris, vendredi 4
Roland Marx, historien et spécialiste de la Grande-Bretagne (*26.6.1933).

6275,72 — 27,35 $

€ 0,9794 $

Les chasseurs d'oiseaux contestent la loi

Baie de Somme, mardi 1er
La loi a changé, mais les chasseurs ne s'y soumettront pas. C'est toute la substance du discours martelé par le leader de CPNT (Chasse, Pêche, Nature et Traditions), Jean Saint-Josse, devant les chasseurs de la baie de Somme. Une décision du Conseil d'Etat oblige la France à fermer la chasse au gibier d'eau et aux oiseaux migrateurs au 31 janvier, c'est-à-dire un mois plus tôt que précédemment, afin de se conformer à une directive européenne datant de... 1979 ! Forts de leur poids électoral (6,77 % aux européennes), les chasseurs exigent l'abrogation de ce texte. (→ 28.6)

Dans la mire : les oiseaux migrateurs.

De l'erreur judiciaire à la peine de mort...

Chicago, mercredi 2
Le gouverneur républicain George Ryan suspend toutes les exécutions capitales dans son Etat de l'Illinois, l'un des 38 Etats à infliger la peine de mort depuis que la Cour suprême des Etats-Unis a donné son feu vert à son rétablissement en 1976. Tout en restant favorable au principe de la peine capitale – la seule « riposte appropriée de la société » face aux plus dangereux criminels –, George Ryan veut éviter que des innocents soient exécutés. Or 13 condamnés à mort ont été innocentés en 22 ans dans le seul Illinois après avoir passé plusieurs années dans le « couloir de la mort ». (→ 24)

Abidjan digère mal sa défaite en football

Le général Robert Gueï avec les Eléphants avant la défaite en Coupe d'Afrique.

Abidjan, mercredi 2
Les Eléphants, les footballeurs de l'équipe nationale, ont finalement quitté la caserne des gardiens de la paix où ils avaient été consignés à leur retour du Nigeria. C'est pour les punir de s'être fait éliminer au premier tour de la Coupe d'Afrique des Nations et leur apprendre « le sens civique et la discipline » que la junte militaire leur avait infligé cette sanction. Des militaires ajoutent que c'est aussi pour les protéger d'une foule très hostile qu'ils avaient été embarqués *manu militari* dès leur descente d'avion. (→ 13)

Grave laxisme pour les farines interdites

Bruxelles, vendredi 4
La France se montrerait trop laxiste. C'est ce qui ressort d'un rapport de la Commission européenne basé sur des contrôles effectués en juin 1999 par des inspecteurs vétérinaires. Les farines animales sont interdites dans l'alimentation bovine depuis juillet 1990. Or les experts sont formels : ils chiffrent à 6 % la part de résidus de viandes et d'os figurant encore dans les farines alimentaires. Le ministère français de l'Agriculture juge le taux surévalué : il serait de 1,4 %. Autre critique du rapport : les déclarations tardives des cas d'encéphalopathie spongiforme bovine (ESB). (→ 24)

Los Angeles compte ses policiers ripoux

Los Angeles, jeudi 3
Le Los Angeles Police Department (LAPD) est sali. Au commissariat de Rempart, dans l'un des quartiers hispaniques de la ville, 20 policiers ont été suspendus. Et, selon le chef de la police, Bernard Parks, ce n'est qu'un début. Plusieurs dizaines de policiers véreux s'étaient constitués en un véritable gang. Rafael Perez est à l'origine du scandale. L'officier avait volé 4 kilos de cocaïne pour les revendre. Il a expliqué comment ils envoyaient des innocents en prison en les accusant de leurs méfaits.

Les télécoms ont fait naître un géant

Düsseldorf, jeudi 3
Après avoir résisté trois mois, Klaus Esser, le président de Mannesmann, a cédé : il accepte la fusion réclamée par la firme britannique Vodafone et se plie aux conditions posées par le président de celle-ci, Chris Gent. C'est un triomphe pour la nouvelle économie. Le montant de cette OPE (offre publique d'échange) s'élève à 1 600 milliards de francs ! Elle est la plus importante de tous les temps ! Vodafone AirTouch est nº1 mondial du mobile, et nº1 européen dans les télécommunications. (→ 30.5)

L'Italie entre dans le Tournoi du rugby

Rome, samedi 5
Il faut désormais parler du Tournoi des Six Nations. L'Italie a fait son entrée dans le club fermé des grands pays de l'Ovalie. Le match contre l'Ecosse, tenante du titre, a dépassé tous les espoirs que les amateurs de rugby y avaient placés : l'Ecosse a été battue 20 à 34. Diego Dominguez a été le héros du match : le buteur et demi d'ouverture italien a inscrit à lui seul 29 points. A Twickenham, l'Angleterre a écrasé l'Irlande (50 à 18). Puis, à Cardiff, les Français ont humilié les Gallois (36 à 3). (→ 19)

L'Autriche mise au ban par l'Europe

Le Parti de la liberté de Jörg Haider entre dans le nouveau gouvernement.

Vienne, vendredi 4
Au palais de la Hofburg, Thomas Klestil, le président autrichien, a donc officiellement investi le cabinet de Wolfgang Schlüssel. Chancelier issu du Parti conservateur, Schlüssel est à la tête d'un gouvernement de coalition qui compte dans ses rangs six membres du Parti de la liberté (FPO), une formation populiste située à l'extrême droite dirigée par Jörg Haider. Ce dernier ne détient aucun portefeuille. Depuis le début des négociations, fin janvier, entre les deux partis, l'Europe hésite sur l'attitude à adopter. Les discours alarmistes répondent aux propos apaisants : réveil de la peste brune contre respect des choix électoraux. L'Union européenne, emmenée par Paris et Bruxelles, met en place des sanctions contre Vienne en décidant de réduire au minimum les contacts politiques avec l'Autriche. (→ 20)

Autant-Lara laisse nombre de brûlots

Un cinéaste qui a beaucoup dérangé.

Antibes, samedi 5
Réalisateur du *Diable au corps*, avec Gérard Philipe et Micheline Presle, de *Douce*, du *Mariage de chiffon*, avec Odette Joyeux, du *Rouge et le Noir*, de *la Traversée de Paris*, avec Bourvil et Jean Gabin, des films très vite reconnus comme des classiques du cinéma français, Claude Autant-Lara (*5.8.1901) s'est éteint. Cet homme fut moins un « anar » qu'un contestataire, de façon systématique souvent, des valeurs et de l'ordre établis. Dénonçant l'hypocrisie des bourgeois, des curés et des puissants comme celle des pauvres, il termina sa vie par de féroces diatribes contre le « cosmopolitisme ».

L'Italie disputera la Coupe de l'America

Auckland, dimanche 6
Pour la première fois depuis 1851, année de sa création, aucun voilier américain ne participera à la phase ultime de la Coupe de l'America. Autre première : c'est un bateau non anglo-saxon qui sera le challenger, *Luna Rossa* du défi Prada. En effet, les Italiens ont battu *America One* par 5 victoires à 4 dans la Coupe Louis-Vuitton. Les Néo-Zélandais, tenants du titre, les attendent. (→ 2.3)

Un périple en solitaire dans l'Antarctique

Terre Adélie, dimanche 6
Laurence de la Ferrière a atteint la base Dumont-d'Urville. Elle a réussi à traverser le continent antarctique. Une première étape en 1997 l'avait emmenée de Patriot Hills au pôle Sud en 57 jours. Cette fois, il lui aura fallu 75 jours pour franchir les 3 000 kilomètres qui séparent le pôle de la base française. Elle avait pour tout équipement une paire de skis, un traîneau de 140 kg et une voile. Elle a affronté des vents dépassant les 200 km/h et des températures qui ont atteint - 50 °C. Le 12 janvier, à cause d'un malaise, elle avait lancé un SOS, mais le mauvais temps avait empêché qu'elle soit secourue. Elle est repartie pour finir son périple, après avoir été bloquée onze jours.

Situation bloquée en Irlande du Nord

Irlande du Nord, dimanche 6
Même si l'IRA ne paraît pas en être l'auteur, l'attentat qui vient d'être commis contre un hôtel de la petite ville d'Irvinestown ne favorisera pas la poursuite des pourparlers entre le Sinn Fein et le pouvoir britannique. Un coup de fil anonyme passé peu avant l'explosion a permis qu'il n'y ait pas de victime. Mais Tony Blair, le Premier ministre britannique, est las des tergiversations de l'Armée républicaine irlandaise qui, comme les milices protestantes, ne se résout pas à déposer les armes. (→ 11)

Les soldats russes ont investi Grozny

Les combattants indépendantistes ont quitté la capitale, en partie détruite.

Tchétchénie, dimanche 6
Vladimir Poutine, le président par intérim, annonce la « prise finale » de Grozny. Cette déclaration n'est que l'officialisation d'un état de fait : la ville en ruines a été évacuée par les rebelles indépendantistes mardi dernier. Chamil Bassaïev parti, les Russes ont investi les quartiers qui leur avaient résisté. Les journalistes et les médecins étrangers n'ont pas eu accès à la ville, mais les fuyards font état de pillages. Une traque des blessés se déroulerait. C'est « l'ordre constitutionnel » que les Russes sont chargés de rétablir. Hubert Védrine et Madeleine Albright le pressant de négocier, Poutine a fait savoir qu'il n'avait pas trouvé d'interlocuteurs acceptables. (→ 20)

Février

Lu	Ma	Me	Je	Ve	Sa	Di
	1	2	3	4	5	6
7	8	9	10	11	12	13
14	15	16	17	18	19	20
21	22	23	24	25	26	27
28	29					

Belgrade, lundi 7
Le ministre de la Défense, Pavle Bulatovic, est assassiné. La presse évoque une piste politico-mafieuse. (→ 14.4)

Liban, mardi 8
Trois centrales électriques sont détruites au cours d'un raid de l'aviation israélienne. L'attaque fait suite à celles du Hezbollah qui ont coûté la vie à cinq soldats de l'Etat hébreu depuis le début de l'année. (→ 26)

Palerme, mercredi 9
Après sept mois d'enquête, la brigade financière démantèle une filière européenne de dopage dans le cyclisme, dont l'Italie serait la plaque tournante vers l'Espagne, le Danemark et la Grèce.

Berlin, mercredi 9
Le gouvernement de Gerhard Schröder lance un vaste programme de réduction des impôts échelonné sur 5 ans.

Paris, jeudi 10
Il sera possible, à partir de 2001, d'interjeter appel d'un verdict de cour d'assises. Ainsi en ont décidé les députés, qui ont mis fin à une tradition judiciaire vieille de deux siècles.

Paris, jeudi 10
Alors que du pétrole s'échoue toujours sur les côtes bretonnes, les armateurs et affréteurs français signent une charte de sécurité maritime en présence du ministre des Transports, Jean-Claude Gayssot. (→ 17)

Vienne, vendredi 11
Les Français Marina Anissina et Gwendal Peizerat obtiennent la médaille d'or en danse aux championnats d'Europe de patinage artistique. (→ 31.3)

Corée du Sud, dimanche 13
Le révérend Moon procède au mariage collectif de 60 000 de ses fidèles au stade olympique.

DECES

Los Angeles, samedi 12
Charles Schulz, dessinateur et créateur de Snoopy et de Charlie Brown, dont la dernière planche doit paraître le dimanche 13 (*26.11.1922).

Neuilly-sur-Seine, samedi 12
Screamin Jay Hawkins, chanteur américain, créateur du succès mondial *I Put a Spell on You* (*18.7.1929).

6287,01 — 27,86 $ — € 0,9854 $

Mesic, successeur de Tudjman en Croatie

Zagreb, lundi 7
Le résultat du scrutin présidentiel sonne le glas des années Tudjman (mort le 11 décembre) marquées par l'autoritarisme et le nationalisme. Le second tour a vu la victoire du centriste Stipe Mesic, 65 ans, avec 56,21 % des voix, face au libéral Drazen Budisa. Les deux hommes étaient issus de la même majorité parlementaire de centre gauche. Le nouveau chef de l'Etat avait été le dernier président de la Yougoslavie unitaire. Il a promis à la population, lasse des surenchères patriotiques, que la Croatie cesserait de soutenir les extrémistes croates de Bosnie.

La cagnotte fiscale : que faut-il en faire ?

Paris, mercredi 9
Le ministre des Finances Christian Sautter a enfin donné un chiffre qui devrait mettre fin à la polémique née en septembre dernier sur le montant réel de la « cagnotte fiscale ». Elle s'élève selon lui à 30,7 milliards de francs et constitue un excédent par rapport aux prévisions de recettes, à ne pas confondre avec un excédent du budget de l'Etat. Le débat porte désormais sur son affectation. Faut-il réduire la dette publique ? Ou bien diminuer les impôts ? Et lesquels ? La TVA, la taxe d'habitation et l'impôt sur le revenu sont en lice. (→ 31.8)

Boeing vérifie 1 900 avions en service

Los Angeles, mercredi 9
La FAA, l'autorité américaine de l'aviation civile, vient d'ordonner l'inspection des gouvernes et des stabilisateurs horizontaux de tous les avions de la famille des MD-80 et MD-90 en service. Cela fait 1 900 appareils dans le monde dont 1 100 pour les Etats-Unis. Le 31 janvier, un MD-83 d'Alaska Airlines s'est écrasé en mer au large des côtes de Californie, faisant 88 morts. Selon l'enquête, les pilotes du vol 261 ont perdu le contrôle de l'avion, qui s'est mis en piqué après la mise en action intempestive d'un vérin hydraulique du compensateur de profondeur.

Victoires de la musique classique... à Lyon

Le maître de chant José van Dam.

Lyon, mardi 8
Pour leur 7e édition, les Victoires de la musique classique et du jazz ont quitté Paris. La soirée est présentée par le journaliste Patrick de Carolis et la harpiste Marielle Nordmann. En plus des hommages rendus au chef d'orchestre Emmanuel Krivine et au baryton José van Dam, ce sont des valeurs sûres que les jurés ont récompensées. Pour les formations, le Trio Wanderer obtient la Victoire en musique de chambre. Natalie Dessay est sacrée meilleure artiste lyrique pour la troisième fois, et la pianiste Hélène Grimaud meilleure soliste. En jazz, l'album *Hum 99*, avec René Urtreger, Daniel Humair et Pierre Michelot, est récompensé.

Flambée de xénophobie en Andalousie

El Ejido, mercredi 9
Dans cette bourgade agricole, les ouvriers marocains se sont mis en grève pour protester contre les trois jours de violences racistes qu'ils ont subis. Les heurts ont fait 56 blessés dans leurs rangs. Tout a débuté par le meurtre d'une jeune Espagnole imputé à un Arabe déficient mental. Les hommes d'El Ejido, en colère contre les « Maures », sont partis à la chasse aux immigrés, incendiant leurs baraquements, les molestant et les poussant à la fuite. La police a fini par être déployée. Le *boom* des cultures maraîchères et des agrumes a entraîné l'arrivée en masse d'une main-d'œuvre marocaine sous-payée et souvent en situation illégale, qui représente 25 % de la population.

La population d'El Ejido s'en est prise aux immigrés marocains : 56 blessés.

Traque des pirates du Net aux Etats-Unis

Washington, jeudi 10
A la demande du FBI, de la CIA, de la National Security Agency et du Pentagone, quelque 2 milliards de dollars ont été inscrits au budget fédéral afin de protéger les réseaux et les infrastructures électroniques. Bill Clinton a aussi demandé la mise en œuvre de la directive nº 63, qui ordonne l'élaboration d'un plan de défense du territoire cybernétique des Etats-Unis. Les limiers du FBI, souvent d'anciens *hackers* (pirates informatiques), traquent les auteurs des récentes attaques lancées contre les sites les plus emblématiques de la nouvelle économie tels Amazon, Yahoo, eBay. Qu'ils agissent par jeu ou par volonté de nuire, ils révèlent les failles à colmater. (→ 4.5)

Nokia, père Noël de retraités finlandais

Pukkila, jeudi 10
L'explosion de la téléphonie mobile a fait de Nokia la première société finlandaise. Sa capitalisation vaut presque deux fois le PIB du pays. Cette réussite boursière a fait des heureux inattendus. En 1962, Onni Nurmi, l'enfant prodigue revenu au pays fortune faite à l'étranger, légua 760 actions Nokia à la commune de son enfance avec obligation de ne jamais les vendre et de verser tous les dividendes à l'hospice. Ces 760 actions valaient 100 000 francs. A force de rachats, elles sont devenues 227 488 et valent maintenant plus de 250 millions de francs.

Vadim avait donné LA femme au cinéma

Paris, vendredi 11
Avec Roger Vadim (*26.1.1928) a disparu une personnalité tout droit sortie d'un roman de Boris Vian (dont il avait été l'ami). Vadim fut un Pygmalion, un créateur doué et paresseux, un dandy nonchalant et surtout un réalisateur amoureux de toutes les femmes. Son coup d'éclat date de 1956. Il révéla à une France pudibonde la puissance sensuelle de Brigitte Bardot dans *Et Dieu créa la femme*. Il l'avait épousée peu avant. La chronique de ses mariages en fit un homme souvent jalousé. En effet, Roger Vadim fut aussi le mari de Catherine Deneuve et celui de Jane Fonda, avec qui il tourna en 1968 *Barbarella*.

Roger Vadim dirige Bardot dans « la Bride sur le cou », tourné en 1961.

Une prise d'otages bien peu banale

Londres, vendredi 11
La prise d'otages qui s'est dénouée hier au petit matin sans violence en était-elle bien une ? Les policiers ont commencé à en douter. L'avion de la compagnie afghane Ariana avait été détourné dimanche lors d'un vol intérieur à partir de Kaboul. Après des escales en Asie centrale puis à Moscou, le Boeing 727 atterrit sur l'aéroport de Stansted, au nord de Londres. La thèse privilégiée par les enquêteurs est hors du commun : les pirates de l'air auraient agi pour le compte d'une partie des passagers ! 89 d'entre eux (sur 162) réclament en effet l'asile politique.

Londres reprend les rênes en Irlande

Belfast, vendredi 11
Le gouvernement britannique est passé de la menace aux actes. Le ministre pour l'Irlande du Nord du cabinet Blair, Peter Mandelson, a rétabli son administration directe sur la province, à cause de l'absence de désarmement des milices, tant protestantes que républicaines. Les institutions multiconfessionnelles en Irlande du Nord n'ont fonctionné que 72 jours. Chaque camp attend un geste de l'autre, mais aucun des groupes paramilitaires n'est prêt à vider ses arsenaux. L'accord de paix est pour l'heure maintenu. (→ 16.3)

Jacqueline Auriol, légende de l'aviation

En 1963, elle avait porté le record du monde à 2 030 km/h sur un Mirage.

Paris, vendredi 11
Celle qui avait été la première pilote d'essai française et une légende de l'aviation s'est éteinte. Jacqueline Auriol (*5.11.1917) avait reçu son brevet de pilote en 1948. Elle gravit un à un tous les échelons et toutes les qualifications. Malgré un terrible accident en 1949, elle partit obtenir son brevet militaire aux Etats-Unis. Elle décrocha son premier record en 1951 sur un Vampire. Une véritable compétition va alors l'opposer à une autre pilote, Jacqueline Cochran, une Américaine. Cette femme aux yeux d'azur participa à la mise au point d'une vingtaine d'avions, dont la famille des Mirage III.

Un Cameroun fier de ses footballeurs

Lagos, dimanche 13
Le stade national Surulere en reste sans voix. Les Super Eagles, l'équipe nationale du Nigeria, se sont fait battre à domicile de la manière la plus pénible qui soit : les tirs au but. Les Lions indomptables, l'équipe du Cameroun, étaient mieux entrés dans le match : deux buts dans la première demi-heure. Les Nigérians se sont redressés en marquant un premier but avant la mi-temps et en égalisant, devant une foule en délire, à la 47e minute. La loterie des tirs au but (4-3) donne au Cameroun sa 3e Coupe d'Afrique des Nations.

Les eaux du Danube charrient du cyanure

Serbie, dimanche 13
La pollution au cyanure, qui a déjà ravagé la faune et la flore de la Tisa, une rivière qui traverse l'est de la Hongrie, a atteint le Danube au nord de Belgrade. Cette catastrophe écologique a été provoquée par la rupture d'une digue dans une mine d'or en Roumanie. Les 100 000 m^3 du bassin de décantation, de l'eau et des boues surchargées de cyanure, se sont d'abord déversés dans une petite rivière. Par les affluents, ce cyanure a donc contaminé plusieurs cours d'eau jusqu'au Danube. La mine appartient à l'Etat roumain et à une société minière australienne qui se renvoient la balle quant à la responsabilité des dommages.

Un désastre sur les rives de la Tisa.

Heurts entre Serbes et Albanais au Kosovo

Mitrovica, dimanche 13
Deux soldats français de la Force internationale de paix au Kosovo, la Kfor, ont été blessés par des balles de francs-tireurs. La riposte n'a pas tardé. Un *sniper* albanais a été tué et cinq personnes ont été blessées. Ces incidents, au cours desquels les Français se retrouvent au centre des affrontements entre les Serbes et les Albanais, sont les plus graves depuis le déploiement de la Kfor l'année dernière. Le contingent français a obtenu l'envoi rapide de renforts britanniques. Bernard Kouchner, représentant spécial de l'ONU, a répété que son rôle était « d'imposer la paix à des gens qui n'en ont pas toujours et pas tous envie ». (→ 9.3)

Les soldats de la Kfor submergés.

Février

Lu	Ma	Me	Je	Ve	Sa	Di
	1	2	3	4	5	6
7	8	9	10	11	12	13
14	15	16	17	18	19	20
21	22	23	24	25	26	27
28	29					

Etats-Unis, mardi 15
La chaîne de télévision Fox lance « Qui veut épouser un millionnaire ? » A la fin de l'émission, l'une des célibataires – une infirmière – a épousé en direct, devant 30 millions de téléspectateurs, un très riche promoteur immobilier. (→ 21)

Paris, mardi 15
Deutsche Telekom prend pied sur le marché français du Net en rachetant Club-Internet, qui compte 380 000 abonnés, à Jean-Luc Lagardère. (→ 2.3)

Paris, mardi 15
Condamnation à la réclusion criminelle à perpétuité (avec 22 ans incompressibles) de Mamadou Traore. Il avait agressé six femmes et tué deux d'entre elles en 1996.

Bruxelles, mardi 15
La Commission européenne lève l'immunité diplomatique d'Edith Cresson, soupçonnée par la justice belge d'abus de confiance durant son mandat de commissaire européen.

France, mercredi 16
Sortie du film américain *la Plage*, de Danny Boyle, avec Leonardo Di Caprio et deux jeunes acteurs français, Virginie Ledoyen et Guillaume Canet.

Seattle, jeudi 17
Poursuivie en justice, la firme de Bill Gates, Microsoft, lance Windows 2000, son nouveau système d'exploitation. (→ 3.4)

Paris, jeudi 17
Jacques Chirac annonce que les cendres du compositeur Hector Berlioz seront transférées au Panthéon en 2003.

Paris, vendredi 18
Roland Dumas est renvoyé en correctionnelle dans l'affaire Elf pour recel et complicité d'abus de biens sociaux. (→ 1.3)

Saint-Denis, samedi 19
Tournoi des Six Nations : le XV français est battu 9 à 15 par l'Angleterre. Les Italiens sont vaincus à Cardiff par les Gallois 16 à 47. Et à Dublin l'Irlande écrase l'Ecosse 44 à 22. (→ 4.3)

DECES

Kalingrad, dimanche 20
Anatoli Sobtchak, ancien maire de Saint-Pétersbourg et figure du mouvement démocratique russe (*10.8.1937).

6072,72 — 27,84 $

€ 0,9850 $

Nouvelle expérience d'isolement du spéléologue Michel Siffre

Hérault, lundi 14
C'est la troisième fois en 40 ans que le spéléologue Michel Siffre s'est prêté à une expérience aussi difficile que celle de l'isolement temporel. Ses proches étaient tous là lorsqu'il a retrouvé l'air libre après 70 jours passés dans la grotte de la Clamouse au nord-ouest de Montpellier. Le corps couvert de capteurs, Michel Siffre envoyait chaque minute à la surface des milliers de données. Le rythme biologique spontané d'un être humain est de 25 heures. Or il lui est arrivé de faire des journées de 30 heures sans s'en apercevoir. L'évolution de son métabolisme est suivie par les spécialistes de l'espace comme par ceux du sommeil.

A sa sortie de la grotte de la Clamouse, après 70 jours passés hors du monde.

De la pauvreté dans le milieu étudiant

Paris, lundi 14
Le rapport remis par Jean-François Dauriac au ministère de l'Education est alarmiste. La situation financière des étudiants a rarement été aussi mauvaise. Près de 100 000 d'entre eux vivent sous le seuil de pauvreté, fixé en France à 3 750 francs par mois. La démocratisation des études supérieures n'a été suivie d'aucune réforme du système des bourses. Le « statut étudiant plus juste et plus généreux que le système actuel des aides, bourses et prêts » souhaité par Jacques Chirac en 1995 n'a pas été créé en raison de son coût élevé.

L'OM inflige une défaite sévère au PSG

Florian Maurice a marqué le 4e but.

Marseille, mardi 15
Pour les supporters comme pour les joueurs de l'Olympique, le PSG fait figure d'ennemi préféré. Le battre était une question d'orgueil pour le club phocéen après son élimination de la Coupe de France par un club de deuxième division, Gueugnon, samedi dernier. L'OM a donc sauvé son honneur et rassuré ses fans en étrillant Paris-Saint-Germain 4 à 1. Les Parisiens ont été accueillis par des huées, des bordées d'injures et une pluie d'oranges, mais la tension n'a pas dégénéré en bataille rangée. Le résultat préserve l'invincibilité de l'OM à domicile face au PSG : elle dure depuis dix ans. (→ 7.4)

Le pétrole est à plus de 30 dollars le baril

New York, mardi 15
Pour la première fois depuis neuf ans, le cours du baril de référence (le *light sweet crude*) a dépassé les 30 dollars. En douze mois, les prix de l'or noir ont été multipliés par trois. Rien d'étonnant à cela car les pays de l'Opep ont décidé de limiter leur production face à une demande en forte hausse du fait de la reprise générale dans les pays occidentaux. Alan Greenspan, le président de la Réserve fédérale américaine, et la Banque centrale européenne (BCE) ont prévenu leurs autorités de tutelle que cette flambée du prix du brut met la croissance en péril. (→ 1.3)

Schäuble doit lâcher la tête de la CDU

Berlin, mercredi 16
Wolfgang Schäuble a abandonné la présidence de la CDU. Cet ancien dauphin d'Helmut Kohl est emporté par le scandale des caisses noires du Parti chrétien-démocrate. Il y a deux jours, l'instance disciplinaire du Bundestag (le Parlement) a infligé à la CDU une amende de 41 millions de marks. Schäuble a longtemps cru que l'affaire ne l'éclabousserait pas. Mais les révélations d'un marchand d'armes, Karlheinz Schreiber, et les menaces de Kohl, l'ont contraint à admettre avoir reçu un chèque de 100 000 marks qu'il a intégralement, jure-t-il, reversés au parti. (→ 20.3)

Tempête sur les primes d'assurances

France, jeudi 17
Malgré les déclarations rassurantes des assureurs, il semblait difficile d'y échapper : les primes des contrats multirisques habitation vont bien augmenter de 3 à 5 %. Les tempêtes de décembre, baptisées – comme on le fait pour les cyclones et pour les ouragans – des noms de *Martin* et de *Lothar*, vont coûter entre 35 et 45 milliards de francs d'indemnités. Les sinistrés ne sont pas pour autant dédommagés. Les marins-pêcheurs et les ostréiculteurs victimes de la marée noire n'ont encore obtenu, comme les sylviculteurs, qu'à peine 5 % de l'aide dite d'urgence. (→ 28)

Victoire du camp réformateur en Iran

Téhéran, vendredi 18
La participation massive le laissait présager : les élections législatives ont été un triomphe pour le camp réformateur. La coalition, dont le chef de file est le président iranien Mohammad Khatami, a obtenu la majorité absolue dès le premier tour du scrutin, avec 178 des 218 sièges à pourvoir au parlement iranien, le Majlis. Le Front de la participation (gauche réformatrice), qui a réussi à réunir laïcs et religieux modernes, est le nouveau parti dominant. Signe de cette volonté de changement des électeurs : Ali Rafsandjani, ancien président, n'a pas été réélu. (→ 1.7)

Will avait été un pionnier de la BD belge

La Hulpe, vendredi 18
Avec Willy Maltaite, dit « Will », a disparu l'une des figures de proue du journal *Spirou* dans les décennies glorieuses de l'après-guerre. Adepte d'une ligne claire, élégante et ronde, comme ses deux héros fétiches, Tif et Tondu, qu'il dessina pendant près de quarante ans, Will (*30.10.1927) avait fait ses débuts avec Jijé, André Franquin et Morris. Ses scénarios comme les architectures qu'il créait témoignaient de son goût pour le fantastique moderne. Will a aussi fait œuvre de graphiste, de peintre et d'aquarelliste, en signant des bandes dessinées plus adultes, telles que *le Jardin des délices*, *l'Appel de l'enfer* et *la 27e Lettre*.

Chauve... barbu comme Tif et Tondu.

Un réseau pédophile en Grande-Bretagne

Londres, vendredi 18
C'est le *Daily Mail* qui a révélé la teneur de l'enquête et l'ampleur du scandale : « Jusqu'à 11 000 enfants pourraient avoir été victimes. » Et Scotland Yard confirme les craintes du journal. Il s'agit de la plus vaste affaire de pédophilie jamais révélée dans le pays. Les ingrédients ne sont que trop bien connus : des enfants en difficulté placés dans des centres spécialisés, une absence de contrôle, des violences sexuelles, et pour finir une conspiration du silence, aussi bien du côté des notables que des policiers. Une plainte de 1978 fut classée sans suite. (→ 23.7)

Tonie Marshall honorée par quatre Césars

Paris, samedi 19
Les Césars célébraient leurs 25 ans, et les choix ont entraîné, fait rare, de réelles surprises. C'est le cas pour les quatre récompenses attribuées à Tonie Marshall et à son film *Vénus beauté (institut)* : meilleur réalisateur, meilleur film, meilleurs scénario et espoir féminin (Audrey Tautou). Ce film avait, face à lui, des adversaires de taille : Patrice Leconte avec *la Fille sur le pont* (César du meilleur acteur pour Daniel Auteuil) et Luc Besson avec *Jeanne d'Arc* (Césars du son et des costumes). Le César de la meilleure actrice a été remis à Karin Viard dans *Haut les cœurs !*, de Solveig Anspach. *Voyages*, le film d'Emmanuel Finkiel, a reçu le César de la meilleure première œuvre.

J. Balasko, D. Auteuil, C. Deneuve, K. Viard, G. Cravenne et T. Marshall.

La Tchétchénie serait le théâtre d'atrocités

Les combattants rivalisent de défis morbides pour impressionner les Russes.

Tchétchénie, dimanche 20
Les autorités russes ont jugé que les récentes critiques émises par Mary Robinson, commissaire des Nations unies aux droits de l'homme, étaient « inacceptables et antirusses ». Pour l'instant, Moscou refuse l'envoi de tout observateur étranger sur place. L'inquiétude de l'ONU découle des témoignages recueillis par des ONG et par des journalistes auprès des réfugiés dans les camps de filtration russes. C'est à Tchernokosovo, dans le nord de la Tchétchénie, et aussi à Mozdok, en Ingouchie, que seraient regroupés les « suspects » arrêtés par les forces russes. Les civils mâles tchétchènes sont à leurs yeux des rebelles potentiels qu'il convient de mater. Les séances de torture et les exécutions seraient courantes. Des viols y seraient pratiqués. (→ 29)

Vienne, Paris, Bruxelles : front anti-Haider

Europe, dimanche 20
A Bruxelles, 11 000 personnes ont défilé pour protester contre l'arrivée au pouvoir de l'extrême droite en Autriche. Dans le cortège se sont retrouvés plusieurs ministres, dont Louis Michel, chef de la diplomatie belge. A Paris, ils étaient 9 000 dans la rue – 20 000 pour tout le pays – pour s'indigner de la présence au gouvernement du FPO, le parti de Jorg Haider. C'est Vienne, hier, qui a connu la plus forte mobilisation : le cortège a réuni 250 000 personnes issues de toutes les tendances de la gauche, anarchistes inclus. (→ 28)

Février

Lu	Ma	Me	Je	Ve	Sa	Di
	1	2	3	4	5	6
7	8	9	10	11	12	13
14	15	16	17	18	19	20
21	22	23	24	25	26	27
28	29					

Etats-Unis, lundi 21
La Fox arrête l'émission « Qui veut épouser un millionnaire ? » après sa première édition. L'ex-petite amie du promoteur a révélé qu'il avait été condamné pour l'avoir battue.

Espagne, mardi 22
Au Pays basque, un attentat à la voiture piégée sur le campus de la ville de Vitoria tue un député socialiste basque. (→ 7.5)

New York, mardi 22
Selon l'Office international de contrôle des stupéfiants, le chiffre d'affaires du trafic de drogue est de 500 milliards de dollars par an. (→ 13.3)

Los Angeles, mercredi 23
Le guitariste Carlos Santana fait un *come-back* remarqué à 52 ans. Il remporte 8 Grammy Awards dont celui du meilleur album de l'année. (→ 29.5)

Moscou, mercredi 23
Désorganisation de l'économie et volonté d'entretenir la rareté : le cours du palladium flambe. Il vaut trois fois plus que l'or.

Bruxelles, vendredi 25
Début des festivités prévues dans le cadre de « Bruxelles, capitale culturelle de l'Europe » pour l'année 2000. Quatre autres villes ont reçu le label : Bologne, Avignon, Helsinki et Saint-Jacques-de-Compostelle.

Israël, dimanche 27
Le gouvernement autorise la publication des 1 300 pages des mémoires d'Adolf Eichmann.

Nantes, lundi 28
Les régions touchées par la marée noire ou par la tempête recevront 4 milliards de francs sur trois ans, promet le Premier ministre Lionel Jospin. (→ 1.3)

France, mardi 29
Parution du Guide Michelin qui fête son centenaire et prend le nom de *Guide rouge*.

Paris, mardi 29
France Télécom change de logo et devient France Telecom, sans accent. La société communique sur le « .com » de son nom.

DECES

Océan Indien, lundi 21
Friedrich Stowasser, dit Hundertwasser, peintre, architecte et plasticien autrichien (*15.12.1928).

6188,64 28,76 $

€ 0,9789 $

Une navette cartographie la Terre en 3D

Floride, mardi 22
Endeavour et son équipage de six hommes ont parfaitement rempli la mission cartographique commandée par le Pentagone, lequel doit en être l'unique bénéficiaire. Equipée de deux radars, l'un dans la soute et l'autre placé au bout d'un bras de 60 m de long, la navette a pu ainsi cartographier 123 millions de km^2, soit 80 % des terres émergées. Le principe est connu : comme pour la photographie en relief, la mesure de l'écho radar d'un même lieu relevé en deux points différents permet d'obtenir directement son altitude et donc une carte en relief. Il faudra trois ans aux ingénieurs pour sortir les cartes 3D ultra-précises dont les militaires ont besoin pour le guidage de leurs missiles.

« Endeavour » est équipée d'un bras télescopique de 60 m de long.

Débats sur l'état de santé de Pinochet

Londres, mardi 22
Trois des quatre Etats demandant l'extradition du général Pinochet, plus précisément les juges en charge des instructions, ont réclamé des contre-expertises médicales. Ils ont reçu des autorités britanniques, la semaine dernière, le dossier qui a motivé l'acceptation du renvoi de l'ancien dictateur au Chili. Il serait « intellectuellement inapte » à suivre son procès après plusieurs attaques cérébrales. Le juge belge Damien Vandermeersch, Roger Le Loire et Baltasar Garzon, ses homologues français et espagnol, ne sont guère convaincus de cette sénilité. C'est le ministre britannique de l'Intérieur qui aura le dernier mot. (→ 3.3)

Biathlon : Niogret championne du monde

Oslo, mardi 22
Corinne Niogret, 27 ans, a mis fin à quatre années de vaches maigres pour le biathlon français. Lors des championnats du monde qui ont eu lieu en Norvège, elle a remporté le titre mondial sur 15 km, sa distance fétiche. Originaire de Nantua, dans l'Ain, la jeune femme a su s'imposer grâce à son sans-faute dans toutes les épreuves de tir et en réalisant un temps de 45 min 30 s 9', devançant une Chinoise, Yu Shumei, et une Suédoise, Magdalena Forsberg. Les Jeux de Nagano, d'où les Françaises étaient rentrées sans aucun titre en 1998, sont oubliés. Elle vise ceux de Salt Lake City, en 2002. (→ 30.4)

8 ans après l'or aux JO d'Albertville !

Rapport de l'Europe sur le réseau Echelon

Strasbourg, mercredi 23
Devant le Parlement européen, la lecture du rapport sur l'étendue et les missions du réseau Echelon a soulevé une tempête de critiques. Echelon est un dispositif d'écoutes planétaires monté par les Etats-Unis et associant la Grande-Bretagne, le Canada, l'Australie et la Nouvelle-Zélande. La NSA, Agence nationale de sécurité américaine, est l'unique coordinatrice de ce réseau purement anglo-saxon. Avec la fin de la guerre froide, Echelon est devenu une arme d'espionnage économique des pays alliés. Là est le scandale. (→ 13.4)

La listériose fait sept nouvelles victimes

France, jeudi 24
La listeria est sans doute l'une des bactéries les plus surveillées dans le secteur agro-alimentaire, mais il est toujours difficile d'atteindre ce que les spécialistes appellent le risque zéro. Or une nouvelle épidémie de listériose a touché 23 personnes et a causé 7 décès. L'enquête a d'abord incriminé une société charcutière de Seine-et-Marne, mais les souches qui ont été découvertes ne sont pas les mêmes que celles qui ont tué. Seule certitude : la contamination provient de langue de porc en gelée. (→ 12.4)

L'Américaine Mariah Carey, 29 ans, succès de la musique pop avec plus de 105 millions d'albums vendus en dix ans, se produit à Bercy le 23.

Les Occidentaux face à la peine de mort

Betty Lou Beets a été exécutée après le refus de grâce de George Bush Jr.

Texas, jeudi 24
George Bush Jr. est en campagne électorale, et s'il est une chose pour laquelle il est reconnu, c'est qu'il a toujours défendu la peine de mort. Il a, sans surprise, refusé sa grâce à Betty Lou Beets, reconnue coupable du meurtre de son cinquième mari. Agée de 62 ans, elle a été exécutée par injection. Les opposants à la peine capitale sont de plus en plus nombreux aux Etats-Unis, mais ils y demeurent minoritaires. En Europe, ils sont relayés par un mouvement d'opinion, unissant associations et hommes politiques, qui réclame que le pays le plus puissant de la planète mette fin à cette « barbarie ». (→ 1.3)

Jean-Paul II rencontre les coptes d'Egypte

Le Saint-Père au monastère Sainte-Catherine, lieu présumé du buisson ardent.

Sinaï, samedi 26
Le monastère Sainte-Catherine, sur le mont Sinaï, marque à la fois la fin du voyage pontifical en Egypte et la première étape du pèlerinage de l'an 2000 sur les Lieux saints. « Ici, s'est exclamé Jean-Paul II, Dieu a révélé son nom ! Ici, il a donné sa Loi, les dix commandements de l'alliance », une référence au Décalogue dont le respect est source de libération pour les hommes. Depuis jeudi, le pape a rencontré les dignitaires coptes, tant les orthodoxes (majoritaires) que les catholiques, qui lui ont fait part des persécutions dont ils sont l'objet et des discriminations qui les visent en terre musulmane. (→ 26.3)

Jospin pris à partie par des Palestiniens

Cisjordanie, samedi 26
La visite de Lionel Jospin dans ce haut lieu du nationalisme palestinien qu'est l'université de Bir Zeit a viré à l'émeute. Deux jours plus tôt, le Premier ministre français avait, lors d'une conférence de presse avec son homologue israélien, Ehud Barak, qualifié les attaques du Hezbollah de « terroristes ». Jamais employé par les autorités françaises, soucieuses de ne pas choquer la partie arabe, ce qualificatif a valu à Lionel Jospin de sortir sous les jets de pierres des étudiants. Il en conserve une légère estafilade sur le crâne. (→ 21.5)

Embarras de Matignon à propos de la Corse

Paris, lundi 28
Décidément, la question corse met dans l'embarras tout gouvernement qui s'attelle à la résoudre, quelle que soit la méthode. Lionel Jospin a dû démentir tout projet d'amnistie des terroristes insulaires afin de couper court aux rumeurs insistantes. Puis l'arrestation de nationalistes corses, dimanche, a mis en porte-à-faux les services du Premier ministre : ceux-ci sont en pleine négociation avec les amis des interpellés. Quant à la rencontre entre un de ces derniers et un responsable du PS, Matignon nie en avoir été informé. (→ 10.3)

Haider abandonne la présidence du FPO

Vienne, lundi 28
Jörg Haider a créé la surprise en annonçant qu'il démissionnait de la présidence de son parti, le FPO. Il ne s'agit en aucun cas d'un retrait de la vie politique mais plutôt d'une manœuvre tactique. Il reste en effet gouverneur de la Carinthie, et tous les actuels dirigeants du FPO sont ses obligés. Mais sa mise à l'écart peut permettre au gouvernement de coalition d'être moins gêné sur la scène extérieure. Les Etats-Unis se sont d'ailleurs félicités de « ce pas dans la bonne direction ». (→ 8.3)

Le 28, à Folkestone, Frodo est le premier animal depuis un siècle à entrer en Angleterre sans subir la quarantaine de 6 mois, qui vient d'être allégée.

Babitski a été libéré en Tchétchénie

Moscou, mardi 29
A peine avait-il recouvré la liberté que Andreï Babitski s'en prenait à ses geôliers, dénonçant les tortures dont sont victimes les Tchétchènes tombés aux mains des Russes. Haï par l'état-major, le journaliste est le seul Russe à couvrir cette guerre du côté des rebelles. Il avait disparu à la mi-janvier, arrêté par des soldats à Grozny. De camps de filtration en faux échange, les services spéciaux ont tout tenté pour l'intimider. En vain. Il a l'intention de tout raconter de sa détention. (→ 3.3)

Mars

Lu	Ma	Me	Je	Ve	Sa	Di
		1	2	3	4	5
6	7	8	9	10	11	12
13	14	15	16	17	18	19
20	21	22	23	24	25	26
27	28	29	30	31		

Paris, mercredi 1er
TotalFina lance l'appel d'offres international pour le pompage du fioul de l'épave de l'*Erika*. Quant au robot sous-marin qui avait disparu après une plongée sur la coque du pétrolier, il s'est échoué à 100 km de là sur la plage de Plouharnel. (→ 8)

France, mercredi 1er
Sortie du film d'Agnès Jaoui, *le Goût des autres*, avec Jean-Pierre Bacri, Gérard Lanvin et Alain Chabat.

Paris, mercredi 1er
Selon la préfecture de police, 400 portables sont volés chaque jour dans la capitale.

Londres, jeudi 2
Inauguration de la grande roue de 135 mètres, la plus haute du monde, sur les rives de la Tamise, face au Parlement. Cette attraction fait partie du programme du millénaire.

Bruxelles, jeudi 2
Le commissaire européen en charge des Transports, Loyola de Palacio, souhaite rendre obligatoires les doubles coques sur les pétroliers et renforcer les contrôles des navires.

Paris, jeudi 2
Le ministère des Finances reconnaît que les prélèvements obligatoires ont atteint un record en 1999 : 45,7 % du PIB.

Lisbonne, vendredi 3
Le ministre russe de la Défense, Igor Ivanov, demande l'appui moral des Occidentaux dans la guerre en Tchétchénie en raison d'une « lutte commune contre le terrorisme ». (→ 20)

Edimbourg, samedi 4
Six Nations : le XV de France bat l'Ecosse 28 à 16. (→ 19)

Algérie, dimanche 5
Enrico Macias annule sa visite. Le chanteur, né en Algérie, n'a pas voulu défier les islamistes.

DECES

Inde, samedi 4
Edmond Kaiser, fondateur de l'association humanitaire « Terre des hommes », inventeur de la notion de droit d'ingérence (*2.1.1914).

Grasse, dimanche 5
Eve Valois, dite Lolo Ferrari, starlette célèbre pour son tour de poitrine (30 ans).

6514,11 — 29,79 $
€ 0,9625 $

Roland Dumas quitte les rangs des sages

Paris, mercredi 1er
Roland Dumas a dû s'y résoudre : il ne lui était plus possible de rester membre du Conseil constitutionnel, même s'il ne participait plus à ses séances depuis qu'il s'en était mis en congé en mars 1999. La crédibilité de l'institution en dépendait. Agé de 77 ans, Roland Dumas achève une belle et longue carrière politique par une lettre de démission adressée au président de la République. Il devra ensuite comparaître devant la justice dans l'affaire Elf. Yves Guéna, qui assurait déjà l'intérim, lui succède au poste de président de l'assemblée des neuf sages. (→ 22)

Bush ne fléchit pas sur les exécutions

Texas, mercredi 1er
Le gouverneur de l'Etat, candidat à l'investiture du Parti républicain, a toujours répété qu'il ne comptait pas interrompre sa campagne pour examiner le dossier d'Odell Barnes. Celui-ci a donc été exécuté dans la prison de Huntsville, par injection. Ce Noir de 31 ans avait été reconnu coupable du meurtre de sa fiancée. Les opposants à la peine de mort, en France en particulier, avaient pu financer une contre-enquête. Celle-ci avait révélé que plusieurs indices n'avaient pas été examinés. En cinq ans, 121 personnes ont été exécutées au Texas. (→ 23.6)

Dix ans de réclusion pour l'abbé Maurel

Rodez, mercredi 1er
Après trois heures de délibéré, le verdict a été rendu dans la nuit. Les assises de l'Aveyron ont condamné l'abbé Jean-Lucien Maurel à dix ans de réclusion. Agé de 71 ans, l'ancien directeur du collège Saint-Pierre de Mur-de-Barrez a bien été reconnu coupable d'une agression sexuelle et de deux viols sur trois mineurs. Les avocats de l'abbé, comme tous ceux qui le soutenaient, défendaient l'idée d'une infâme cabale. Les audiences ont aussi révélé le silence gêné de la hiérarchie catholique face aux fautes de l'abbé et au désarroi des familles des jeunes victimes. (→ 6.10)

Le « Silicon-Sentier » devient la pépinière de la « Net-économie »

Paris, jeudi 2
Dans le deuxième arrondissement de la capitale, les ordinateurs et tous les emblèmes technologiques de la nouvelle économie sont de plus en plus nombreux à cohabiter avec les ateliers de confection. Baptisé, à l'américaine, « Silicon-Sentier », ce quartier a été visité par le chef de l'Etat. Jacques Chirac s'est rendu à Republic Alley, immeuble industriel des années 30, où se sont installées des start-up (des « jeunes pousses » selon la terminologie francisée que veut imposer l'administration). Ces jeunes sociétés, pour lesquelles les capitaux affluent, sont toutes vouées à Internet. Personnel jeune, stock-options motivantes : Chirac trouve cela « formidable ». (→ 6)

L'équipe de Newsfam, l'une des quatorze start-up installées à Republic Alley.

Victoire des Néo-Zélandais qui conservent la Coupe de l'America

Auckland, jeudi 2
La qualification de *Luna Rossa* pour la finale de la Coupe de l'America a suscité un engouement immense en Italie pour cette épreuve disputée aux antipodes. Mais ces espoirs ont été déçus et de quelle manière ! Les Néo-Zélandais, conduits de main de maître par Sir Peter Blake, ont une nouvelle fois prouvé leur supériorité technique, logistique et humaine. Ils conservent ce trophée en battant les Italiens par cinq victoires à zéro. La prochaine compétition aura lieu en 2003 sur ce même golfe d'Hauraki, qui s'avère le plan d'eau idéal par la technicité qu'il requiert.

« New Zealand » a écrasé son adversaire « Luna Rossa » par 5 victoires à 0.

Lourd verdict au TPI : 45 ans de prison

La Haye, vendredi 3
Le général croate Tihomir Blaskic s'était lui-même rendu au Tribunal pénal international (TPI) pour l'ex-Yougoslavie il y a quatre ans. Ce TPI l'a condamné à la peine la plus lourde jamais prononcée dans son enceinte : 45 années de prison pour « crimes contre l'humanité ». Les juges ont reconnu Blaskic coupable de l'épuration ethnique contre les musulmans de Bosnie conduite par les troupes croates dont il avait le commandement. Blaskic est le plus haut gradé jugé par le TPI. Il a été tenu pour directement responsable de plusieurs attaques de villages en Bosnie centrale et des massacres de musulmans qui se sont ensuivis de 1992 à 1994. (→ 3.4)

Augusto Pinochet est rentré au Chili

Il réussit à quitter son fauteuil roulant pour saluer le général Ricardo Izurieta.

Santiago, vendredi 3
Le général Augusto Pinochet a ravi ses partisans en quittant sa chaise roulante pour donner l'accolade au chef des Forces armées, le général Izurieta, avant de monter dans un hélicoptère qui l'a emmené vers un hôpital militaire. La veille, c'est un vieillard apparemment très affaibli et voûté qui avait quitté Londres. Jack Straw, ministre de l'Intérieur britannique, avait annoncé dans la matinée que toutes les charges et procédures d'extradition visant le général étaient levées et que l'ancien dictateur était libre. L'Espagne, la Suisse, la Belgique et la France ont protesté sans faire appel de cette décision. Le général s'envolait peu après dans l'avion militaire médical l'attendant depuis des mois. (→ 6)

Compétition acharnée sur le marché des consoles de jeux vidéo

Tokyo, samedi 4
La file d'attente s'était formée dès jeudi. Dans le quartier d'Akihabara, totalement dédié à l'électronique, ils ont été des milliers à se ruer sur la PlayStation 2, la nouvelle console de jeux que Sony mettait en vente ce matin pour 39 800 yens, soit 2 400 francs. La firme espère en écouler un million d'unités dès le premier week-end. L'enjeu est de taille : la première PlayStation a fourni 38 % des bénéfices du groupe. Les images produites par le processeur offrent un réalisme jamais vu et la PS2 peut lire les DVD. Nintendo et Sega vont devoir riposter.

La firme Sony lance au Japon sa nouvelle console de jeux, la PlayStation 2.

Cinq petits cochons clonés en série

Virginie, dimanche 5
Une société de biotechnologies, qui avait présidé à la naissance de Dolly en 1996 à Edimbourg, annonce la naissance de cinq truies clonées à partir d'une cellule adulte. Le but de PPL Therapeutics est de produire des cochons transgéniques pour les xénogreffes. L'introduction d'un gène humain doit permettre à leurs organes d'être mieux acceptés lors d'une transplantation. (→ 27.4)

Crues dévastatrices au Mozambique

Maputo, dimanche 5
Les inondations ont débuté dans le sud du pays le 19 février, après le passage d'un cyclone tropical. Les crues de deux fleuves, la Save et le Limpopo, ont fait disparaître des zones entières sous les eaux. Les premiers secours sont arrivés avec des hélicoptères sud-africains et, si les Occidentaux ont tardé à apporter de l'aide, les moyens sont sur place. La *Jeanne-d'Arc* a été déroutée vers la zone. Le bilan est de 200 morts et les ONG signalent déjà plusieurs cas de choléra. (→ 10)

Défilés de prêt-à-porter féminin automne-hiver 2000-2001

Drapé pour Thierry Mugler...

Paris, dimanche 5
C'est un styliste belge âgé de 22 ans, Olivier Theyskens, qui remporte la « Vénus de la mode du futur grand créateur ». Cette distinction clôture la semaine du prêt-à-porter féminin. Les défilés parisiens ont surtout mis à l'honneur la coquetterie ainsi que les signes de douceur. Les tissus sont ondoyants et permettent de créer des robes-blouses. Les couleurs sont à l'avenant : tons pastel ou crème. Quant aux défilés, ils ont innové dans leurs formes en mélangeant les projections de films, les structures de décors high-tech et les musiques branchées. Les modèles évoluaient dans des mises en scène dignes du théâtre d'avant-garde.

...et nudité pour Lolita Lempicka.

Mars

Lu	Ma	Me	Je	Ve	Sa	Di
		1	2	3	4	5
6	7	8	9	10	11	12
13	14	15	16	17	18	19
20	21	22	23	24	25	26
27	28	29	30	31		

Chili, lundi 6
Le juge Juan Guzman demande officiellement la levée de l'immunité parlementaire d'Augusto Pinochet. (→ 23.5)

France, lundi 6
La grève s'étend parmi les agents du fisc. Ils refusent le regroupement des perceptions et des centres des impôts. (→ 16)

Etats-Unis, mardi 7
Dans la course à la présidence, le *Super Tuesday* fait d'Al Gore et de George W. Bush les deux candidats probables. (→ 3.8)

Bretagne, mercredi 8
Le brut contenu dans les soutes de l'*Erika* est bien cancérigène, indique un rapport de l'Institut national de l'environnement industriel et des risques. (→ 3.7)

Bruxelles, mercredi 8
Le président autrichien Thomas Klestil échoue à obtenir auprès du président de la Commission européenne, Romano Prodi, la levée des sanctions. (→ 12.9)

Pékin, mercredi 8
Un ancien vice-gouverneur est exécuté pour corruption. Hors luttes politiques, aucun Chinois de si haut rang n'avait subi cette peine depuis 1952. (→ 31.7)

France, jeudi 9
Interrompue en octobre 1998, la vaccination systématique contre l'hépatite B est arrêtée définitivement.

Berlin, jeudi 9
La fusion de la Deutsche Bank avec la Dresdner Bank doit donner naissance à la première banque mondiale. (→ 5.4)

Ajaccio, vendredi 10
Les élus sont divisés sur le futur statut de l'île. La motion d'Emile Zuccarelli, ministre de la Fonction publique opposé au plan gouvernemental, devance celle des nationalistes. (→ 20.7)

France, samedi 11
Emission par La Poste du premier timbre français à l'effigie de Tintin. Il vaut 3 F.

Nice, dimanche 12
L'Allemand Andreas Klöden remporte la 67e classique cycliste Paris-Nice. (→ 18)

Hanoi, dimanche 12
William Cohen est le premier secrétaire d'Etat à la Défense à être reçu depuis la fin de la guerre du Viêt-nam. (→ 30.4)

6510,28 — 29,03 $ — € 0,9640 $

Flambée à la Bourse et krach rampant...

Paris, lundi 6
Les bonnes performances des titres boursiers de la nouvelle économie et des technologies de l'information faussent la donne. A Paris comme dans le reste de l'Europe, les indices, comme le CAC 40 ou le Footsie à Londres, sont à deux vitesses. Leur hausse – le CAC 40 a augmenté de 9,33 % depuis le 1er janvier – cache en fait un krach rampant. Toutes les récentes introductions en Bourse ont épongé les liquidités disponibles. Les valeurs dites traditionnelles, la distribution et les industries, sont délaissées : les cours baissent malgré la bonne santé apparente. (→ 14.4)

Un supercalculateur pour tester la bombe

Essonne, mardi 7
Le CEA, Commissariat à l'énergie atomique, s'est lancé, avant même l'arrêt des essais nucléaires français en 1996, dans un vaste programme de modélisation et de simulation numérique des prochaines armes atomiques françaises. Il s'est doté du supercalculateur le plus puissant d'Europe. L'appareil, une véritable Ferrari du calcul, a été installé au centre de Bruyères-le-Châtel. Il est conçu pour effectuer 5 000 milliards d'opérations par seconde, soit une vitesse de 5 téraflops, qui doit être portée à 100 téraflops en 2010.

« Big Brother » s'attaque à l'Allemagne

Jana et Juergen, deux des volontaires choisis pour l'émission qui fait scandale.

Berlin, mercredi 8
Le débat fait rage dans les médias : l'émission « Big Brother » est-elle une atteinte à la dignité humaine ? Le concept, né aux Pays-Bas, a été racheté par la chaîne de télévision RTL2. Cette mise sous observation télévisée de dix cobayes humains, en continu, dans une maison truffée de caméras et de micros, devrait durer cent jours. Tous les quinze jours, le public est invité à voter et élimine des candidats. Le rescapé gagnera 250 000 marks. Seules les toilettes ont échappé aux caméras. Obscène dans son extrême transparence, ce jeu a déjà suscité des parodies avec des hamsters et des truies. (→ 23.4)

Une taupe serbe à l'état-major de l'Otan ?

Londres, jeudi 9
Citant un rapport secret transmis à des « responsables américains de la Défense », *The Guardian*, relayé par la BBC, affirme qu'une « taupe » a fourni des informations à Belgrade sur les bombardements de l'Otan. En mars 1999, lors des premières frappes occidentales, l'état-major de l'Otan s'était étonné de leur manque d'efficacité. Une enquête révéla que trop de personnes avaient accès aux informations. Grâce à des fuites, les Serbes déplaçaient leur matériel et leurs soldats avant chaque attaque. La taupe reste inconnue. (→ 29)

Après les inondations, le Mozambique redoute les épidémies

Maputo, vendredi 10
Les rotations des secours ont repris après deux jours d'interruption dus aux pluies. Des zones entières n'ont pas été explorées. 56 000 km² sont inondés, une superficie plus grande que la Suisse. Il est urgent de repérer et d'enterrer les nombreux cadavres qui apparaissent dès que les flots boueux se sont retirés. Les ONG, en majorité françaises, supervisent ce travail qui évite la recrudescence des épidémies. Les eaux fangeuses ont provoqué le retour du choléra chez les 270 000 réfugiés. Maintenant, les secours internationaux se dirigent vers Madagascar, ravagée à son tour par le même cyclone que celui qui a frappé son voisin continental.

Les secours héliportés profitent des éclaircies pour effectuer leurs interventions.

Les cartes bleues faciles à falsifier

Paris, vendredi 10

Les révélations du *Figaro* ont porté un rude coup au discours lénifiant et rassurant que tient le GIE des cartes bancaires sur la sécurité des paiements et, surtout, l'inviolabilité des codes et des puces. Le quotidien a en effet révélé qu'un des codages protégeant les informations de la puce, appelé la clé de cryptage, est disponible sur le Net depuis le début du mois. Interrogé par le ministère des Finances, le groupement admet que cette clé permet d'en fabriquer une fausse, mais elle ne menacerait pas la sécurité des 35 millions de cartes en circulation en France.

Place aux jeunes aux 15es Victoires de la musique de variétés

Le groupe Zebda a été récompensé pour la chanson « Tomber la chemise ».

Paris, samedi 11

C'est dans la grande salle du Zénith qu'a eu lieu la quinzième édition des Victoires de la musique, marquée par un profond renouvellement. Les 2 000 professionnels formant le jury ont écarté les habituelles valeurs sûres, Johnny Hallyday excepté, au profit des jeunes talents. M, alias Mathieu Chedid, le fils de Louis, est sacré meilleur artiste interprète, en compagnie de Natacha Atlas. Ce sont les Toulousains de Zebda qui obtiennent la double récompense du meilleur groupe et de la meilleure chanson, avec *Tomber la chemise*. Enfin, 113, une formation rap du Val-de-Marne, est reconnue comme la révélation de l'année.

Ferrari s'offre un doublé au premier Grand Prix de la saison

Melbourne, dimanche 12

Après l'abandon des McLaren de Mika Hakkinen et David Coulthard, il n'y avait plus guère d'obstacle à la marche vers la victoire des Ferrari. Michael Schumacher et le Brésilien Rubens Barrichello, son coéquipier, ont offert à la Scuderia Ferrari son 47e doublé. Les deux hommes ont raté leur départ mais le reste de la course, sur un circuit très éprouvant pour les pneus, fut une perfection tactique. Jacques Villeneuve a fait la joie de l'écurie Honda en terminant quatrième. Quant au petit frère de « Schumi », Ralf, il a créé la surprise en obtenant la troisième place sur sa Williams-BMW. (→ 26)

Michael Schumacher prend la première place devant Rubens Barrichello.

La Suisse dit non à une parité imposée

Berne, dimanche 12

Les électeurs suisses ont repoussé à 82 % l'initiative visant à instaurer une parité complète entre hommes et femmes en politique. Toute la classe politique a admis que le but visé était des plus louables mais que le système choisi pour y arriver, des quotas impératifs dans les instances exécutives et législatives, était trop rigide. Parmi les autres questions de cette consultation, les électeurs ont rejeté le projet de réduire de moitié le trafic routier et l'interdiction de la fécondation *in vitro*, mais ils ont adopté une réforme de la justice.

Victoire du parti d'Aznar en Espagne

Madrid, dimanche 12

Le Parti populaire de José Maria Aznar était le grandissime favori de ces élections législatives. Il remporte pourtant une victoire bien plus large que prévu. Avec 44,54 % des voix, le PP obtient 27 sièges de plus que dans l'Assemblée sortante, soit 183 sur les 350 que compte le Congrès espagnol. Cette majorité absolue, la première pour la droite depuis la fin du franquisme, est vue comme un succès historique. Le pacte conclu entre socialistes et communistes n'a profité à aucun des deux partis. La victoire d'Aznar tient beaucoup à ses réussites économiques. (→ 5.4)

Vers l'émancipation des femmes au Maroc

Rabat, dimanche 12

Le projet gouvernemental « pour l'intégration de la femme dans la vie active » n'est guère contesté dans ses objectifs. Mais, parce qu'il implique de moderniser la *mudawana*, le code musulman du statut personnel, les organisations islamistes ont mobilisé leurs partisans : ils étaient 150 000 à défiler dans le calme à Casablanca pour refuser que soient modifiées ces règles (répudiation, polygamie, dépendance économique) qui font des femmes d'éternelles mineures face aux hommes. A Rabat, ce sont les modernistes qui ont manifesté, moins nombreux certes, mais avec le soutien moral de Mohammed VI, le roi du Maroc. (→ 5.6)

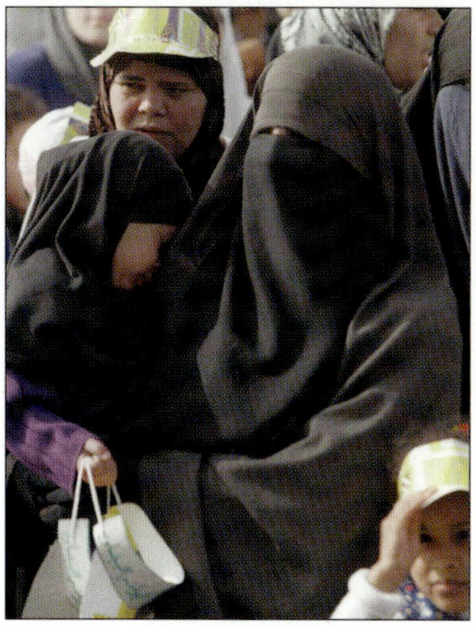

Les islamistes manifestent contre la réforme du code de la famille.

L'Eglise catholique reconnaît ses péchés

Rome, dimanche 12

Jean-Paul II a célébré à Saint-Pierre une « cérémonie pénitentielle », qui « n'a pas de précédent historique », par laquelle il a demandé pardon à Dieu pour les erreurs de l'Eglise. Il s'agit des péchés commis au nom de la défense de la Vérité, comme les abus de l'Inquisition ; des péchés qui ont porté atteinte à l'ancienne unité de la Chrétienté ; des péchés contre le peuple d'Israël ; des péchés contre les femmes, les races et les ethnies différentes ; des péchés contre les cultures, les traditions et les valeurs non chrétiennes ; et enfin des péchés dus aux injustices sociales. (→ 26)

Mars

Lu	Ma	Me	Je	Ve	Sa	Di
		1	2	3	4	5
6	7	8	9	10	11	12
13	14	15	16	17	18	19
20	21	22	23	24	25	26
27	28	29	30	31		

Belgique, lundi 13
Les enfants ont désormais leur journal télévisé matinal, « les Niouzz », diffusé sur RTBF2.

Etats-Unis, mardi 14
L'écrivain Stephen King met son nouveau livre en vente sur Internet. *Riding the Bullet* est téléchargeable contre paiement. 400 000 internautes ont acheté ce court roman en 24 heures.

Bruxelles, mardi 14
Le ministre belge des Affaires étrangères, Louis Michel, affirme que l'époque des « ronds de jambe » est révolue pour la diplomatie belge.

Strasbourg, mercredi 15
Echec des puristes du chocolat : le Parlement européen permet l'adjonction d'autres matières grasses que le beurre de cacao.

Irlande du Nord, jeudi 16
250 kg d'explosifs appartenant à une branche dissidente de l'IRA sont saisis, à la veille d'une réunion sur l'Irlande organisée par Bill Clinton à Washington. (→ 6.5)

France, jeudi 16
Renault prépare son retour à la F1 en rachetant l'écurie italienne Benetton.

Ouganda, vendredi 17
A Kanungu, 330 adeptes d'une secte millénariste sont brûlés vifs dans une église. Le gourou leur aurait dit que ce suicide collectif les sauverait de la damnation. (→ 31)

Paris, vendredi 17
La journaliste Claire Chazal épouse le directeur d'antenne de TF1, Xavier Couture.

Berlin, vendredi 17
Le Bundesrat lève l'embargo sur le bœuf britannique en vigueur depuis quatre ans. La France est le dernier pays à appliquer cet embargo.

Londres, vendredi 17
L'américain Ford achète Land-Rover à l'allemand BMW.

Lens, samedi 18
Les amateurs de Calais, qui évoluent en quatrième division, éliminent Strasbourg (2 à1) en quart de finale de la Coupe de France de football. (→ 12.4)

Saint-Denis, samedi 18
Tournoi des Six Nations : le XV français échoue face à l'Irlande par 27 à 25. (→ 2.4)

6314,09 — 27,81 $

€ 0,9687 $

Le Real de Madrid se brouille avec Anelka

Madrid, lundi 13
Les dirigeants du Real infligent une amende de 60 millions de pesetas à Nicolas Anelka. Depuis vendredi dernier, le jeune prodige français refusait de s'entraîner avec le reste de son équipe, se justifiant par le style de jeu choisi : il ne permet pas à son talent de « s'exprimer ». Cette nouvelle amende et ces déclarations intempestives, voire arrogantes, ont achevé d'exaspérer les dirigeants, les joueurs et l'entraîneur du club. Il s'avère que le plus gros transfert de l'histoire du football espagnol – il a coûté 220 millions de francs – est une très mauvaise affaire. Anelka, suspendu et isolé, s'est déclaré prêt à s'excuser. (→ 28)

Privé d'entraînement avec l'équipe.

La consommation des drogues évolue

Paris, lundi 13
Dans son dernier rapport, la Mildt (Mission interministérielle de lutte contre les drogues et toxicomanies) a étudié les modes de diffusion et de consommation. Le fait inquiétant est que de nouvelles substances sont venues s'ajouter à la cocaïne, à son dérivé qu'est le crack, et à l'héroïne. Il s'agit de molécules euphorisantes, dérivées de l'ecstasy, hallucinogènes et, aussi, anesthésiques. Ce cocktail médicamenteux très dangereux s'est propagé auprès des jeunes à partir des « espaces festifs » constitués par les *raves* et autres *dance parties* qui peuvent durer plusieurs jours.

General Motors fait son entrée dans Fiat

Turin, lundi 13
Les grandes dynasties industrielles sont de plus en plus fragiles. Les Agnelli, qui contrôlent Fiat, se sont résolus à vendre quelque 20 % de son capital à General Motors. GM, qui est le numéro un mondial de l'automobile, offre 5,1 % du sien à la famille Agnelli. En dépit du récent renouvellement de sa gamme, Fiat n'a pas pu faire décoller ses ventes ni créer de synergies avec Lancia et Alfa Romeo, ses autres marques. Et, alors que l'image est essentielle dans le secteur automobile, l'entreprise a gardé un positionnement flou, sinon bas de gamme. GM possède déjà en Europe Opel et Saab. (→ 27)

C. Jérôme avait marqué les années 70

1996 : après sa reconversion à RMC.

Boulogne-Billancourt, mardi 14
Le chanteur C. Jérôme, né Claude Dhotel le 21 décembre 1946, s'est éteint, victime d'un cancer. *Le petit chaperon rouge est mort* avait révélé en 1967 ce jeune homme qui n'avait pas réussi à percer au Golf-Drouot, ni comme chanteur de bal. C'est sa rencontre avec le producteur Jean Albertini qui va lancer sa carrière. Les années 70 sont celles de la gloire et il est le meilleur représentant de la chanson de variétés populaire avec *Kiss Me*, *Himalaya*, *Petite Fille 73*, *Manhattan* ou encore *Jérôme, c'est moi*. Les deux décennies qui suivirent furent moins fastes mais, de gala en émission de télévision, ses fans répondaient toujours présents aux rendez-vous qu'il leur fixait.

Pas de brevet pour le génome humain

Londres, mardi 14
Par une déclaration commune, Bill Clinton et Tony Blair ont appelé les équipes travaillant sur le génome humain à verser leurs découvertes dans le domaine public, afin qu'elles soient « librement accessibles aux scientifiques du monde entier ». Ils pourront ainsi « améliorer la santé dans le monde ainsi que la qualité de vie de toute l'humanité ». Ce sont les sociétés privées, qui tentent de prendre de vitesse le secteur public, qui sont visées. La thérapie génique est d'abord affaire d'argent. (→ 26.6)

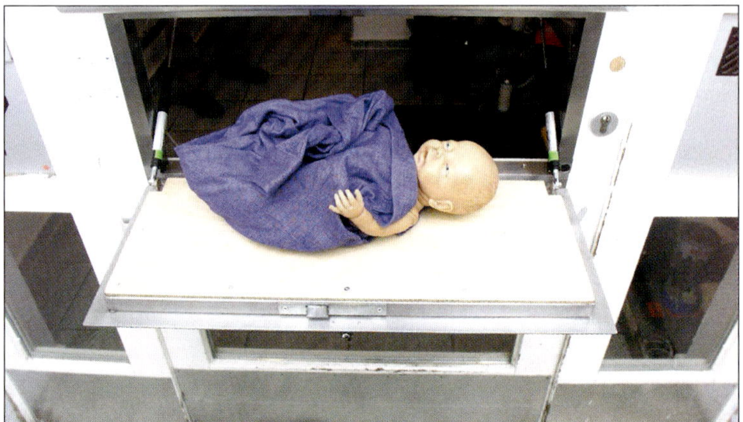

Le 15, en Allemagne, deux « boîtes à bébés » (ici une poupée) sont mises en service à Hambourg. Les mères en détresse peuvent abandonner leur nouveau-né dans un réceptacle. Il est pris en charge dans les 10 minutes.

Jean Tiberi ne veut pas jouer les fusibles

Paris, mercredi 15
Jean Tiberi est reparti à l'offensive. Suspendu par la direction nationale du RPR de son poste de secrétaire départemental du mouvement, il a aussitôt qualifié la méthode utilisée contre lui par Michèle Alliot-Marie d'« autoritaire, dictatoriale, fasciste et stalinienne » ! Maire de la capitale depuis 1995 après avoir été le fidèle premier adjoint de Jacques Chirac, Jean Tiberi n'entend pas porter seul la responsabilité d'une liste de faux adhérents parisiens du RPR, ni celle de circuits de financement politique présumés douteux. Il demeure donc candidat à sa succession. (→ 30)

Contestations sur tous les fronts en France

France, jeudi 16
L'existence d'un surplus de recettes fiscales, non prévu par Matignon, a contribué à aggraver une impatience latente dans l'opinion. Il faut ajouter à cela l'exaspération des enseignants face à Claude Allègre. Ces raisons ont conduit les fonctionnaires des impôts, les professeurs, des parents d'élèves et le personnel hospitalier à manifester dans plusieurs villes de France, en ordre dispersé peut-être mais le même jour, ce qui dit bien que la grogne s'étend. Le soir même, le Premier ministre est intervenu sur TF1 pour annoncer un cadeau fiscal de 40 milliards : la taxe d'habitation et l'impôt sur le revenu vont baisser, et la TVA revient à 19,6 %. (→ 20)

Le corps enseignant contre Allègre.

Un enjeu majeur au XXIe siècle : l'eau

La Haye, vendredi 17
Le Forum mondial de l'eau voudrait attirer l'attention des dirigeants et des opinions publiques de la planète sur ce qui sera le problème principal du prochain siècle : la pénurie d'eau. Déjà un habitant du globe sur cinq n'a pas d'eau potable, et 3,4 millions de décès annuels sont imputables à une mauvaise qualité de l'eau. Avec une population qui va passer de 6 à 8 milliards d'humains dans le quart de siècle à venir, la raréfaction des ressources en eau va être source de catastrophes sanitaires et de conflits politiques et militaires, notamment au Moyen-Orient. (→ 17.5)

Zabel remporte une troisième fois la classique Milan-San Remo

Italie, samedi 18
Le champion allemand Erik Zabel, de l'équipe Telekom, a remporté la première des épreuves de la Coupe du monde, la classique Milan-San Remo. Cette troisième victoire dans la *Primavera*, ainsi que cette course est surnommée, le place à l'égal de De Vlaeminck et de Coppi. Mais, avec sept victoires, c'est toujours le Belge Eddy Merckx qui demeure le recordman incontesté de l'épreuve. Erik Zabel a parcouru les 294 km en 7 heures 11 minutes 29 secondes devant l'Italien Fabio Baldato et le coureur espagnol Oscar Freire. Fan de cyclisme, Rudolf Sharping, le ministre allemand de la Défense, s'était même déplacé pour féliciter son compatriote. (→ 2.4)

Au sprint à l'arrivée, l'Allemand Erik Zabel devant l'Italien Fabio Baldato.

Ski : quatre Globes à Hermann Maier

Bormio, samedi 18
Dans les Alpes lombardes, la Coupe du monde de ski a vu le sacre du champion autrichien âgé de 28 ans : Hermann Maier. Il va repartir avec quatre Globes de cristal. Tous ces trophées représentent ses victoires en concours général, en descente, en slalom géant et en super-G. Seul le slalom spécial lui a échappé : il est revenu au Norvégien Kjetil André Aamodt. Chez les femmes, Christel Saioni, la skieuse française la mieux placée, finit deuxième du classement de la Coupe du monde de slalom. Quant à Régine Cavagnoud, elle a terminé à la troisième place de la Coupe du monde générale.

L'électronique fait marcher un invalide

Montpellier, samedi 18
Grâce à un stimulateur électronique qui lui a été implanté dans le corps, un malade paraplégique a pu retrouver la position verticale et même faire quelques pas, mais avec l'aide d'un déambulateur. A l'origine de cette réussite, Pierre Rabischong et son équipe ont créé une puce qui stimule les neurones, recrée l'influx nerveux et contracte les muscles des membres inférieurs. Le programme européen qui couvre ces travaux a été baptisé SUAW : Stand Up And Walk (*Lève-toi et marche*).

Chen Shui-bian est élu à Taiwan malgré les menaces de Pékin

Taipei, samedi 18
Agé de 49 ans, Chen Shui-bian est le second président taiwanais élu au suffrage universel et le premier à ne pas être issu du Guomindang. Dans ce scrutin à un tour, il est arrivé en tête avec 39,3 % des suffrages. Chen est la bête noire de Pékin. Il prône la souveraineté de l'île et, blasphème suprême pour la Chine populaire, il parle même d'indépendance. Issu d'un milieu paysan très pauvre, cet avocat, admiré pour son honnêteté et son dévouement, fit de la prison pour son engagement en faveur de la démocratisation de l'île. Il est prêt à aller négocier à Pékin. (→ 21)

Le nouveau président, candidat de l'opposition, est favorable à l'indépendance.

Mars

Lu	Ma	Me	Je	Ve	Sa	Di
		1	2	3	4	5
6	7	8	9	10	11	12
13	14	15	16	17	18	19
20	21	22	23	24	25	26
27	28	29	30	31		

Paris, lundi 20
Le gouvernement abandonne la réforme de l'administration des impôts qui avait suscité une grève des agents du fisc. (→ 27)

Paris, lundi 20
La Sécurité routière présente les chiffres de la mortalité sur les routes en 1999 : 8 029 morts contre 8 437 en 1998.

France, lundi 20
3,5 millions de personnes sont déjà affiliées à la Couverture maladie universelle (CMU) et 5 000 nouvelles demandes sont enregistrées chaque jour.

Genève, mardi 21
L'ONU confirme que l'Otan a utilisé des munitions à uranium appauvri pour percer les blindages des chars serbes au Kosovo. Il en fut de même lors de la guerre du Golfe.

Paris, mardi 21
Contrairement à ce qui était attendu, Lionel Jospin se refuse à présenter un plan de réforme des retraites. Il préfère inciter les syndicats à la concertation et miser sur la croissance.

Versailles, mercredi 22
Sur 5 000 conifères offerts par les Américains pour reboiser le domaine forestier français après les tempêtes de décembre, 3 200 sont renvoyés outre-Atlantique faute des certificats phytosanitaires requis.

Paris, mercredi 22
Monique Pelletier est nommée par Jacques Chirac au Conseil constitutionnel.

Moscou, mercredi 22
L'ouverture d'un magasin Ikea, le premier en Russie, provoque une ruée des Moscovites.

Lisbonne, vendredi 24
Le social-libéralisme prôné par Tony Blair s'impose aux quinze pays de l'Union à l'issue du sommet européen. (→ 1.7)

Auvergne, samedi 25
Manifestation sur le puy de Dôme des photographes : ils protestent contre le fait que les propriétaires d'un volcan, le Pariou, ont intenté un procès à l'un d'eux pour en avoir publié un cliché sans autorisation.

Brésil, dimanche 26
Michael Schumacher remporte le Grand Prix de Formule 1 de São Paulo sur Ferrari. (→ 9.4)

6346,26 — 26,18 $ — € 0,9721 $

Angela Merkel sera présidente de la CDU

Berlin, lundi 20
Angela Merkel n'a pas de souci à se faire : la CDU, le parti démocrate-chrétien allemand, l'a désignée seule candidate à sa présidence. Agée de 45 ans, elle aura la lourde tâche de succéder à Wolfgang Schäuble à la tête d'une organisation salie par le scandale de ses ressources occultes. La rectitude morale est le principal atout de cette femme divorcée, sans enfant, protestante et originaire de l'ex-RDA où elle se distingua, lors de sa scolarité, par sa maîtrise de la langue russe. Autant de spécificités inattendues pour le futur n°1 d'un parti dit conservateur. (→ 10.4)

Un premier procès pour Marc Dutroux

Neufchâteau, lundi 20
Marc Dutroux, 44 ans, inculpé pour le rapt de six jeunes filles et la mort de quatre d'entre elles, a comparu devant les juges pour sa tentative d'évasion d'avril 1998. Là encore, la même impression de malaise que lors de précédentes audiences s'est dégagée de ce procès. Dutroux nie la préméditation, mais une lettre a été trouvée sur lui. L'escorte avait été réduite à deux gendarmes sans aucune explication. L'arme dérobée n'était pas chargée : or personne ne s'est interposé. Cela relevait-il de la négligence, ou d'une manipulation pour l'abattre dans sa fuite ? (→ 19.6)

Poutine reste ferme sur la Tchétchénie

Grozny, lundi 20
En blouson d'aviateur, un masque à oxygène autour du cou, le Premier ministre et président par intérim est venu en Sukhoi 32 offrir quelques mots de réconfort à ses troupes. Au pied de l'avion de chasse, il s'est dit prêt à entamer des pourparlers avec « ces gens-là », parlant des rebelles qui n'avaient pas « de sang russe sur les mains ». Quant aux autres, « les bandits » et ceux qui les soutiennent, il a affirmé qu'il faudrait tous les « étrangler ». A six jours du scrutin présidentiel, l'image de Poutine est omniprésente dans les médias russes tout acquis à sa cause. (→ 26)

La démocratie l'emporte au Sénégal avec l'élection de Wade

Dakar, lundi 20
La troisième tentative aura été la bonne. Abdoulaye Wade, 74 ans, a été élu hier président du Sénégal. Alors que le dépouillement n'est pas encore achevé, le président sortant, Abdou Diouf, a téléphoné à Maître Wade, comme ses compatriotes ont pris l'habitude de l'appeler, pour le féliciter et organiser la passation de pouvoir. Avocat, économiste, marié à une Française et ancien fidèle de Senghor, il est un tribun hors pair. Il a convaincu la haute bourgeoisie dakaroise que l'alternance ne serait possible qu'en s'alliant à Moustapha Niasse, un ancien ministre de Diouf qui sera son chef de gouvernement. Quarante ans après avoir acquis son indépendance, le Sénégal a vécu sa première transition démocratique.

Au premier tour, Abdoulaye Wade avait mis en ballottage Abdou Diouf.

Taiwan et la Chine pourraient dialoguer

Taipei, mardi 21
Depuis des semaines, Pékin, comme à son habitude, n'avait pas cessé de menacer Taiwan de son courroux si Chen Shui-bian était élu. En signe d'apaisement et pour quitter au plus vite cette zone de turbulences, le Parlement taiwanais et le nouveau gouvernement ont voté un texte qui autorise les liens directs entre l'île et le continent, y compris les relations postales, interdits en théorie depuis 50 ans. Le Premier ministre chinois, Zhu Rongji, se dit prêt à dialoguer.

Iridium va devoir désorbiter 88 satellites

New York, mardi 21
Liquidée vendredi dernier, la firme Iridium, qui avait mis en place un réseau planétaire trop ambitieux de téléphonie mobile par satellites, va devoir faire place nette. Il va s'agir de « désorbiter » 88 relais satellites : la constellation Iridium en comptait 66 en service plus les 22 engins de secours. Cette opération va coûter 50 millions de dollars, mais le seul entretien de ces engins engloutissait 10 millions de dollars par mois. Les satellites vont donc être dirigés vers l'atmosphère terrestre où ils devront se désintégrer. Les trajectoires sont calculées pour que cette destruction s'effectue au-dessus des océans. Le plan de « désorbitage » doit durer plusieurs mois. Ce « suicide » spatial sera une prouesse technique, mais il sera aussi l'apothéose du plus gros gâchis de l'histoire industrielle. Cinq milliards de dollars vont partir en fumée. L'extension plus rapide que prévu des réseaux classiques en GSM, même dans les pays du tiers monde, a sonné le glas de ce projet. Pourtant, malgré l'échec patent de Motorola – à l'origine d'Iridium –, Globalstar, son concurrent dans ce secteur, reste très confiant.

Lens en demi-finale de la Coupe de l'UEFA

Lens s'est qualifié contre le Celta Vigo (2-1). Ici, le penalty de Valérien Ismaël.

Lens, jeudi 23
Le stade Félix-Bollaert est un de ces lieux où l'émotion footballistique passe de la pelouse aux gradins sans se corrompre ou s'émousser. Les Lensois sont certainement parmi les supporters les plus fidèles et les plus festifs du championnat. Leur club s'est qualifié ce soir pour sa première demi-finale européenne. Le Racing-Club de Lens a battu les Espagnols du Celta Vigo par deux buts à un en match retour. Les buts lensois ont été marqués par Valérien Ismaël et Pascal Nouma à la 62e et à la 72e minute alors que Vigo avait ouvert la marque par son capitaine Michael Revivo. (→ 20.4)

Bill Clinton privilégie l'Inde face au Pakistan

Islamabad, samedi 25
Comparées aux quatre jours passés en Inde, les six heures que consacre Bill Clinton à son étape au Pakistan disent très clairement quel pays a les faveurs de la diplomatie américaine en ce moment. Avec une journée au Bengladesh, le Président américain aura rencontré tous les dirigeants du sous-continent. Les discussions ont tourné autour de la rivalité nucléaire entre New Delhi et Islamabad, le conflit larvé potentiellement le plus dangereux de la planète. Fidèle à ses principes, Bill Clinton a réclamé le retour de la démocratie au Pakistan.

Oscars : l'Amérique se refait une beauté

Hilary Swank (avec Roberto Benigni) est sacrée grâce à « Boys don't cry ».

Los Angeles, dimanche 26
La 72e cérémonie des Oscars a fait la part belle à des personnages ou à des films qui ébranlent les certitudes du rêve américain. Après bien des déboires d'organisation – bulletins de vote égarés, statuettes volées puis retrouvées dans une décharge –, les Oscars des meilleurs acteurs ont été décernés à Hilary Swank pour son rôle de lesbienne travestie dans *Boys don't cry* et Kevin Spacey dans cette satire féroce de la classe moyenne qu'est *American Beauty*. Ce premier long métrage de Sam Mendes a reçu cinq Oscars, dont celui du meilleur film. *Tout sur ma mère*, réalisé par l'Espagnol Pedro Almodovar, a été désigné meilleur film étranger.

Poutine élu président

Il sort vainqueur de la présidentielle dès le premier tour avec 52,52 % des voix.

Moscou, dimanche 26
Vladimir Poutine a été élu président dès le premier tour du scrutin avec 52 % des voix. Son rival immédiat, Guennadi Ziouganov, le leader du Parti communiste, arrive derrière lui avec 29,44 %. La participation a été de 68,96 %. Quasiment inconnu lors de sa nomination, en août 1999, au poste de Premier ministre, il était devenu président par intérim après le départ de Boris Eltsine, à la fin du mois de décembre. En quelques mois, grâce à la guerre menée dans le Caucase et à son omniprésence dans les médias, Poutine aura su enclencher une réelle dynamique de popularité. Cet ancien du KGB n'a d'autre programme que le retour à l'ordre. Pour une population russe déboussolée et appauvrie, c'est déjà un minimum vital. (→ 7.4)

Fin mars, la trottinette fait un retour en force dans les villes. Ce n'est plus un jouet réservé aux enfants. Les nouveaux modèles sont très sophistiqués et surtout pliables. Les prix : de 990 F à 2 200 F pour la Rolls de la glisse.

Le pèlerinage de Jean-Paul II en Terre sainte

Le 20 après son arrivée à Amman (Jordanie) où il a rencontré le roi Abdallah.

Le 26 à Jérusalem, devant le mur des Lamentations, pour un geste symbolique.

Le 23 au mémorial de Yad Vashem, où il déplore « la tragédie de la Shoah ».

Jérusalem, dimanche 26
Tous ceux qui connaissent le pape savent que ce voyage constitue pour Jean-Paul II l'un des points d'orgue de son pontificat. Que cette visite ait été entreprise durant l'année sainte amplifie encore le sens de ce Jubilé catholique. Les sept jours de cette visite étaient placés sous un triple enjeu. Il s'est d'abord agi pour le Saint-Père de parachever le travail long et difficile de repentance et de réconciliation avec les Juifs. Il lui fallait ensuite renouveler le soutien que le Vatican, depuis des années, apporte à la cause palestinienne, aussi bien sur la question nationale que sur celle des réfugiés. Enfin, le pape a voulu rappeler combien il lui tenait à cœur de défendre ce qu'il reste de faible présence chrétienne sur sa terre originelle. Là, dans une région où chaque arpent de terrain, chaque pierre, chaque mot recèlent une infinité de conflits en puissance, Jean-Paul II a fait preuve de doigté. A Amman, à Jérusalem, à Nazareth, à Bethléem et à Tibériade, il a évité les écueils, à la grande satisfaction de ses hôtes. (→ 13.5)

Mars

Lu	Ma	Me	Je	Ve	Sa	Di
		1	2	3	4	5
6	7	8	9	10	11	12
13	14	15	16	17	18	19
20	21	22	23	24	25	26
27	28	29	30	31		

Cognac, lundi 27
Touchés par la crise asiatique au milieu des années 90, les producteurs de cognac ont su changer l'image de leur alcool. Celui-ci se boit désormais aussi en *long drinks*, et le marketing cherche à rajeunir la clientèle.

Bordeaux, mardi 28
Buzz, une filiale de KLM-UK, propose des Bordeaux-Londres aller-retour à 990 francs. C'est un billet à date fixe, sans réservation préalable mais dans la limite des places disponibles dans l'avion. Les plateaux repas et tous les en-cas sont payants.

Vienne, mardi 28
Les ministres de l'Opep optent pour une augmentation de la production. En France, l'Etat est pressé par les transporteurs routiers de réduire la part des taxes sur le carburant. Le prix du litre de super dépasse déjà 8 francs par endroits. (→ 25.8)

Madrid, mardi 28
Le footballeur français Nicolas Anelka demande pardon à ses coéquipiers du Real pour son comportement. (→ 21.7)

Paris, mercredi 29
Ernest-Antoine Seillière est le premier grand patron français à révéler le montant de ses revenus. Le président du Medef a gagné l'an dernier 3,1 millions de francs après impôts. Ses stocks-options sont estimées à plus de 11 millions de francs.

Londres, jeudi 30
Le jeune homme sous dialyse qui avait proposé d'échanger hier 6,7 millions d'euros gagnés au loto contre un rein sain a dû retirer son offre à la demande de la justice. Il attendra son tour pour être greffé.

Paris, jeudi 30
Dans une lettre à la présidente du RPR, Michèle Alliot-Marie, Philippe Séguin se déclare candidat à la mairie de Paris. Il se présente comme l'homme de la « réconciliation ». (→ 27.5)

France, vendredi 31
La France comptait 2 499 400 chômeurs fin février (65 000 de moins en un mois). (→ 30.5)

DECES

Londres, mardi 28
Anthony Powell, romancier britannique (*21.12.1905).

6286,05 — 24,5 $
€ 0,9582 $

Les mitterrandistes font leur retour

Paris, lundi 27
Attendu, le remaniement de l'équipe gouvernementale de Lionel Jospin a été plus large que prévu. Catherine Trautmann, Claude Allègre, Emile Zuccarelli et Christian Sautter ont quitté leur maroquin ; un départ sanctionnant un rejet de l'opinion, des maladresses ou le fait de n'avoir pas su s'imposer. D'anciens barons de l'ère Mitterrand font leur retour, tels que Laurent Fabius au ministère de l'Economie et des Finances, Jack Lang à l'Education, Michel Sapin à la Fonction publique et Catherine Tasca à la Culture. Pour la gauche plurielle entrent Michel Duffour, du PCF, au Patrimoine, et le Vert Guy Hascoët, nommé secrétaire d'Etat à l'Economie solidaire. (→ 29.8)

Après Fabius, Raymond Forni est élu président de l'Assemblée nationale le 29.

Daimler-Chrysler contrôle Mitsubishi

Tokyo, lundi 27
Jürgen Schrempp, qui préside aux destinées de Daimler-Chrysler, vient d'annoncer la prise de contrôle de 34 % de Mitsubishi. Il s'agit de la minorité de blocage : elle aura coûté 2,1 milliards de dollars au groupe germano-américain. Mitsubishi est le quatrième constructeur nippon. Il y a vingt ans, les firmes japonaises de l'automobile faisaient trembler leurs homologues européennes et américaines. Celles-ci ont su réagir et ce sont elles qui font désormais leurs courses au Japon, tels Renault avec Nissan ou Ford avec Mazda.

Pologne : veto sur... la loi anti-porno

Varsovie, mardi 28
Aleksander Kwasniewski a opposé son veto à une loi interdisant toute forme de pornographie. Adopté au début du mois grâce au poids de la droite catholique, ce texte prohibait la production et la distribution, de même que la simple possession, de tout document pornographique. Les peines encourues atteignaient deux ans de prison, voire cinq ans fermes en cas de récidive. Pour le président, cette loi est inapplicable à l'heure de l'Internet et du satellite. Elle viole aussi, a-t-il expliqué, les libertés des citoyens, seuls juges de la morale.

Bilan mitigé pour Kouchner au Kosovo

Paris, mercredi 29
Devant la commission des Affaires étrangères de l'Assemblée, le haut-administrateur de l'ONU, Bernard Kouchner, a essayé de dresser un bilan encourageant de la Mission des Nations unies au Kosovo, la Minuk. Avec peine. L'UCK est loin d'avoir été désarmée et contrôle de nombreux villages. Près de 800 000 albanophones ont pu revenir dans la province dont ils avaient été chassés, mais ce n'est pas le cas des Serbes qui avaient fui. Et si la criminalité a décru, le Kosovo reste le paradis des trafiquants et des mafieux. (→ 9.6)

« Taxi 2 » pulvérise les records d'entrées

France, mercredi 29
Avec 750 000 entrées, *Taxi 2*, que Luc Besson a produit, pulvérise les records de fréquentation pour une première journée d'exploitation. Pas moins de 836 copies du film – un autre record – ont été tirées. *Astérix et Obélix contre César* n'avait fait, à titre de comparaison, que 446 724 entrées avec 780 copies alors que *Star Wars : la menace fantôme* avait atteint 450 531 entrées avec quelque 793 copies. *Taxi 2*, qui a été réalisé par Gérard Krawczyk, table sur les vacances de Pâques pour s'imposer.

Le 30, à Paris, Jacques Chirac inaugure le Mur de la paix, sur le Champ-de-Mars, œuvre de Clara Halter réalisée par Jean-Michel Wilmotte.

Une Coupe Korac de plus pour Limoges

Andalousie, mercredi 29
Les basketteurs se sont offert une joie qui leur permettra, du moins pour un temps, d'oublier les démêlés financiers de leur club. Malgré leur défaite, ce soir, au match retour, par 51 à 60 face aux Espagnols de Malaga, ils remportent, grâce aux vingt-deux points d'avance du match aller, leur troisième Coupe Korac. C'est aussi le cinquième titre européen en dix-huit ans pour le CSP Limoges, le plus titré des clubs français. Mais le soutien des supporters comme les qualités des joueurs ne peuvent rien contre la menace inéluctable d'un dépôt de bilan. (→ 27.5)

Haro sur les fermiers blancs au Zimbabwe

Harare, mercredi 29
Le processus illégal d'occupation de fermes, lancé au début du mois, a pris de l'ampleur. 700 exploitations appartenant à des fermiers blancs sont occupées par des groupes où se mêlent d'anciens combattants de la guerre d'indépendance, des paysans sans terre et des chômeurs. Robert Mugabe, le chef de l'Etat, soutient les squatters et réclame à son tour des expropriations massives. Certes, les 4 500 fermiers blancs possèdent près de la moitié des terres du pays, mais leur travail assure l'essentiel des exportations. Il leur faut résister pour assurer leur survie. (→ 23.4)

Le petit Elian va-t-il quitter les Etats-Unis ?

Elian chez son grand-oncle à Miami.

Miami, jeudi 30
C'est à 9 h ce matin que doit expirer la permission de séjour accordée au jeune Elian par les services fédéraux de l'immigration. Le 21, la justice a rejeté la demande d'asile politique déposée par les parents de la mère du garçon, qui vivent en Floride. Ils ont fait appel. Avec la frange la plus radicale de la diaspora cubaine de Miami, qui a instauré une sorte de culte mystique et hystérique autour de ce garçon, ils ont fait d'Elian le symbole de l'oppression castriste. Or Fidel Castro a autorisé son père à s'envoler pour les Etats-Unis avec une délégation pour négocier son rapatriement, lequel est préconisé par les juges américains. (→ 22.4)

Gisèle Freund avait un œil inimitable

La grande portraitiste, ici en 1998.

Paris, vendredi 31
Née le 19 décembre 1908 à Berlin, Gisèle Freund s'est éteinte dans sa patrie d'adoption : c'est en France qu'elle s'était réfugiée en 1933 pour fuir le nazisme. Deux ans plus tard, une photo d'André Malraux la rend célèbre. Auteur à la Sorbonne d'une thèse sur le portrait, Gisèle Freund va construire sa renommée sur les visages des gens qu'elle admire, si possible des écrivains ou des figures de cette intelligentsia cosmopolite qui fait la richesse de Paris. Elle fit aussi des reportages pour Magnum. Quatorze ans durant, son portrait officiel du président Mitterrand, un livre relié à la main, a orné toutes les mairies de France.

Anissina et Peizerat gagnent le titre mondial de danse sur glace

Nice, vendredi 31
C'est la première fois depuis neuf ans que la Russie laisse échapper la médaille d'or en danse. Le couple français formé par Marina Anissina et Gwendal Peizerat enlève le titre mondial, en dominant les Italiens dans le programme de danse libre. Leur entraîneur, Muriel Zazoui, a expliqué leur réussite par le mariage « du feu et de la glace ». La relève de Paul et Isabelle Duchesnay, qui avaient triomphé en 1991 à Munich, est enfin assurée. Ces championnats du monde, qui n'ont donné lieu à aucune innovation chorégraphique ou technique, ont été marqués par l'attaque au cutter commise mardi contre Stéphane Bernadis. Solide, le Français a, le lendemain, obtenu le bronze avec Sarah Abitbol.

Abitbol et Bernadis (ici en 1999) ont obtenu le bronze à l'issue de la compétition.

Découvertes de charniers d'une secte apocalyptique en Ouganda

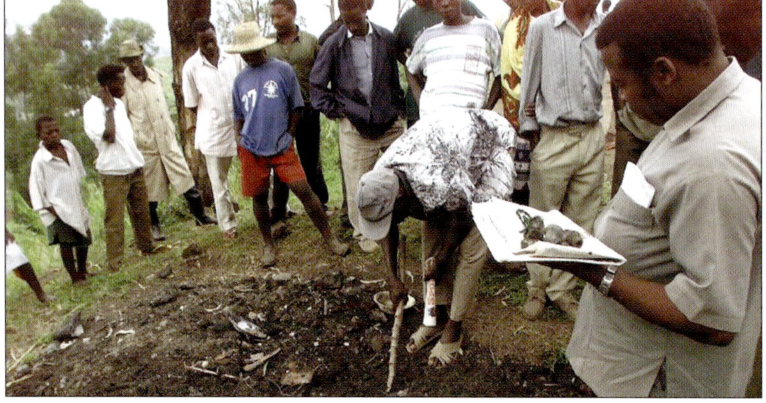
Plus de mille morts pour la secte de la Restauration des dix commandements.

Kampala, vendredi 31
Depuis le 17, c'est à un macabre jeu de piste que se livre la petite équipe de policiers ougandais chargés de localiser les charniers puis d'ouvrir les fosses communes qu'une secte millénariste a laissées derrière elle. Le décompte des corps fait déjà état d'un millier de victimes. Prônant dans son nom la restauration des dix commandements, elle a éliminé les fidèles qui commençaient à refuser leur condition de quasi-esclaves. Il reste à savoir comment autant de personnes ont pu être tuées en deux ou trois semaines seulement.

Avril

Lu	Ma	Me	Je	Ve	Sa	Di
					1	2
3	4	5	6	7	8	9
10	11	12	13	14	15	16
17	18	19	20	21	22	23
24	25	26	27	28	29	30

France, dimanche 2
Opération « le Printemps des musées » : l'entrée est gratuite dans tous les musées du pays.

Bruges, dimanche 2
Le cycliste ukrainien Andreï Tchmil remporte le Tour des Flandres. (→ 9)

Paris, dimanche 2
Le CCF est la première banque française à passer sous contrôle étranger. Elle est rachetée par le groupe britannique HSBC.

Bosnie, lundi 3
Des soldats français de la Sfor arrêtent le numéro deux des Serbes de Bosnie, Momcilo Krajisnik. Il est déféré au TPI de La Haye.

Saint-Cloud, mardi 4
Serge Dassault, atteint par la limite d'âge (75 ans), laisse le poste de président de Dassault Aviation à Charles Edelstenne.

Paris, mardi 4
Adoption d'une loi qui interdit la chasse le mercredi.

Paris, mercredi 5
Putsch à l'assemblée générale des actionnaires d'André, le marchand de chaussures. Les investisseurs anglo-saxons se débarrassent de la direction.

Berlin, mercredi 5
Coup de théâtre financier : la Deutsche Bank et la Dresdner Bank renoncent à fusionner.

Roissy, jeudi 6
Les pilotes ont gagné dans leur bras de fer linguistique avec la direction d'Air France. Celle-ci renonce à imposer l'anglais comme langue de travail entre pilotes et contrôleurs à Roissy. Les approches continueront de s'effectuer en français.

Paris, samedi 8
Le boxeur Fabrice Tiozzo garde le titre de champion du monde WBA lourds-légers en battant l'Ukrainien Valery Vikhor. Bruno Girard arrache le titre des super-moyens à l'Américain Byron Mitchell.

Italie, dimanche 9
Le Grand Prix de Formule 1 de San Marin est remporté par Schumacher sur Ferrari. (→ 23)

DECES

Los Angeles, samedi 8
Claire Trevor, actrice, célèbre pour *Key Largo* (*8.3.1910).

6308,04 — 23,51 $

€ 0,9584 $

UGC lance sa « carte orange du cinéma »

Lyon, dimanche 2
Le circuit UGC, le premier réseau de salles français, innove encore. Il lance une carte illimitée à l'année. Pour 1 176 francs (soit 98 francs par mois), le détenteur de la carte peut aller autant de fois qu'il le veut au cinéma. Certes, son abonnement est pris pour une durée minimale d'un an mais UGC représente 350 écrans et 42 cinémas sur tout le territoire. Cette formule inédite s'adresse aux gros consommateurs de films pour les fidéliser. Mais ces cinéphages sont également ceux qui font vivre les salles d'art et essai. Si UGC les capte, les circuits indépendants sont menacés de mort. (→ 4.5)

Blessé aux pieds, Jo Le Guen abandonne

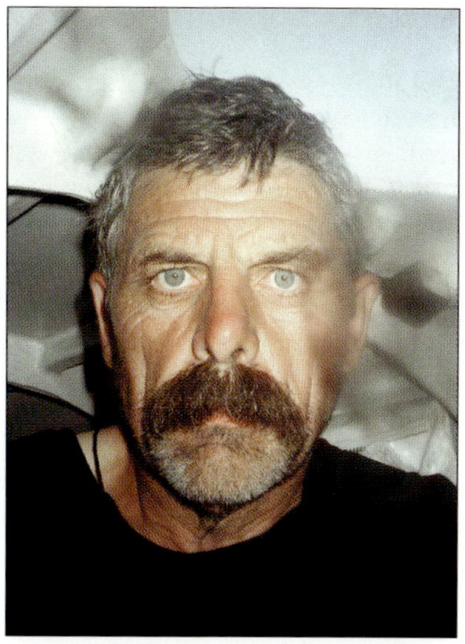

Epuisé physiquement et moralement, Le Guen pense pourtant à repartir.

Océan Pacifique, dimanche 2
Le calvaire de Jo Le Guen s'achève. Le docteur René Paule, du CHU de Brest, lui a demandé par radio de ne pas s'obstiner. Le cargo *Palisser Bay* s'est dérouté pour le récupérer. Sur son canot de 9 m baptisé *Keepitblue*, le Breton tentait l'aventure folle de traverser le Pacifique Sud à la rame. Il n'aura parcouru qu'un tiers de ce trajet de 9 000 km entre la Nouvelle-Zélande et le cap Horn, un défi dont le but était de sensibiliser l'opinion publique à la nécessité de préserver la planète : *Gardons-là bleue*. Ce sont ses pieds qui l'ont trahi : il souffre de « plaies surinfectées associées à une insuffisance artéro-veineuse » qui le forçaient à ramper pour se déplacer. Il risque une amputation. (→ 11)

Les bergers défendent leurs moutons contre les meutes de loups

Aix-en-Provence, dimanche 2
Plusieurs centaines de bergers sont descendus des alpages avec près de 2 500 moutons pour manifester leur opposition au « plan loup ». Celui-ci protège les meutes venues s'installer depuis 1992 dans le parc du Queyras et dans celui du Mercantour. Même s'ils sont dédommagés pour chaque bête tuée, les bergers en ont assez que leur cheptel vive sous la menace constante des prédateurs – trente au plus – venus d'Italie. Ils exigent de pouvoir les abattre, ce que la loi leur interdit.

Pas de grand chelem pour le XV à la rose

Edimbourg, dimanche 2
Le public du stade de Murrayfield, convaincu comme il se doit de la victoire de son équipe, avait trouvé un nouveau slogan, plus piétiste que vraiment sportif : « On ne peut pas battre l'Ecosse un dimanche ! » Et l'Angleterre, qui finit pourtant en tête du Tournoi, fut privée de son grand chelem grâce à la victoire de l'équipe au chardon 19 à 13. Trop technique, le Quinze à la rose fut étouffé par la vaillance brutale des Ecossais. Au Stade de France, les Français ont battu sans panache les Italiens 42 à 31. Les Tricolores sont deuxièmes du Tournoi. Samedi, la surprise vint des Gallois, vainqueurs à Dublin des Irlandais 23 à 19.

Le 3, à Washington, le juge Thomas Penfield Jackson rend un verdict très sévère contre Microsoft, la firme de Bill Gates, reconnue coupable d'avoir violé la loi antitrust américaine. La plupart des éléments à charge ont été retenus. Bill Gates va faire appel. Le juge doit encore préciser le montant des sanctions. A New York, le cours de Microsoft s'est effondré. (→ 7.6)

Lætitia Casta exile Marianne à Londres

Paris, mercredi 5
Lætitia Casta se serait domiciliée à Londres pour des raisons fiscales. L'information, publiée samedi par le *Times*, a été démentie hier soir par l'intéressée. Elle reconnaît y avoir loué un appartement car son « petit ami est là-bas », tandis que la presse française assure que l'actrice et mannequin est inscrite depuis 1998 en tant que résidente. L'affaire suscite des commentaires d'autant plus passionnés que l'accorte Corse est notre nouvelle Marianne et que les *tabloïds* jettent de l'huile sur le feu : « Quittez la France ! » titre le *Daily Star*. 65 000 Français se sont déjà installés en Grande-Bretagne.

Bourguiba, le « père de l'indépendance » tunisienne, disparaît

Bourguiba avec Zine Ben Ali en 1987, juste avant sa destitution par celui-ci.

Monastir, jeudi 6
Habib Bourguiba est mort des suites d'une infection pulmonaire dans sa ville natale où il vivait reclus depuis sa destitution en 1987. Il était âgé de 96 ans (*3.8.1903). Les Tunisiens les plus âgés pleurent celui qui était devenu en 1957 le premier président de la Tunisie indépendante. Formé à Paris (à Sciences-Po, au Collège de France puis à la faculté de droit), il fonda en 1934 le Néo-Destour, un parti moderniste et laïque qui fut le fer de lance du combat nationaliste. Parvenu au pouvoir, Bourguiba fut d'abord un précurseur, supprimant dès 1957 la polygamie et accordant le droit de vote aux femmes. Mais l'autoritarisme, la corruption et la maladie entachèrent son règne.

Au-delà de la parité pour les Espagnoles

Madrid, mercredi 5
C'est l'Europe du Nord plus que ses voisins latins que suit la monarchie constitutionnelle espagnole pour la féminisation de sa vie politique. En effet, l'Espagne devient le seul pays de l'Union européenne où les deux chambres sont désormais présidées par des femmes. Luisa Fernanda Rudi, maire de Saragosse, 49 ans, est élue à la présidence du Congrès des députés. Le Sénat reste présidé par l'ancien ministre de la Culture Esperanza Aguirre, âgée de 48 ans. Toutes deux appartiennent au Parti populaire de José Maria Aznar.

Du translucide aux styles baba-cool et cow-boy : les tendances

Chez les designers, le transparent fait un retour en force dans tous les secteurs.

Paris, vendredi 7
Parmi la multitude de tendances que chaque année les cabinets de style cherchent à imposer pour influencer la mode et l'esthétique urbaine, deux semblent se détacher du lot. Il s'agit dans les deux cas d'un retour aux années soixante-dix, d'un *revival*. Nous avons d'un côté le débraillé chic des nouveaux baba-cool, tissus et perles indiennes à foison, et, de l'autre, le style country, cow-boy et cow-girl, stetsons et vestes frangées de cuir, dignes de Dolly Parton. Le *design* suit dans le luxe une pente très différente : celle de la pureté des formes et des contenus, symbolisée par la transparence des matières.

Nette progression de l'obésité en France

Paris, mercredi 5
L'obésité progresse en France, avec de fortes disparités régionales, selon une étude publiée par le mensuel *La Recherche*. Une conséquence de la propagation des *fast-foods* et de la consommation de Coca-Cola ? Non, affirment les scientifiques, pour qui l'obésité serait « une maladie de la pauvreté », affirmation établie sur la foi de la répartition géographique de la maladie : ainsi 24 % des Corses en seraient atteints. Et « plus petites sont les communes, plus forte est la prévalence » du mal, en nette hausse dans le Nord et en Midi-Pyrénées.

Le 7, à Paris, Robert Hossein présente son troisième spectacle sur la vie du Christ : *Jésus, la résurrection*. Georges Ischenko incarne le rôle-titre.

A la recherche du secret des pyramides

Egypte, vendredi 7
Egyptologues amateurs, Jean-Yves Verd'hurt, agent immobilier, et son ami Gilles Dormion, architecte, ne cessent d'ausculter les pyramides depuis quinze ans. Leur flair et des endoscopes (des tubes terminés par des caméras mobiles) les ont menés à la découverte dans la pyramide de Meïdoum, au sud du Caire, de deux couloirs et deux chambres inconnus des égyptologues et inviolés depuis 4 700 ans ! Une belle réussite après deux ans de travaux. Les Français avaient déjà effectué de semblables trouvailles à Khéops en 1986.

Marseille bat Monaco dans un match fou

L'OM a empêché Monaco (en rouge) d'être dès ce soir champion de France.

Marseille, vendredi 7
Pour l'Olympique, ce match avancé de la 30e journée du championnat de France de football représentait une possibilité d'éviter la relégation en deuxième division. Les joueurs de l'OM ont tout fait pour arracher les trois points de la victoire face aux Monégasques. Tout faire, cela aura signifié, ce soir, un jeu intense, de haute tenue, mais aussi une pression et des violences commises sur leurs adversaires. Le Marseillais Cyrille Pouget ouvrit la marque, et Ibrahim Bakayoko doubla la mise. Monaco égalisa par David Trezeguet avant que Bakayoko et Frédéric Brando ne fassent gagner l'OM 4 à 2. (→ 15)

Les jeunes filles entrent dans les casernes

Elles investissent de plus en plus le domaine de la virilité par excellence.

France, samedi 8
Pour l'événement, le président de la République avait écrit un message qui fut lu dans les casernes : « Cette journée consacre l'égalité des droits et des devoirs de tous les Français, hommes et femmes. » 7 000 jeunes filles, nées après décembre 1982, ont vécu ce samedi la première Journée d'appel de préparation à la défense (JAPD) mixte. Un nouveau rituel républicain s'installe, auquel l'armée a dû se préparer, en installant par exemple des sanitaires pour dames. La féminisation des régiments est en marche. Les femmes ne constituent pour l'heure que 8,3 % des effectifs, contre 14 % aux Etats-Unis.

La Tchétchénie reste l'épine des Russes

Moscou, vendredi 7
Les dirigeants russes ont fait part de leur « perplexité et de leurs profonds regrets » après la décision prise par le Conseil de l'Europe de suspendre le droit de vote de la Russie au sein de cette institution. Le Kremlin a ajouté que cette brimade n'aurait aucune influence sur sa « politique d'éradication du terrorisme dans le Caucase et en Tchétchénie ». Cette sanction ne pèse en effet d'aucun poids face à la détermination russe. Les Européens ne sont d'ailleurs pas unanimes : les ambassadeurs des 15 pays de l'Union auprès du Conseil de l'Europe se sont réunis d'urgence à Strasbourg pour désavouer le vote des députés ! Jouant sur la division, le porte-parole de Vladimir Poutine a estimé que « la plupart des députés ont agi sous le coup de l'émotion qui a prévalu sur la raison ». Présente sur le terrain la semaine dernière, Mary Robinson, représentante de l'ONU pour les droits de l'homme, s'est plainte de n'avoir pu visiter les camps de transit. (→ 8.6)

Le 9, le Belge Johan Museeuw gagne la course Paris-Roubaix. (→ 14.8)

Vers un géant de la télévision en Europe

Francfort, vendredi 7
La fusion annoncée de Pearson TV et de CLT-UFA donnera naissance à un nouveau mastodonte européen. CLT-UFA, groupe germano-belgo-luxembourgeois, possède M6, RTL (radio et télés), Fun Radio, etc. Le britannique Pearson fabrique pour sa part des programmes : des jeux, des sit-coms, des séries. La synergie sera totale au 1er janvier 2001.

Le Pasok toujours au pouvoir... sur le fil

Athènes, dimanche 9
Le Pasok, le Mouvement socialiste panhellénique, conserve le pouvoir de justesse. Il obtient 43,78 % des voix aux élections législatives, alors que les conservateurs de la Nouvelle Démocratie, donnés favoris de ce scrutin, font 42,79 %. 60 000 voix ont fait la différence. Le Premier ministre, Costas Simitis, promet un « gouvernement de renouveau ».

Avril

Lu	Ma	Me	Je	Ve	Sa	Di
					1	2
3	4	5	6	7	8	9
10	11	12	13	14	15	16
17	18	19	20	21	22	23
24	25	26	27	28	29	30

Londres, lundi 10
Le ministre de l'Intérieur, Jack Straw, annonce que les *pubs* pourront rester ouverts 24 h sur 24. Depuis la Première Guerre mondiale, ils fermaient à 23 h.

Chili, mardi 11
Le rameur français Jo Le Guen, rescapé de sa tentative de traversée à la rame du Pacifique, est amputé de huit orteils à Punta Arenas.

Paris, mercredi 12
Au congrès Génomes 2000, les chercheurs annoncent le décryptage des génomes de *Listeria monocytogenes* et de *Mycobacterium leprae* qui sont, respectivement, la bactérie responsable de la listériose et le bacille de la lèpre.

Strasbourg, jeudi 13
Le Parlement européen refuse la création d'une commission d'enquête sur le réseau d'écoutes Echelon. (→ 11.10)

Paris, jeudi 13
Jacques Chirac inaugure une galerie du Louvre consacrée aux Arts premiers. 110 œuvres africaines, amérindiennes et océaniennes y sont exposées.

Lyon, vendredi 14
Début de la première Coupe du monde de taekwondo, un art martial coréen qui va faire son entrée au programme des JO.

Neuilly-sur-Seine, vendredi 14
Charles Trenet est hospitalisé à la suite d'un accident cérébral. Le chanteur est âgé de 86 ans.

Kinshasa, vendredi 14
Un avion militaire percute un camion-citerne au décollage, un dépôt de munitions prend feu. Bilan : 101 morts, 210 blessés.

Moscou, vendredi 14
La Douma ratifie le traité de désarmement nucléaire Start II, signé par George Bush et Boris Eltsine en 1993. (→ 21)

Côtes-d'Armor, samedi 15
Dix mille personnes défilent à Quentin contre le projet d'y stocker des déchets nucléaires.

Monaco, samedi 15
Grâce à un match nul face à Nancy (2-2), Monaco obtient son 7e titre de champion de France de football.

Liège, dimanche 16
Le cycliste italien Paolo Bettini gagne Liège-Bastogne-Liège.

6075,71 — 23,24 $ — € 0,9626 $

Etudes prometteuses sur l'hormone DHEA

Paris, mardi 11
L'étude française sur les effets de la DHEA, la déhydroépiandrostérone, est vraiment encourageante. Chez les 280 personnes, de 60 à 79 ans, toutes en bonne santé, qui ont pris chaque jour 50 mg de ce que les Américains ont qualifié d'hormone de jouvence, les chercheurs ont noté une diminution de la dégradation des os, une amélioration de l'état de la peau et des cheveux et, chez les femmes, une remontée de la libido, le tout sans effets secondaires.

Mobilisation autour de la taxe Tobin

Washington, mardi 11
Quatre députés français, rejoints par des homologues britanniques et américains, lancent un mouvement international des élus en faveur de la taxe Tobin. Cette taxe, imaginée par le prix Nobel d'économie James Tobin, se veut un impôt de 0,01 % sur les mouvements de capitaux par le monde. Elle a deux objectifs. Il s'agit, d'une part, de décourager les transactions financières purement spéculatives et, de l'autre, de fournir des ressources supplémentaires à l'aide au développement. En France et en Belgique, de plus en plus d'élus se disent convaincus de la nécessité d'en étudier la faisabilité. (→ 16)

Des garde-fous pour les OGM en Europe

Strasbourg, mercredi 12
Le Parlement européen a fini par lever le moratoire imposé en juin 1999 à la culture des organismes génétiquement modifiés, les OGM. Cette nouvelle directive autorise la mise en culture et la production à grande échelle des OGM, mais elle renforce les contrôles. Ces cultures ne sont autorisées que pour dix ans et sont soumises à un examen des risques pour l'environnement. Les dossiers techniques et les registres de localisation sont consultables par le public. Depuis deux jours, tout produit qui contiendrait plus de 1 % d'OGM doit le spécifier clairement sur son emballage. (→ 27)

Joie à Calais : « le petit Poucet » en finale

Le club amateur de 4e division a battu Bordeaux par 3 buts à 1 en demi-finale.

Lens, mercredi 12
Le stade Félix-Bollaert a été encore une fois le cadre des exploits des Calaisiens. Cette belle aventure ira donc jusqu'à son terme : un club de joueurs amateurs est en finale de la Coupe de France pour la première fois depuis la création, en 1918, de cette compétition. La fierté de ces joueurs, comme celle de leur ville, est justifiée : ils ont battu l'équipe qui est championne de France en titre. A l'exploit sportif indiscutable s'est ajouté le sentiment que les « petits », les « footballeurs du dimanche » ont pu venir à bout de l'un des clubs les plus riches du championnat. La fête qui a suivi restera sûrement autant dans les mémoires que la rencontre : Calais en était ivre de joie. (→ 7.5)

Alberto Fujimori contraint à un second tour

Pérou, jeudi 13
Pour ses adversaires, c'est déjà une immense victoire : Alberto Fujimori devra supporter un second tour. Il n'a obtenu, dimanche soir, « que » 49,84 % des voix contre 40,31 % à son principal opposant, Alejandro Toledo. Pour briguer un troisième mandat, Fujimori a fait modifier la Constitution à son avantage. C'est dire s'il est prêt à manipuler le score des urnes. Il a fallu que Washington le tance pour que la commission des votes ne le désigne pas vainqueur dès lundi. Les partisans de Toledo, parmi lesquels les Indiens, font aussi pression, campant dans les rues de Lima, la capitale. (→ 28.5)

Le 13, à Bruxelles, Albert II, le roi des Belges, entame sa convalescence après avoir subi en urgence dans la nuit un quadruple pontage coronarien.

La famine menace encore les Ethiopiens

A Godé dans la province de l'Ogaden.

Addis-Abeba, jeudi 13
Meles Zenawi, le Premier ministre éthiopien, a su apaiser la polémique naissante qui opposait son pays à la communauté internationale sur les responsabilités politiques et sur les origines de la famine. Le PAM, le Programme alimentaire mondial, a estimé que près de 16 millions de personnes, dont 8 en Ethiopie, sont directement menacées. La Corne de l'Afrique connaît depuis trois ans une sécheresse terrible. A cela, il faut ajouter la désorganisation des transports et des infrastructures liée à la guerre frontalière qui oppose l'Ethiopie et l'Erythrée. Les Etats-Unis et l'Union européenne vont accorder une aide alimentaire sans la moindre condition. (→ 11.5)

La folie Pokémon atteint tous les enfants

Le but : capturer 150 personnages imaginaires et leur donner plus de puissance.

France, jeudi 13
Les Pokémon sont 150 personnages fantastiques, issus d'un jeu vidéo du japonais Nintendo. Il s'agit de les capturer, de jouer avec leur niveau d'énergie et leurs caractéristiques propres. En France, 800 000 jeux ont été vendus en six mois. Dans le reste du monde, le raz de marée a permis de générer 6 milliards de dollars de chiffre d'affaires à partir des jouets dérivés, des cartes, des Gameboy, des peluches et du film. Cette véritable folie qui touche tous les 4-14 ans a envahi les cours de récréation. Certains établissements les ont déjà interdits : ils détournent l'attention des enfants des devoirs scolaires et seraient source de racket entre petits et grands.

L'opposition enfin unie contre Milosevic

Belgrade, vendredi 14
Ce sont les étudiants du mouvement Otpor (Résistance) qui encadraient cette marche. La jeune génération a vu ses efforts récompensés : toutes les composantes de l'opposition à Slobodan Milosevic, souvent rivales, souvent déchirées par des querelles byzantines, se sont retrouvées unies dans une manifestation qui a fini par rassembler 100 000 personnes au centre de la capitale. Vladan Batic, de l'Alliance pour les changements, Zoran Djindjic, du Parti démocrate serbe, et le versatile Vuk Draskovic, du Parti du renouveau, font cause commune contre la criminalisation de la vie politique en Yougoslavie. La province serbe réclame elle aussi des élections anticipées. (→ 17.5)

La chute du Nasdaq malmène Wall Street

New York, vendredi 14
Toutes les places européennes ont chuté durant ce vendredi, mais c'est Wall Street, avec quelques heures de décalage, qui a effectué la glissade la plus spectaculaire. Indice général des valeurs traditionnelles, c'est-à-dire industrielles, le Dow Jones aura perdu 5,66 %. Mais c'est le Nasdaq, l'indice des valeurs technologiques, qui a le plus reculé avec - 9,67 %. En une semaine, il a perdu 25,3 % de sa valeur. La publication d'une hausse des prix de détail (+ 0,7 %) plus forte que prévu n'explique pas tout. Les boursiers ont certes en horreur les tensions inflationnistes mais, en fait, la baisse brutale du Nasdaq ne serait que la fin de la bulle spéculative née autour des nouvelles technologies.

FMI et Banque mondiale sous la pression

Washington, dimanche 16
Les assemblées générales annuelles de la Banque mondiale et du FMI sont victimes de l'effet Seattle. La capitale fédérale américaine est en état de siège. Les autorités ont voulu à tout prix éviter que les incidents entre forces de l'ordre et activistes qui avaient émaillé le sommet de l'OMC ne se reproduisent. D'autant plus que les militants anti-FMI ont le soutien, non dans leurs méthodes mais dans leurs objectifs, d'une part grandissante de l'opinion publique. Le FMI et la Banque mondiale se voient reprocher leur dogmatisme en matière d'aide financière et leur incapacité à s'adapter aux réalités des pays les plus pauvres. Comme redouté, des affrontements ont bien eu lieu, perturbant les assemblées quelques heures durant. (→ 27.9)

Le 16, la Honda bicylindre de l'équipage William Costes (photo)-Sébastien Gimbert-Sébastien Charpentier remporte les 24 Heures du Mans moto.

Un parfum des années 70 flotte sur la manifestation antimondialisation.

Avril

Lu	Ma	Me	Je	Ve	Sa	Di
					1	2
3	4	5	6	7	8	9
10	11	12	13	14	15	16
17	18	19	20	21	22	23
24	25	26	27	28	29	30

Los Angeles, lundi 17
Le prix Pritzker, « le Nobel de l'architecture », est décerné au Néerlandais Rem Koolhaas.

Tautavel, lundi 17
Présentation aux scientifiques de deux crânes découverts en Géorgie : ils datent la présence humaine en Europe à au moins 1,7 million d'années.

Rome, mardi 18
Réouverture après restauration des musées du Capitole, conçus par Michel-Ange.

Europe, mercredi 19
Fait rare, trois des quatre clubs en demi-finales de la Ligue des champions sont espagnols : le FC Barcelone, le FC Valence et le Real de Madrid, qui a battu le Bayern de Munich. (→ 24.5)

Philippines, mercredi 19
Le crash d'un Boeing 737 d'Air Philippines fait 131 morts.

Etats-Unis, mercredi 19
Le Vermont est le premier Etat américain à autoriser l'union civile de deux adultes du même sexe, sur le modèle du Pacs.

Lens, jeudi 20
Les Lensois sont battus 2-1 par Arsenal en demi-finale de la Coupe de l'UEFA. (→ 17.5)

Nice, jeudi 20
Fin de la grève des postiers qui durait depuis le 13 mars.

Moscou, vendredi 21
La Douma adopte le Traité d'interdiction générale des essais atomiques (CTBT).

Les Arcs, vendredi 21
Eric Baronne améliore son record du monde de vitesse en VTT : 222,223 km/h.

Silverstone, dimanche 23
David Coulthard sur McLaren remporte le Grand Prix de F1 de Grande-Bretagne devant son coéquipier Hakkinen. (→ 7.5)

Malaisie, dimanche 23
A l'est de Bornéo, 21 touristes sont enlevés par des bandits philippins musulmans. (→ 28)

Espagne, dimanche 23
La télévision espagnole adopte le concept « Big Brother » : elle lance « Gran Hermano ».

DECES

Eure-et-Loir, mardi 18
José Garcimore, fantaisiste espagnol (*1940).

6234,51 — 23,8 $ — € 0,9389 $

Poutine reçu par la reine d'Angleterre

Londres, lundi 17
Pour sa première visite en Occident depuis son élection à la présidence russe, Vladimir Poutine a eu droit à un accueil chaleureux et de haute tenue protocolaire de la part de ses hôtes. Il fut convié par Elizabeth II à Buckingham à l'heure du thé. Le Premier ministre Tony Blair l'a reçu à déjeuner à Downing Street et lui a fait ensuite rencontrer des chefs d'entreprise britanniques. Poutine, interrogé sur la Tchétchénie, s'en est pris aux « pays et leaders européens incapables de soutenir le combat russe [...] parce qu'ils ont peur de la réaction des habitants musulmans d'Europe ». (→ 7.5)

Spoliation des Juifs : un rapport détaillé

Paris, lundi 17
La mission d'étude sur la spoliation des Juifs de France publie le résultat de ses trois années d'investigations. Ce groupe de travail présidé par Jean Mattéoli évalue à 5,2 milliards de francs de l'époque (8,8 milliards actuels) le montant de la spoliation. 90 à 95 % de ce total furent restitués dans l'immédiat après-guerre. Pour les fonds en déshérence, la mission propose qu'ils soient versés à une Fondation pour la mémoire.

L'énigme Louis XVII levée grâce à l'ADN

Paris, mercredi 19
L'ADN se révèle, jour après jour, un atout maître dans la recherche de la vérité. Un mystère vieux de deux siècles a pris fin. L'enfant décédé le 8 juin 1795 à la prison du Temple était bien le fils de Louis XVI et de Marie-Antoinette. Les troubles de l'époque, les besoins de la mystique royaliste et les tribulations de son squelette avaient abouti à la mise en place d'une légende selon laquelle un subterfuge aurait permis la fuite du dauphin, le cadavre étant celui d'un autre enfant. Les analyses d'un fragment de son cœur, effectuées à Louvain et à Münster, démontrent la parenté avec des descendants des Bourbon et des Habsbourg. (→ 14.6)

Attentat à la bombe contre un McDonald's

Le dynamitage du fast-food de Quévert a provoqué la mort d'une employée.

Quévert, mercredi 19
Dans les Côtes-d'Armor, près de Dinan, un attentat à la bombe visant le McDonald's a fait un mort. Une employée a été tuée sur le coup. Laurence Turbec n'avait que 28 ans. Les enquêteurs, malgré l'absence de toute revendication, imputent cet acte à une frange radicale de l'ARB, hostile à l'hégémonisme américain et à la mondialisation. Cette Armée révolutionnaire bretonne est le bras armé du FLB, le Front de libération de la Bretagne. Les nationalistes ont utilisé l'explosif volé l'an dernier à Plévin, dans le même département. L'enquête qui avait suivi ce vol avait clairement mis en évidence les liens les rattachant aux indépendantistes basques de l'ETA. (→ 1.5)

Gibraltar se rapproche un peu de l'Europe

Bruxelles, mercredi 19
Depuis le traité d'Utrecht (1713), le territoire de Gibraltar, à l'extrémité sud de l'Espagne, est une possession britannique. Et, depuis cette même époque, l'Espagne en revendique la propriété. Le compromis qui vient d'être trouvé, s'il ne met pas fin à la querelle, a le mérite de permettre enfin aux textes européens d'y être appliqués. Un diplomate fera le lien entre le Foreign Office (le ministère des Affaires étrangères britannique) et l'Union européenne. Et Madrid accepte que Londres soit l'« autorité locale » de cette enclave de 6 km². L'ONU exigeait qu'elle fût remise à l'Espagne avant... octobre 1996.

Le 17, en France, une publicité pour une crème fraîche fait scandale. Des organisations féministes s'insurgent : l'affiche est retirée des panneaux.

L'Italie choisit un socialiste pragmatique

Giuliano Amato a déjà été président du Conseil durant 10 mois en 1992-1993.

Rome, vendredi 21
Ancien ministre du Trésor dans le précédent gouvernement, Giuliano Amato a été chargé par le président Carlo Azeglio Ciampi de former le prochain cabinet. Ancien socialiste, Amato a pour devise : « Le marché lorsque c'est possible. L'Etat quand c'est nécessaire. » Silvio Berlusconi n'obtiendra pas la dissolution du Parlement réclamée depuis lundi. Les élections régionales, dimanche, avaient vu une nette progression de son Pôle des libertés. En début de semaine, D'Alema avait présenté sa démission. Refusée par le président Ciampi, elle avait été maintenue par l'intéressé. Amato, qui sera soutenu par le centre gauche, a déjà été traité d'« idiot utile » par Berlusconi.

Assaut du FBI pour récupérer le petit Elian

Les réfugiés anticastristes de Floride manifestent pour dénoncer l'intervention.

Miami, samedi 22
A l'aube, en quelques minutes, le petit Elian a été retiré à sa famille d'accueil, celle de son oncle, par une équipe spéciale, armée et casquée. Quelques heures plus tard, le jeune garçon retrouvait son père, Juan Miguel, dans une propriété fédérale des environs de Washington. Si la brutalité de l'intervention a choqué, les autorités fédérales expliquent qu'elles n'ont fait qu'appliquer la procédure légale afin que force reste à la loi. Les militants anticastristes ont aussi découvert que le feuilleton autour de cet enfant avait fini par lasser le reste de l'opinion publique américaine. Cette dernière sait gré à Bill Clinton d'avoir mis fin à une crise longue de 152 jours. (→ 28.6)

Gueugnon affrontera les grands d'Europe

Saint-Denis, samedi 22
Gueugnon, en Saône-et-Loire, ne compte que 9 817 habitants. La belle aventure de son équipe a pourtant regroupé au Stade de France 13 500 supporters bourguignons. Club de deuxième division, cette équipe a donné une véritable leçon de foot au Paris-Saint-Germain en le battant 2 buts à 0 en finale de la Coupe de la Ligue. Les buts ont été inscrits par Marcelo Trapasso à la 66e minute et par Sylvain Flauto dans les arrêts de jeu. A Gueugnon, la foule a hurlé de joie, saluant la victoire des « petits de la France profonde sur les riches et les Parisiens ». Leurs héros sont qualifiés pour la Coupe de l'UEFA.

L'équipe bourguignonne a battu le PSG (2-0) en finale de Coupe de la Ligue.

Politique de la terre brûlée au Zimbabwe

Harare, dimanche 23
Le premier s'appelait David Stevens et le deuxième Martin Olds. Ils sont les deux premiers fermiers blancs à avoir été assassinés depuis le début du mouvement d'« occupation » des terres au Zimbabwe. Mardi, Martin Olds a été tué d'une rafale d'AK 47 peu après que le président Robert Mugabe eut traité tous les Blancs du pays d'« ennemis ». Deux Noirs, membres de l'opposition, ont aussi été abattus par des vétérans de la guerre d'indépendance. Un millier d'exploitations sont occupées et, cet après-midi, des squatters ont mis le feu à une récolte de tabac, première richesse du pays. (→ 27.6)

Dans l'ouest du pays, l'exploitation du fermier blanc David Stevens est en feu.

Avril

Lu	Ma	Me	Je	Ve	Sa	Di
					1	2
3	4	5	6	7	8	9
10	11	12	13	14	15	16
17	18	19	20	21	22	23
24	25	26	27	28	29	30

Espace, lundi 24
Le télescope spatial *Hubble* fête ses dix ans. Sa myopie ayant été corrigée, il a envoyé 200 000 clichés vers la Terre.

Paris, mercredi 26
La SNCF annonce son premier bénéfice consolidé depuis 1990 : 264 millions de francs.

Bruxelles, mercredi 26
SAirGroup, filiale de Swissair, porte sa participation dans la Sabena, la compagnie aérienne belge, de 49,5 % à 85 %.

France, mercredi 26
Cession par Renault de RVI, sa filiale poids lourds, au suédois Volvo, contre 15 % du capital de celui-ci. (→ 27)

Brésil, mercredi 26
L'Eglise catholique brésilienne fait un *mea culpa* officiel envers les Indiens et les Noirs pour les fautes commises en son nom.

Corée du Sud, jeudi 27
Rachat de Samsung Motors par Renault, qui est le premier groupe occidental à pénétrer le secteur automobile coréen.

Europe, jeudi 27
Selon l'Eurobaromètre, 55 % des Européens sont favorables aux OGM. Ils étaient 69 % il y a trois ans. (→ 19.5)

Atlantique, jeudi 27
Sur un îlot désert des Bahamas, les gardes-côtes américains découvrent 281 Haïtiens (et 14 cadavres) déshydratés. Ces clandestins ont été abandonnés avant d'avoir atteint la Floride.

Paris, vendredi 28
Directeur du Trésor en 1992-1993, l'actuel gouverneur de la Banque de France, Jean-Claude Trichet, est mis en examen dans l'affaire du Crédit Lyonnais.

Ajaccio, vendredi 28
L'Assemblée territoriale vote la fin du monopole de la SNCM sur les liaisons maritimes entre la Corse et le continent.

Australie, dimanche 30
A Perth, le Niçois Olivier Marceau, âgé de 27 ans, devient le premier Français champion du monde de triathlon.

Toulouse, dimanche 30
La première commande ferme de l'Airbus A3XX est passée par la compagnie Emirates Airlines avec 5 appareils plus 5 en option. (→ 23.6)

6419,72 — 24,44 $

€ 0,9116 $

Embarras de Paris et de Tunis face au jeûne de Taoufik Ben Brik

Tunis, mercredi 26
Taoufik Ben Brik en est intimement convaincu : « Seul Jacques Chirac peut faire fléchir le président Ben Ali. » Aussi a-t-il demandé à sa sœur, Najet, de venir en France où elle a souhaité, hier, être reçue par le président de la République. Taoufik Ben Brik, journaliste indépendant et opposant au régime, observe depuis le 3 avril une grève de la faim pour exiger la restitution de son passeport et, plus largement, l'instauration en Tunisie d'une véritable démocratie, respectant notamment la liberté de la presse. Après une interruption de son jeûne durant quelques heures, il a repris son action, certains de ses proches ayant été molestés. (→ 5.5)

Le journaliste et militant Ben Brik en est à son 24e jour de grève de la faim.

Six institutions du savoir sur Internet

New York, mercredi 26
L'université de Columbia, la British Library, la New York Library, la London School of Economics, les presses universitaires de Cambridge et le Smithsonian Museum, tous des fleurons du savoir anglo-saxon, ont décidé de s'associer sur le Web. Aux Etats-Unis, l'enseignement en ligne draine déjà un chiffre d'affaires de deux milliards de dollars, en hausse constante. Ces institutions veulent offrir des cours payants et un accès gratuit à des banques de données parmi les plus vastes du monde. La *start-up* qui supervise le projet porte le nom de fathom.com. (→ 2.5)

Miracle économique pour les Irlandais

Dublin, mercredi 26
Les économistes ont forgé une belle expression : le Tigre celtique, pour évoquer ce miracle. Depuis 1994, la croissance est en moyenne de 8 % par an. Le taux de chômage, établi à 5,5 % en 1999, est passé à 4,9 % au début de l'année. L'inflation est au plus bas (1,9 %) et les salaires vont augmenter en 2000 de 5,5 %. Une politique fiscale très avantageuse et les aides structurelles européennes ont amorcé ce cercle vertueux. Mais cette vieille terre d'émigration doit maintenant faire face à une pénurie de main-d'œuvre telle que, ironie, des Anglais viennent y travailler.

Le clonage s'attaque au rajeunissement

Massachusetts, jeudi 27
L'équipe de Robert Lanza a réussi à reproduire par clonage des veaux dont les cellules sont plus jeunes que l'âge réel de l'animal. C'est l'inverse qui s'était produit lors des clonages précédents, dont celui de Dolly : ses chromosomes paraissaient être ceux d'une vieille brebis. Le professeur a réussi à remettre à zéro l'horloge biologique des cellules. La société privée qui finance ce programme veut obtenir des embryons humains destinés aux tissus thérapeutiques. On ignore encore si l'augmentation de l'espérance de vie des cellules est valable pour tout l'organisme. (→ 28)

La majorité ébranlée par les stock-options

Paris, vendredi 28
Laurent Fabius et les députés du PS sont parvenus à un compromis sur les stock-options. Ils ont fini par voter le projet de loi du ministre de l'Economie, mais sans parvenir à entraîner avec eux les autres élus de la majorité. Verts et communistes se sont abstenus. Les parlementaires socialistes ont opéré une adaptation idéologique en acceptant le principe même de ces stock-options. Ils ont obtenu une petite compensation : les plus-values supérieures à un million de francs seront taxées à 50 %. En deçà, le taux reste à 40 %. (→ 1.5)

Le 29, la reine Béatrix Ire des Pays-Bas, 62 ans, fête ses 20 ans de règne à Voorburg. Sa mère Juliana avait abdiqué en sa faveur le 30 avril 1980.

Vingt et un otages aux Philippines...

La jeunesse et l'absence de réelle conscience politique des rebelles inquiètent.

Philippines, vendredi 28
Les rebelles musulmans du groupe Abou Sayyaf ont réparti sur l'île de Jolo leurs 21 otages étrangers en quatre groupes. Ils ont menacé d'en décapiter plusieurs si les dirigeants de Manille ne changeaient pas de médiateur. Ces séparatistes, qui sont autant des Robin des bois que des bandits, familiers de la piraterie et de la prise d'otages, ont récusé Nur Misuari, ancien leader historique de la cause indépendantiste, rallié au régime et devenu gouverneur de l'île de Mindanao. Ils veulent négocier avec les ambassadeurs des pays dont leurs otages sont les ressortissants, sous la médiation de la Libye. (→ 7.5)

Jean-Marie Le Pen croit toujours en lui

Paris, vendredi 28
Ce XIe congrès du Front national est le premier depuis la scission qui avait vu, entre décembre 1998 et janvier 1999, l'exclusion de Bruno Mégret et la création d'un nouveau parti, le Mouvement national (MN). Il se déroule à huis clos : Jean-Marie Le Pen veut pouvoir contrôler ses troupes. Refusant que soit évoquée sa succession ou l'éventualité d'une possible réintégration des « félons », le chef du FN ne voit le salut de son parti affaibli que dans le maintien de son exclusive autorité. Les élus et les militants notent avec inquiétude la baisse dans les sondages.

Un œil électronique conçu en Belgique

Louvain, vendredi 28
L'expérience pilotée à l'université de la ville, sous l'égide de l'UE, avec une quinzaine de laboratoires et de sociétés européennes, n'a pas été médiatisée comme celles menées aux Etats-Unis, mais elle est aussi prometteuse. Il s'agit d'une prothèse visuelle électronique. Une caméra, fixée sur les lunettes d'une aveugle, transmet des images à un ordinateur attaché à sa taille dans un boîtier, et qui va les traiter pour les renvoyer, *via* une antenne placée sous la peau, vers des électrodes installées sur le nerf optique. La patiente n'est qu'au début de l'expérimentation.

Bond en avant de la thérapie génique

Paris, vendredi 28
Deux bébés atteints d'une maladie génétique rare mais fatale ont été sauvés grâce à la thérapie génique, c'est-à-dire par remplacement d'un gène défectueux dans les cellules. C'est une première mondiale. Le traitement a eu lieu il y a un an et semble parfaitement réussir. Grâce au travail de plusieurs équipes, ces bébés privés de système immunitaire ne produisaient pas de lymphocytes ni de cellules dites tueuses à cause de la déficience d'un gène. Un gène sain (ou corrigé) a été introduit dans les cellules inactives. La portée de cette réussite est immense. (→ 26.6)

Un avocat pris de folie raciste aux Etats-Unis

Pittsburgh, vendredi 28
Richard Scott Bauhammers, avocat connu dans la ville, a été pris d'une folie meurtrière et raciste. Après avoir abattu sa voisine juive, il s'est lancé dans une équipée sanglante. Il a tiré sur un restaurant asiatique, sur un étudiant noir, sur une épicerie indienne et enfin sur une synagogue où il a peint alors une croix gammée. Il a laissé cinq morts derrière lui avant d'être maîtrisé. Spécialiste de l'immigration, il voulait fonder un Parti de la suprématie blanche.

Le Viêt-nam communiste fête sa victoire

Hanoi, dimanche 30
L'un des derniers compagnons de route d'Hô Chi Minh, Pham Van Dong (*1.3.1906), s'est éteint hier. L'ancien Premier ministre ne verra donc pas les célébrations de ce 25e anniversaire de la victoire du Nord communiste sur le Sud. Le Viêt-nam est à la croisée des chemins. Le pays connaît une croissance très forte mais très inégale. Comme dans la Chine du Sud voisine, les grandes villes et les ports sont les seuls à en bénéficier au détriment des zones rurales. La liberté de conscience, tant du point de vue politique que religieux, est toujours inexistante. Les Viêt-kieu (Vietnamiens d'outre-mer) sont un apport non négligeable en savoir-faire et en capitaux.

Le 30, Citroën renoue avec l'innovation de pointe avec la Xsara Windows CE, première voiture « communicante » de série. Elle est équipée d'un système de commandes vocales, d'un système de navigation GPS et d'une messagerie électronique. Elle est disponible à partir de 145 300 francs.

Liesse organisée pour les 25 ans de la prise de Hô Chi Minh-Ville (Saigon).

Mai

Lu	Ma	Me	Je	Ve	Sa	Di
1	2	3	4	5	6	7
8	9	10	11	12	13	14
15	16	17	18	19	20	21
22	23	24	25	26	27	28
29	30	31				

Bretagne, lundi 1er
L'ARB, Armée révolutionnaire bretonne, nie toute implication dans l'attentat de Quévert. (→ 8)

Etats-Unis, lundi 1er
Les 135 000 membres des deux principaux syndicats d'acteurs américains engagent une grève pour l'amélioration de leurs contrats publicitaires. (→ 23.10)

France, lundi 1er
98 personnes ont été tuées sur les routes, et 1 897 blessées, durant le week-end du 1er mai.

Monde, mardi 2
Il y a 375 millions d'internautes sur la planète : 100 millions de plus qu'il y a un an. (→ 4)

Paris, mercredi 3
La loi sur la parité en politique est définitivement adoptée par les députés.

Paris, jeudi 4
A la demande du ministre de la Culture, UGC suspend la vente de sa carte d'abonnement annuel illimité. (→ 27.9)

Brest, jeudi 4
Pour la première fois depuis la création de l'Ecole navale en 1830, une femme en sort major. Son nom : Claire Pothier.

Londres, jeudi 4
Ken Livingstone remporte la mairie de Londres. Travailliste dissident, il bat le candidat soutenu par Tony Blair.

Irlande du Nord, samedi 6
L'IRA accepte de démilitariser ses troupes après la promesse de Tony Blair de rétablir le gouvernement à Belfast. (→ 9.7)

Moscou, dimanche 7
Mikhaïl Kassianov est nommé Premier ministre par Vladimir Poutine. (→ 18)

Barcelone, dimanche 7
Le Grand Prix d'Espagne de F1 est remporté par Mika Hakkinen, qui revient à la 2e place du classement. (→ 21)

Pays basque, dimanche 7
Assassinat par l'ETA de José Luiz Lopez de La Calle, célèbre journaliste emprisonné sous le régime franquiste. (→ 4.6)

DECES

Toscane, vendredi 5
Gino Bartali, coureur cycliste, grand rival de Fausto Coppi (*17.7.1914).

6545,76 — 25,72 $ — € 0,8966 $

La Chine instaure de curieux congés payés

Pékin, lundi 1er
Les Chinois connaissaient déjà les jours chômés et fériés. Depuis 1994, ils bénéficiaient aussi de week-ends sans travail. Mais c'est la première fois qu'ils obtiennent sept jours de repos consécutifs, des congés payés un peu particuliers puisque trois des journées étaient déjà chômées. Et ils ont dû travailler le week-end dernier pour que la production nationale ne chute pas ! Le but des autorités est plus économique que social : il vise à développer le tourisme, et donc la consommation. Cela fonctionne : les trains sont pris d'assaut et les sites sacrés affichent complet jusqu'à la fin des vacances, le 7 mai. (→ 16)

Millionnaires de la nouvelle économie

New York, lundi 1er
Merrill Lynch et Gemini Consulting ont publié leur étude annuelle sur les fortunes financières dans le monde. Il faut, pour intégrer ce palmarès, disposer d'au moins un million de dollars d'actifs financiers. Grâce à la nouvelle économie et à la hausse de toutes les Bourses, ce club s'est enrichi d'un million de nouveaux membres en 1999 : il compte, sur la planète, sept millions de personnes. En France, 14 000 ménages avaient, en 1997, un capital financier de plus de 30 millions de francs ! Ce chiffre devrait être de 25 000 en 2002.

Bataille commerciale entre Europe et USA

Washington, lundi 1er
Bill Clinton demande au Pentagone de « débrider » le système GPS civil : il aura désormais la précision (10 m au lieu de 100) réservée jusqu'alors aux militaires. Loin d'être altruiste, cette décision a pour but de contrer les Européens, qui développent leur propre système de positionnement : Galileo. L'aéronautique européenne est également menacée. Charlene Barshefsky, en charge du commerce des Etats-Unis, envisage de déposer plainte à l'OMC contre les aides des Etats de l'UE à l'Airbus A3XX. Une astuce juridique au profit de Boeing.

Guy Roux range ses crampons à Auxerre

Il « coachait » l'AJA depuis 1961.

Auxerre, mardi 2
Les Bourguignons de l'AJ Auxerre vont devoir apprendre à vivre sans les coups de gueule de Guy Roux : leur entraîneur quitte son poste au sein du club de football dont il a été le mentor durant près de 40 ans. Sa fierté : avoir transformé une équipe régionale, ce qu'elle était en 1961 à son arrivée, en formation de niveau européen. L'AJ Auxerre, admise en première division en 1980, a atteint son sommet en 1996 en décrochant la Coupe de France et le prestigieux titre de champion de France dans la même saison. Guy Roux va entamer une deuxième carrière : consultant pour la télévision. Une aubaine pour les Guignols de Canal + : sa mascotte ne sera pas « gâchée »...

L'euro passe sous la barre de 0,90 dollar...

Francfort, mercredi 3
Lors de sa création, le 1er janvier 1999, l'euro valait 1,182 dollar. Il en vaut maintenant 0,894. Cette chute régulière de la devise européenne (alors que les experts s'accordent à estimer que l'euro vaut, en théorie, entre 1 et 1,10 dollar) inquiète. Les exportations vers les Etats-Unis en sont facilitées, certes, mais cela peut accélérer le retour de l'inflation et gonfler la facture pétrolière. C'est surtout sur les plans psychologique et politique que cette chute fait le plus de dégâts, ternissant l'image de l'union monétaire. L'impuissance de la Banque centrale européenne n'incite pas à l'optimisme. (→ 25.10)

Alerte au virus *I Love You* sur Internet

Monde, jeudi 4
Déguisé en lettre d'amour dans les messageries des internautes, le virus *I Love You* fait des ravages depuis le début de la matinée dans les PC du monde entier. Les Mac ne sont pas concernés par l'épidémie. Parti d'Asie, le virus apparaît dans les boîtes aux lettres électroniques sous la forme d'une déclaration d'amour anonyme. Intrigué, l'utilisateur va cliquer sur le fichier joint et c'est là que la bombe explose. Le virus va détruire une partie du disque dur et utilise même le carnet d'adresses de la victime pour repartir vers d'autres cibles. La panique est générale. De la CIA à Microsoft, des centaines de sites ont dû être fermés pour arrêter la contamination. (→ 9)

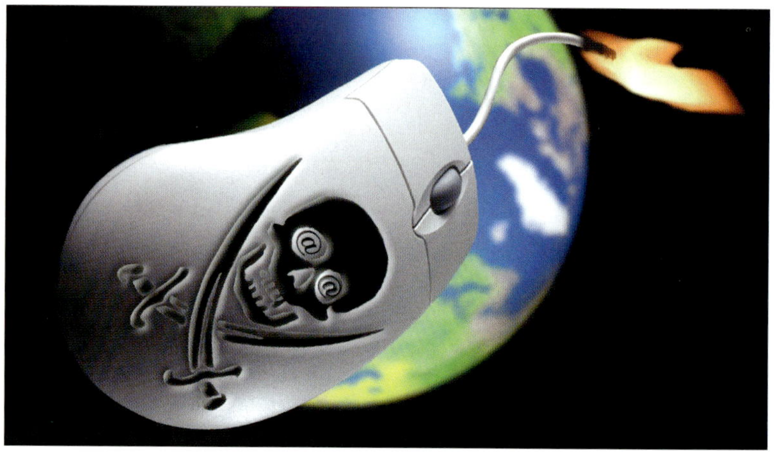

Ben Brik continue son combat à Paris

Paris, vendredi 5
Taoufik Ben Brik, hospitalisé à la Salpêtrière, voulait continuer son jeûne. Pourtant, de l'Elysée au Quai d'Orsay, en passant par Reporters sans frontières, tous ont demandé au journaliste tunisien d'opter pour des formes de protestation moins extrêmes. Il semble que ce sont les interventions françaises au plus haut niveau qui ont poussé le président Ben Ali à laisser partir Ben Brik vers la France hier. Le président tunisien en a profité pour se plaindre de ceux de ses compatriotes qui « salissaient l'image de leur pays », tel le frère de Ben Brik, emprisonné, ou son avocate, interdite de sortie. (→ 10)

Trois tours de scrutin pour désigner le nouveau président turc

Le juriste Necdet Sezer est le premier président à n'être ni politicien ni militaire.

Ankara, vendredi 5
Ces trois tours de scrutin n'ont été dus qu'à la frustration de certains politiciens de voir arriver à la tête de l'Etat un homme qui n'est pas des leurs, dans un pays où le président est élu par les députés. Finalement, la victoire d'Ahmet Necdet Sezer n'aura suscité que des louanges. La coalition au pouvoir et les islamistes reconnaissent la profonde intégrité et la neutralité de ce juriste. Il a su rassurer les militaires sur la solidité de ses convictions kémalistes sans rien renier de ses engagements en faveur de la liberté d'expression. Du point de vue de l'Union européenne, le profil du successeur de Suleyman Demirel devrait permettre d'apaiser les relations avec Ankara.

Le 7, à Saint-Denis, le miracle n'a pas lieu en finale de la Coupe de France de football : Calais est battu 2 buts à 1 par Nantes. Les Nantais, dominés durant la première période, l'emportent sur un penalty à la 90e minute.

Etats-Unis : le bon vieux temps du chômage...

Washington, samedi 6
La prospérité ne faiblit décidément pas. Avec un taux de croissance qui a été révisé à la hausse, à 6,9 %, et un chômage tombé à 3,9 % en avril, les indicateurs sont au vert. Sauf du point de vue de la Réserve fédérale, qui estime que la pénurie de main-d'œuvre entraîne déjà des tensions à la hausse sur les salaires. Président de cette dernière, Alan Greenspan craint un retour de l'inflation.

Pas d'espoir de libération aux Philippines

Jolo, dimanche 7
Dans le sud de l'archipel philippin, l'île offre un cadre idéal à la guérilla : des collines couvertes de jungle, une myriade de petits villages qui sont autant de points d'appui. La crise s'enlise. Les premières images des otages occidentaux ont été diffusées lundi : les rebelles séparatistes savent très bien se servir des équipes de journalistes qui ont envahi la région. Malgré cette présence, les militaires philippins n'ont pas hésité à lancer une attaque. Elle n'a abouti qu'à faire avorter les premiers contacts entre les preneurs d'otages et les médiateurs. Les 21 otages ont été divisés en petits groupes pour être emmenés dans la forêt. L'UE envoie Javier Solana pour négocier. (→ 2.7)

Douglas Fairbanks Jr. rejoint son père

New York, dimanche 7
« Little Doug » – c'est ainsi que le connaissait Hollywood – était le fils du légendaire Douglas Fairbanks. Il en portait d'ailleurs le nom à la place de son véritable patronyme : Elton Ulman Jr. Moins brillant que son père, il tourna cependant avec Ernst Lubitsch, Howard Hawks, Richard Wallace ou Max Ophüls. Il fut aussi, de 1928 à 1933, le mari de l'actrice Joan Crawford. Douglas Fairbanks Jr. (*9.12.1909), lié durant la guerre à la famille royale d'Angleterre, en devint l'intime et mena une autre carrière dans les affaires.

Stéphane Loisy et Sonia Wendling, deux des trois Français retenus en otages.

Mai

Lu	Ma	Me	Je	Ve	Sa	Di
1	2	3	4	5	6	7
8	9	10	11	12	13	14
15	16	17	18	19	20	21
22	23	24	25	26	27	28
29	30	31				

Londres, mardi 9
BMW cède Rover à Phoenix, une société britannique, pour la somme symbolique de 10 livres.

Manille, mardi 9
Trois informaticiens suspectés d'être les concepteurs du virus *I Love You* sont relâchés pour insuffisance de preuves. (→ 15)

Paris, mardi 9
Dépôt par l'ancien président de la République, Valéry Giscard d'Estaing, d'une proposition de loi visant à réduire le mandat présidentiel à 5 ans. (→ 19)

Paris, mercredi 10
Le Tunisien Taoufik Ben Brik cesse sa grève de la faim.

Afrique orientale, jeudi 11
Les combats entre l'Erythrée et l'Ethiopie ont repris. Addis-Abeba a lancé une offensive après des mois de trêve. (→ 31)

Monde, jeudi 11
Lueur d'espoir pour l'Afrique : cinq laboratoires annoncent une baisse importante du prix des médicaments contre le sida (jusqu'à 70 % de moins). (→ 8.6)

Vatican, vendredi 12
Jean-Paul II bénit le cycliste Marco Pantani, qui a annoncé hier, à la surprise générale, sa participation au Tour d'Italie. Le Giro débute demain. (→ 4.6)

Stockholm, samedi 13
Le duo danois Olsen Brothers remporte le 45e concours de l'Eurovision.

Canaries, samedi 13
La Française Audrey Mestre bat le record du monde féminin de plongée en apnée : elle a atteint 125 mètres.

Paris, samedi 13
Manifestation des Sans-Nous, jeunes gens de la dernière classe d'âge appelée à effectuer son service militaire.

Washington, dimanche 14
Plus de 200 000 mères défilent contre les armes à feu.

Paris, dimanche 14
La Française Ludivine Furnon remporte la médaille d'or au sol des championnats d'Europe de gymnastique artistique.

DECES

Tokyo, dimanche 14
Keizo Obuchi, ex-Premier ministre (*25.6.1937).

6449,27 28,20 $
€ 0,9192 $

Arrestations d'autonomistes bretons après l'attentat de Quévert

Rennes, lundi 8
La police a interpellé une quinzaine de militants indépendantistes dans le cadre de l'enquête sur l'attentat de Quévert. Six d'entre eux sont en garde à vue ou écroués. Il semble que, dans la mouvance de l'ARB et de l'Emgann, un groupe dissident a voulu entraîner les militants bretons dans la violence. Il est maintenant avéré que l'escalade terroriste date de la nuit du 13 au 14 avril. Ce soir-là, une bombe avait endommagé le McDonald's de Pornic, en Loire-Atlantique. Curieusement, cela avait été tenu secret. L'ARB, qui nie son implication, soutient la thèse d'une manipulation par les services de renseignements français. (→ 6.8)

Manifestation contre le terrorisme à Rennes devant le parlement de Bretagne.

Tri sélectif : de plus en plus de poubelles

France, jeudi 11
La municipalité de Paris lance une vaste campagne de sensibilisation au tri des ordures ménagères. Depuis plus d'une décennie, les Français sont habitués à recycler le verre et le papier. Les exigences du tri sont montées d'un cran : il faut désormais séparer les bouteilles en plastique, les boîtes de conserve et les briques d'emballage, le tout bien vidé, et les déchets végétaux et organiques. Des conteneurs spécifiques sont disposés pour les accueillir. La multiplication des bacs chez les particuliers et sur les trottoirs, les jours d'enlèvement qui diffèrent : le tri sélectif devient source d'exaspération dans des villes telles que Versailles ou Grenoble.

Pénurie d'ingénieurs au pays des logiciels

New Delhi, jeudi 11
Selon les statistiques indiennes, le pays a franchi en ce jour le cap du milliard d'habitants. C'est le même Bureau des statistiques qui estime que l'Inde manque déjà de 67 000 informaticiens et que ce déficit va atteindre 2,2 millions d'ingénieurs d'ici à 2008. Rien d'étonnant à cela si l'on considère que l'informatique indienne connaît une croissance de 52 % par an et que 40 à 50 % des jeunes diplômés scientifiques vont à l'étranger. Pour résister à l'appel de la Silicon Valley, les sociétés ont dû multiplier les avantages pécuniaires et matériels. Des programmeurs sont demandés partout : l'Inde est le 2e exportateur mondial de logiciels.

L'Europe en marche vers le fédéralisme

Berlin, vendredi 12
L'Europe sera fédérale ou ne sera pas. Telle est la substance de l'appel lancé par Joschka Fischer, ministre allemand des Affaires étrangères, en un discours prononcé à l'université Humbolt et déjà considéré, à juste titre, comme la contribution la plus importante des dernières décennies à l'idée européenne. Il est selon lui urgent, tout en préservant les Etats-nations, d'étudier « l'élection directe d'un président » qui serait « doté de vastes pouvoirs exécutifs ». Et parmi les Etats actuels de l'Union, certains pourraient constituer un « centre de gravité » autour duquel s'articulerait la prochaine Fédération. Le débat de fond est clairement posé. (→ 16)

Le 8, à Paris, Arturo Brachetti reçoit le Molière du meilleur one-man-show lors de la 14e cérémonie présidée par Jérôme Savary à l'Opéra-Comique. Michel Aumont et Judith Magre sont sacrés meilleurs comédiens.

Une ville néerlandaise sous les bombes...

L'explosion d'un dépôt de feux d'artifice à Enschede a fait quatorze morts.

Pays-Bas, samedi 13
Enschede, 145 000 habitants, dans la province d'Overijssel, situé près de la frontière allemande, a connu un enfer qui ressemblait fort à un bombardement. En plein centre de la ville, un entrepôt pyrotechnique a pris feu avant d'exploser. Signe de l'ampleur du feu, des badauds qui s'en croyaient assez éloignés pour filmer les gerbes d'étincelles avec leurs camescopes se sont retrouvés brusquement sous le feu des fusées qui sortaient du brasier. Un millier de maisons ont été endommagées et 400 entièrement détruites. En plus des 14 morts, les secours ont relevé 600 blessés. Comment un entrepôt aussi dangereux pouvait-il se trouver dans un quartier résidentiel ?

Le troisième secret de Fatima enfin révélé

Le « troisième secret » des petits bergers a été révélé par Jean-Paul II.

Portugal, samedi 13
Arrivé hier à Fatima, le Saint-Père a béatifié deux des trois enfants qui avaient vu la Vierge Marie en 1917. Lucia Dos Santos, entrée dans les ordres, est toujours vivante. C'est elle qui avait confié à son évêque le troisième secret. En marge de cette messe de béatification qui a réuni un demi-million de fidèles dans le grand sanctuaire marial, Jean-Paul II a fait dévoiler l'essentiel du contenu du troisième secret par la bouche du cardinal Angelo Sodano, secrétaire d'Etat du Vatican. Le texte précis et le commentaire seront publiés plus tard, mais Mgr Sodano a expliqué que la vision prophétique évoquait symboliquement l'attentat dont fut victime le pape en 1981. (→ 13.6)

Mgr Gaillot réintégré par l'Eglise de France

Lyon, samedi 13
Après un échange de courrier très chaleureux, Jacques Gaillot, évêque *in partibus* (sans fonctions réelles) depuis 1995, est réaccueilli au sein de la Conférence épiscopale. Cette réconciliation, qui s'est passée de l'aval du Vatican car Mgr Gaillot ne retrouve pas d'évêché, a revêtu un caractère des plus officiels avec la présence de l'évêque de Partenia à la Rencontre œcuménique nationale qui s'est tenue à Lyon. Mgr Louis-Marie Billé, primat des Gaules, a en effet réuni des représentants des trois Eglises chrétiennes : orthodoxe, protestante et catholique, pour que leurs échanges deviennent « source d'inspiration pour une société civile en manque de dialogue ».

La guerre civile rallumée en Sierra Leone

Freetown, dimanche 14
Le conflit en Sierra Leone concentre les pires aspects des guerres civiles : atrocités, enfants enrôlés de force, trahisons entre alliés de la veille et confusion sur les raisons premières du désordre. Il y a une semaine, la reprise des affrontements, inévitable au regard des accords de paix bâclés de juillet 1999, a été un fiasco pour les soldats de la Minusil, la Mission de l'ONU pour la Sierra Leone. Le RUF, le Front révolutionnaire uni, a pu désarmer et prendre en otages plus de 300 casques bleus, déployés sans aucun soutien. Le RUF a lancé un assaut sur la capitale, Freetown, semant une panique générale qui n'a été enrayée que grâce au renfort de troupes britanniques. (→ 17)

Manque de bois pour les papeteries

Epinal, dimanche 14
La gigantesque papeterie de Golbey va manquer de bois dans quelques jours et devra basculer sur les fibres recyclées. Ce pénible paradoxe, tous les secteurs consommateurs de bois en France le connaissent. Les forêts sont encore pleines d'arbres couchés mais, rongés par les moisissures et les insectes, ces millions de stères sont les emblèmes de la pénurie qui menace. Faute d'aires de stockage pour que le bois garde sa qualité, celui-ci va pourrir sur place.

La grève des convoyeurs prive les Français d'argent liquide

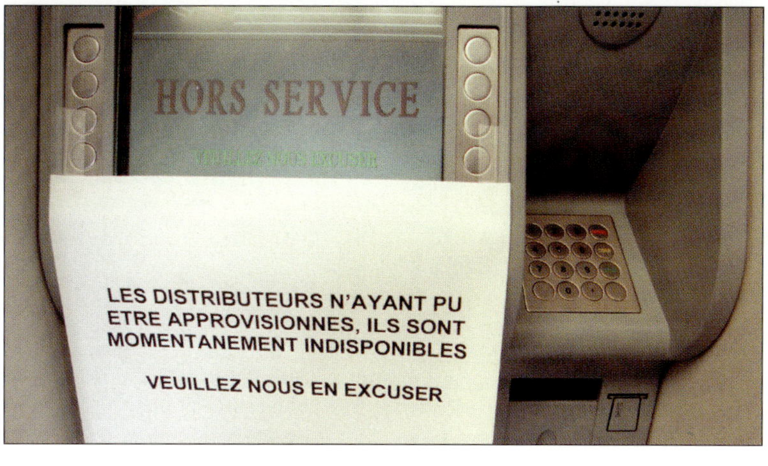

France, dimanche 14
Depuis le 9, les convoyeurs de fonds sont en grève et leurs revendications pourraient se résumer à ce slogan : « gros risques, petits salaires ». Un énième hold-up a démontré que les dangers encourus étaient bien réels. Les distributeurs automatiques sont vides, et les Français sont en panne de liquidités. Ils apprennent donc à vivre sans, payant la moindre chose avec leur carte bancaire, achetant en groupe, gardant la monnaie pour les journaux ou les baguettes. L'acte le plus banal – payer – devient un casse-tête quotidien. (→ 23)

Mai

Lu	Ma	Me	Je	Ve	Sa	Di
1	2	3	4	5	6	7
8	9	10	11	12	13	14
15	16	17	18	19	20	21
22	23	24	25	26	27	28
29	30	31				

Athènes, lundi 15
Au grand dam de l'Eglise orthodoxe, le gouvernement supprime la mention de la religion sur la carte d'identité, ainsi que l'exigeaient les instances européennes. (→ 21.6)

Paris, lundi 15
Ouverture de la conférence des polices du G8 sur la cybercriminalité et la piraterie informatique sur le Net. (→ 22)

Nanterre, lundi 15
9 Télécom est condamné à verser 5 000 F à chacun des 48 Leneuf qui s'estimaient ridiculisés par sa publicité.

Chine, mardi 16
Emeutes ouvrières à Liaoyang, ville industrielle du Nord-Est : les manifestants réclament le paiement de leurs salaires.

Antilles, mercredi 17
Karine Fauconnier et Lionel Lemonchois remportent la transat en double entre Lorient et Saint-Barthélemy sur le monocoque *Fille-du-vent*.

Moscou, jeudi 18
Les sept gouverneurs désignés lundi par Vladimir Poutine entrent en fonctions. Ils sont chargés de rétablir l'ordre dans les sept « super-régions » créées par décret le 13 mai.

Europe, jeudi 18
Faillite de Boo.com. Ce portail anglo-franco-suédois était l'un des fleurons de la nouvelle économie. Ses concepteurs ont dépensé plus d'un milliard de francs en un an sans réaliser un centime de bénéfice. (→ 6.6)

Londres, jeudi 18
Nature révèle le décryptage des 225 gènes du chromosome 21, responsable du mongolisme.

Allemagne, dimanche 21
Sur le circuit du Nürburgring, Michael Schumacher remporte le Grand Prix d'Europe de Formule 1 sur Ferrari. (→ 4.6)

DECES

Paris, samedi 20
Jean-Pierre Rampal, flûtiste (*7.1.1922).

Londres, dimanche 21
Barbara Cartland, romancière, auteur de 723 livres (*9.7.1901).

Londres, dimanche 21
Sir Arthur John Gielgud, comédien (*14.4.1904).

6196,05 — 29,06 $

€ 0,8925 $

La Belgique exhume son passé colonial

Bruxelles, lundi 15
Le 17 janvier 1961, dans la toute jeune république du Congo – l'ex-Congo belge – le Premier ministre, Patrice Lumumba, mourait dans des circonstances mystérieuses. Un livre publié l'année dernière par Ludo De Witte, détaillant les responsabilités de la Belgique, a mené à la création d'une commission d'enquête devant laquelle un ancien commissaire de police, originaire de Bruges, vient de témoigner. Il a reconnu avoir eu la tâche, après l'exécution du leader africain, de faire disparaître le corps qui fut scié puis dissous dans de l'acide sulfurique.

Rafle dans le milieu financier de Vaduz

Liechtenstein, lundi 15
L'opération de police qui secoue la principauté et sa capitale, Vaduz, s'apparente à un premier coup de balai. La police locale et la brigade financière autrichienne ont mené plusieurs perquisitions et arrêté cinq personnalités, dont Rudolf Ritter, le frère du ministre de l'Economie, et le député Gabriel Marxer. Ils sont suspectés de blanchiment d'argent. C'est un rapport du BND (services de renseignement allemands) qui a alerté l'UE sur la nécessité d'agir dans ce paradis fiscal, une « plaque tournante de l'argent sale », révélant les liens entre les cartels colombiens, la mafia russe et Vaduz. (→ 21.6)

Coup de froid sur les marchés de plein air

France, mardi 16
Après plusieurs années de mises en garde et de tolérance, le couperet de la réglementation européenne est tombé. A partir de ce jour, les étals des marchés doivent être réfrigérés pour les viandes, les poissons, les produits laitiers et charcutiers. Cela suppose des camions frigorifiques et des vitrines spéciales. Trop cher ! ont dit les maraîchers dont peu sont aux normes. Certains prédisent la mort des marchés de rue et dénoncent l'irréalisme et la frénésie hygiéniste des experts européens.

Capture du chef rebelle en Sierra Leone

Les troupes rebelles près de Waterloo lors de leur avancée sur Freetown.

Freetown, mercredi 17
Le chef du Front révolutionnaire uni, le RUF, Foday Sankoh, a été reconnu, arrêté par des civils et livré aux forces gouvernementales. Le plus étonnant est qu'il n'ait pas été lynché tant la colère à son encontre est forte dans la population. Foday Sankoh, isolé de ses troupes, vivait caché depuis qu'il avait relancé la guerre civile au début du mois. Ce sont ses hommes qui auraient coupé les bras et les mains de milliers de Sierra-Léonais afin de terroriser la population. Sankoh tenait grâce au trafic des diamants, moteur de trop nombreuses guérillas africaines. Les troupes présidentielles et les casques bleus, appuyés par les Britanniques, reprennent l'avantage. (→ 28)

Pesticides et nitrates mettent l'eau en péril

Paris, mercredi 17
Selon une étude effectuée par un biologiste du Muséum, Jean-Claude Lefeuvre, la dégradation générale de la qualité des eaux pourrait atteindre un point de non-retour. Cette étude révèle un échec : les autorités ont été incapables de freiner la pollution d'origine agricole. Les subventions attribuées se sont évanouies dans la nature. Les teneurs en nitrates et en pesticides des nappes phréatiques et des cours d'eau ont dépassé les taux limites admissibles selon les normes européennes. Il est temps, affirme le professeur, de mener « une véritable politique de prévention ». Nettoyer, c'est bien ; ne pas salir, c'est mieux.

Un club turc remporte la Coupe de l'UEFA

Les joueurs de Galatasaray fêtent leur victoire contre Arsenal.

Copenhague, mercredi 17
Les supporters turcs, en matière de hooliganisme, n'ont vraiment rien à apprendre de leurs homologues et néanmoins adversaires anglais. Les fans d'Arsenal qui s'étaient déplacés en ont fait les frais avant le début de la rencontre, comme d'ailleurs les policiers danois déployés autour du stade. Le match a vu finalement la victoire de l'équipe d'Istanbul dans la séance des tirs au but (4 tirs à 1) à l'issue de 90 minutes sans grand relief. Galatasaray est le premier club de football turc à remporter une finale de Coupe européenne, celle de l'UEFA. (→ 24)

Tous les médias sont bâillonnés en Serbie

Belgrade, mercredi 17
Le régime de Slobodan Milosevic a donné un nouveau tour de vis contre les derniers médias indépendants qui osent encore le défier. En pleine nuit, la police a envahi les locaux de Studio B, qui restait l'unique chaîne de télévision à ne pas être contrôlée par le pouvoir. Studio B, aux mains de la municipalité de Belgrade et du Mouvement serbe du renouveau (SPO) de Vuk Draskovic, abritait aussi dans ses locaux deux radios d'opposition qui ont été fermées. Les bureaux du quotidien *Blic*, privé d'imprimeur lundi, ont été à leur tour occupés par la police. (→ 7.7)

Jospin devance Chirac sur le quinquennat

Paris, vendredi 19
Evoquée depuis 1973 mais toujours repoussée, la réduction de la durée du mandat présidentiel de sept ans à cinq ans pourrait bien être adoptée dès cet automne. Lionel Jospin est intervenu ce matin pour informer le pays qu'il avait demandé à Jacques Chirac « d'engager rapidement » la procédure permettant d'opérer cette révision constitutionnelle. Le chef de l'Etat, qui entendait mener des consultations à son rythme, est pris de vitesse. Le Premier ministre le menace, au cas où il temporiserait, de faire examiner la proposition de loi sur le quinquennat déposée par Valéry Giscard d'Estaing. Une sorte de mine antipersonnel... (→ 5.6)

Le 20, à Londres, Leo Blair est né dans la nuit. Il est le 4e enfant (et le 3e garçon) de Cherie et Tony.

Le gouvernement pris en otage aux îles Fidji

Pacifique, vendredi 19
Ce coup d'Etat s'est déroulé comme une attaque de banque. Un groupe armé et cagoulé a pris d'assaut le Parlement de Suva, la capitale de l'archipel. Le commando, dirigé par George Speight, homme d'affaires dont le père est député, retient en otages le Premier ministre et sept de ses ministres. Speight a révoqué la Constitution et réclame le pouvoir. Mahendra Chaudhry, le Premier ministre investi l'an dernier, est le premier chef de gouvernement issu de la minorité indienne de l'archipel, représentant 40 % de la population. Ce putsch révèle l'exacerbation des rivalités ethniques et sociales qui opposent les Fidjiens mélanésiens aux Indiens. (→ 30)

Du colza transgénique semé par mégarde

Paris, vendredi 19
La Suède et la Grande-Bretagne ont diffusé l'information il y a plusieurs jours. Les autorités françaises ont préféré attendre pour n'admettre les faits que du bout des lèvres : une firme anglo-néerlandaise, Advanta, a mélangé par erreur des semences de colza génétiquement modifié à des semences normales. Dans les lots incriminés, la proportion des OGM est de 1 %. Les surfaces qui ont été semées avec ce colza mixte sont de 15 000 hectares pour toute l'Europe, dont 13 500 pour la seule Grande-Bretagne et 600 en France. Les écologistes, en tête desquels le ministre Dominique Voynet, exigent l'arrachage des plantations, ce que Jean Glavany refuse. (→ 28)

Triomphe de la chanteuse Björk à Cannes

Cannes, dimanche 21
Le jury du 53e Festival récompense un des réalisateurs européens les plus déroutants de notre époque, le Danois Lars von Trier. Il obtient la palme d'or avec le drame musical *Dancer In The Dark*. La chanteuse islandaise qui en incarne la vedette, Björk, reçoit le prix d'interprétation féminine alors que le prix masculin est décerné au Chinois Tony Leung Chiu-wai. Quant au prix de la mise en scène, il est attribué à Edward Yang pour *Yi-Yi*, et celui du jury, ex æquo, au film iranien de Samira Makhmalbaf, *le Tableau noir*, et à *Chansons du deuxième étage*, film du Suédois Roy Andersson.

Barak interrompt les négociations de paix

Israël, dimanche 21
Le Premier ministre Ehud Barak a interrompu *sine die* tous les contacts en cours entre ses émissaires et ceux de l'Autorité palestinienne. Même les négociations parallèles conduites à Stockholm sont arrêtées. Le chef du gouvernement israélien a sommé Yasser Arafat de mettre fin à ce qui ressemble à une seconde Intifada. Depuis une semaine, des combats de rue opposent les jeunes militants palestiniens à la police et à l'armée israéliennes. Les troubles ont déjà fait six morts. Israël, qui vient de remettre à l'Autorité trois localités proches de Jérusalem, exige qu'elle fasse cesser le désordre. (→ 24)

Catherine Deneuve, Björk, Lars von Trier et Luc Besson, président du jury.

Le 15, les affrontements ont repris entre manifestants palestiniens et Tsahal.

Mai

Lu	Ma	Me	Je	Ve	Sa	Di
1	2	3	4	5	6	7
8	9	10	11	12	13	14
15	16	17	18	19	20	21
22	23	24	25	26	27	28
29	30	31				

France, lundi 22
Pour la première fois depuis 1985, le régime général de la Sécurité sociale a dégagé en 1999 un excédent : 200 millions.

France, mardi 23
Fin de la grève des convoyeurs de fonds : leurs revendications ont été satisfaites.

Lisbonne, mercredi 24
La justice décide d'extrader Sid Ahmed Rezala. Il dispose d'un dernier recours. (→ 28.6)

Brest, vendredi 26
Ouest-France révèle la mise en examen de trois militaires de permanence à la préfecture maritime le soir du naufrage de l'*Erika*. (→ 7.6)

Villeurbanne, samedi 27
Le CSP Limoges remporte son neuvième titre de champion de France de basket en battant Villeurbanne 78 à 66. Au bord du dépôt de bilan, le CSP réussit un triplé historique avec la Coupe de France, la Coupe Korac et le titre de champion.

Israël, dimanche 28
Le président de l'Etat hébreu, Ezer Weizmann, impliqué dans un scandale financier, annonce sa démission. (→ 31.7)

Benelux, dimanche 28
Trois personnes sont tuées par une tempête aux Pays-Bas et une en Belgique, près de Gand.

Sierra Leone, dimanche 28
Les derniers casques bleus de la Minusil détenus par les rebelles du RUF sont libérés.

Fidji, mardi 30
Après la proclamation de la loi martiale, le chef de l'armée, Frank Bainimarama, abroge la Constitution. Il promet l'amnistie aux putschistes qui retiennent en otages le Premier ministre et des députés. (→ 9.7)

Téhéran, mardi 30
Revers pour les réformateurs : l'*hodjatoleslam* Mehdi Karoubi, leader de la « gauche religieuse radicale », est élu président du parlement iranien, le Majlis.

Algérie, mercredi 31
Depuis le 13 janvier, les massacres ont fait 1 000 morts.

DECES

Berlin, lundi 22
Erich Mielke, ancien chef de la Stasi (*28.12.1907).

6129,15 30,1 $

€ 0,9284 $

Les souvenirs nazis interdits sur le Web

Paris, lundi 22
Le tribunal de grande instance, qui a été saisi par plusieurs associations dont la Licra (Ligue internationale contre le racisme et l'antisémitisme), bat en brèche la croyance répandue selon laquelle tout est possible sur le Web et rien ne pourrait entraver la liberté des internautes. Il ordonne à Yahoo, l'un des premiers annuaires mondiaux d'Internet, de fermer tous les accès des internautes français à des sites d'enchères en ligne vendant des objets nazis. Selon la justice, en les rendant accessibles, Yahoo.com a gravement offensé la « mémoire collective du pays ». (→ 20.11)

Plus d'impunité pour le général Pinochet

Chili, mardi 23
La cour d'appel de Santiago a pris de vitesse partisans et adversaires du général Pinochet en annonçant, un jour à l'avance, qu'elle levait son immunité parlementaire. Personne ne s'attendait à ce que la justice se décide si vite malgré les 108 plaintes qui ont été déposées au Chili même contre l'ancien dictateur. Un fait est certain désormais : le fort sentiment d'impunité dont pouvait se prévaloir le général appartient au passé. Ses avocats ont déjà déposé un recours devant la Cour suprême. Ils mettent en avant son état de santé. (→ 8.8)

Le Real de Madrid champion d'Europe

Saint-Denis, mercredi 24
La finale de la Ligue des champions fut ibérico-espagnole, opposant le Real de Madrid à Valence. Dans une ambiance bon enfant, le Stade de France a accueilli près de 50 000 supporters des deux formations. Cette rencontre a encore démontré que l'équipe madrilène était une très efficace machine à étouffer le talent de ses adversaires. Si véloce pour venir à bout de la Lazio de Rome et de Barcelone, Valence fut inexistant. Les trois buts de Madrid ont été marqués par Fernando Morientes (à la 39e minute), Steve McManaman (67e) et Raul (75e).

Tsahal a quitté le Liban

L'armée israélienne s'est retirée de « sa » zone de sécurité au Liban-Sud.

Liban, mercredi 24
Les derniers soldats israéliens ont franchi la frontière libanaise vers 3 h, la nuit dernière. Effectué cinq semaines avant la date prévue, ce retrait s'est accompli sans aucune perte pour Tsahal mais dans une précipitation manifeste. Israël s'est, certes, sorti de ce bourbier qu'était peu à peu devenue l'occupation de la zone de sécurité au Liban-Sud depuis 22 ans. Mais ce qui devait être un geste diplomatique fort s'est transformé en déroute en raison de l'effondrement de l'ALS, l'Armée du Liban-Sud. Ces soldats, qui sont les « harkis d'Israël », restent seuls face au Hezbollah. 6 500 d'entre eux se sont déjà réfugiés en Israël avec leurs familles. (→ 1.6)

Commerce américain : le poids de la Chine

Washington, mercredi 24
Les représentants ont accordé à la Chine populaire le statut permanent de « partenaire commercial normal des Etats-Unis ». C'est une victoire pour le Président Clinton et pour le lobby des grands exportateurs, tels Boeing ou Motorola. Les céréaliers triomphent aussi : ils vont pouvoir partir à la conquête du plus grand marché alimentaire de la planète. Dans le camp des battus figurent les défenseurs des droits de l'homme et le puissant syndicat AFL-CIO.

Le 23, en Turquie, des archéologues turcs et français s'affairent pour sauver le site romain de Zeugma, très riche en peintures et en mosaïques. Il est menacé par la montée des eaux du barrage de Birecik, sur l'Euphrate.

Collision mortelle au décollage à Roissy

Roissy, jeudi 25
A 0 h 50 min 52 s, le MD-83 d'Air Liberté est autorisé (en français) à décoller sur la piste 27 de Charles-de-Gaulle. Ce vol ramène à Madrid des supporters du Real qui viennent d'assister à la victoire de leur club. A 0 h 50 min 57 s, un Short 330 britannique est autorisé (en anglais) à s'aligner sur la même piste depuis la bretelle 16. La tour lui stipule qu'il est numéro deux. Le Short s'avance alors que le MD-83 s'engage à 150 nœuds, prêt à décoller, et son aile gauche heurte le cockpit du Short, tuant le copilote. Le MD-83 réussit à s'arrêter en bout de piste.

Un musée des Etoiles au pic du Midi pour sauver l'observatoire

La rénovation de l'observatoire et du site a coûté plus de 300 millions de francs.

Hautes-Pyrénées, vendredi 26
Alors que l'activité scientifique de l'observatoire semblait condamnée en 1993, sept ans plus tard, l'avenir des lieux est assuré. Le pic du Midi de Bigorre reçoit, sur la plate-forme située à 2 877 m, la visite du Premier ministre. Lionel Jospin inaugure le musée des Etoiles de l'an 2000. La mobilisation des élus régionaux, des astronomes, et un investissement de 300 millions ont donné naissance à un projet touristico-scientifique qui est unique en France. Le musée des Etoiles veut initier les visiteurs à la découverte du ciel et de l'Univers, montrant les anciens instruments et ceux du XXIe siècle, avec le plus beau panorama des Pyrénées en prime.

La destruction des « barres HLM » l'emporte sur la réhabilitation

Saint-Etienne, samedi 27
La barre faisait 280 m de long et comptait 14 étages. Les Stéphanois l'avaient surnommée « la muraille de Chine »... 600 kilos d'explosifs répartis en 2 700 charges ont soufflé l'édifice. Sur les 500 logements gérés par les HLM, il n'en restait que 248 occupés à la veille de la démolition. Cette destruction, qui en annonce beaucoup d'autres, témoigne de la volonté de « concevoir un projet de ville », selon l'expression de Claude Bartolone, le ministre délégué à la Ville. Mais elles coûtent cher et elles doivent s'accompagner d'un travail social. Le problème dépasse l'aspect purement architectural.

La « muraille de Chine » – 280 mètres de long – est démolie à Saint-Etienne.

Séguin s'impose face à ses rivaux du RPR

Paris, samedi 27
Edouard Balladur ayant été retenu par d'autres activités, et Françoise de Panafieu ayant été retardée, c'est sans contestation que l'ancien maire d'Epinal, ancien président du RPR, ancien ministre et ancien président de l'Assemblée nationale, Philippe Séguin, a reçu l'investiture du parti gaulliste pour mener la liste du RPR dans la capitale lors des élections municipales de 2001. Celui qui est toujours député des Vosges n'a pas pour autant partie gagnée : le maire sortant, Jean Tiberi, lui aussi RPR, mènera ses propres listes. (→ 14.6)

Le 24, à Outreau (Pas-de-Calais), est découvert un énorme buste de François Mitterrand (12 m de large, 4 m de haut) érigé sur une place.

Le 29, à Paris, Carlos Santana donne un concert au Palais omnisports de Bercy à guichets fermés. A 53 ans, le guitariste opère un retour triomphal.

▷

Seul candidat en lice, Fujimori est réélu à la présidence du Pérou

Pérou, dimanche 28
Depuis le retrait de son adversaire, Alejandro Toledo, Alberto Fujimori était sûr d'être réélu président pour son troisième mandat. C'est chose faite ce dimanche soir avec 50,8 % seulement des bulletins glissés dans les urnes (le vote est obligatoire). D'origine quechua, économiste de formation, Toledo exigeait le report de ce second tour et dénonçait par avance les fraudes. Son appel au vote de protestation a été largement suivi. Dans la soirée, dans plusieurs villes du pays, des manifestations ont dégénéré en affrontements. Les Etats-Unis et l'OEA, l'Organisation des Etats américains, ont menacé Lima de sanctions. (→ 28.7)

« Recherché »... Toledo, son rival, s'est désisté à cause des conditions du scrutin.

OGM : la barrière des espèces n'existe plus

Londres, dimanche 28
Rapportés par *The Observer* en une, les travaux d'un chercheur allemand confirmeraient ce que redoutent les anti-OGM et les plus pessimistes des scientifiques : les gènes sauteraient la barrière des espèces. Ils passeraient du règne végétal au règne animal. Le gène de résistance à l'herbicide introduit dans du colza transgénique a été décelé dans la flore intestinale d'abeilles l'ayant butiné. L'influence de cette transmission sur la santé des insectes est encore inconnue. Cette question est cruciale : les effets secondaires qui seront notés pourraient valoir aussi pour l'homme.

France Telecom joue la carte... Orange

Grande-Bretagne, mardi 30
France Telecom rachète le troisième opérateur britannique de téléphonie mobile, Orange, pour 50 milliards d'euros (328 milliards de francs). Orange détient une licence UMTS, cette nouvelle norme qui permettra aux abonnés d'accéder à quantité de services (commerce électronique, jeux, vidéos). Pour payer cet achat géant, qui relance France Telecom dans l'international, l'entreprise va faire un emprunt et procéder à une augmentation de capital. (→ 6.6)

Le chômage à moins de 10 % en France

France, mardi 30
Martine Aubry, ministre du Travail, l'a annoncé avec une joie évidente : en avril, le chômage est repassé sous la barre symbolique des 10 %. Il est de 9,8 % de la population dite active. Il reste donc 2 371 300 demandeurs d'emploi. Cette bonne nouvelle est à relativiser, car la baisse est moins forte en France que dans d'autres pays de l'UE et la précarité ne faiblit pas. Quant aux allocataires du RMI, ils n'ont jamais été si nombreux : on en dénombre 1 145 023.

Le 31, Manchester United annonce le transfert pour six ans de Fabien Barthez, gardien de but de l'AS Monaco et de l'équipe de France, pour 7,8 millions de livres (82 millions de F). Signe révélateur : le club anglais a annoncé l'achat du joueur de football à... la Bourse de Londres. (→ 21.7)

Fin de la percée éthiopienne en Erythrée

L'artillerie érythréenne en action près de Ede Della, à 85 km au sud d'Asmara.

Addis-Abeba, mercredi 31
L'offensive lancée par l'Ethiopie sur l'Erythrée est terminée, selon le chef des armées, le général Tsadkhan Gebre-Tensae. Les représentants des deux capitales vont se retrouver à Alger pour des négociations. Le but que s'étaient fixé les Ethiopiens : faire valoir leurs droits sur des zones frontalières contestées, est atteint. Il leur fallait aussi laver l'affront de 1998, lorsque les Erythréens avaient balayé leurs adversaires. C'est un esprit de revanche qui a donc motivé la réorganisation complète, en deux ans, de l'armée éthiopienne. Quant aux pourparlers, ils porteront aussi sur la question de l'accès à la mer Rouge et sur l'usage par l'Ethiopie du port érythréen d'Assab. (→ 18.6)

L'offense de Noël Mamère au chef de l'Etat

Paris, mercredi 31
« Inacceptables. » Ainsi Raymond Forni, le président de l'Assemblée nationale, a-t-il qualifié les propos tenus hier par Noël Mamère dans l'enceinte du Parlement. Le député Vert de Gironde se voit infliger une sanction : un rappel à l'ordre. L'élu avait provoqué un sérieux chahut en accusant Jacques Chirac d'être mêlé au dossier des faux électeurs de la Ville de Paris : « Derrière tout cela, avait-il dit, il y a des personnalités au plus haut niveau de l'Etat. » Et de proclamer que « Jacques Chirac a couvert tous ces agissements qui remontent à 1977 », époque où celui-ci était maire de Paris. Or il est une règle intangible : on n'accuse pas le chef de l'Etat à l'Assemblée. (→ 7.7)

Juin

Lu	Ma	Me	Je	Ve	Sa	Di
			1	2	3	4
5	6	7	8	9	10	11
12	13	14	15	16	17	18
19	20	21	22	23	24	25
26	27	28	29	30		

Paris, jeudi 1er
Vainqueur du tournoi de Roland-Garros l'an dernier, Andre Agassi est éliminé dès le deuxième tour en quatre sets (6-2, 5-7, 1-6, 0-6) par le Slovaque Karol Kucera. (→ 5)

Hanovre, jeudi 1er
Ouverture de la 61e Exposition universelle, la première du genre en Allemagne. Thème de l'Expo 2000, prévue jusqu'au 31 octobre : « Homme, nature, technologie, un monde nouveau se fait jour ». (→ 21.7)

Aix-la-Chapelle, vendredi 2
Sommet germano-américain : le chancelier Gerhard Schröder réitère à Bill Clinton l'opposition des Européens, comme de la Russie et de la Chine, au projet de bouclier antimissile américain. (→ 3)

Etats-Unis, dimanche 4
Records d'audience sur CBS pour « Survivors », Robinson Crusoë télévisuel né en Suède. Deux équipes sont isolées sur une île et se départagent au cours d'épreuves physiques. Le « survivant » empochera un million de dollars. (→ 25.8)

Milan, dimanche 4
A 26 ans, le coureur cycliste italien Stefano Garzelli, l'un des coéquipiers de Marco Pantani, remporte le 83e Tour d'Italie.

Monaco, dimanche 4
Victoire du Britannique David Coulthard, sur McLaren, au Grand Prix de Formule 1, devant le Brésilien Rubens Barrichello, sur Ferrari. Coulthard est 2e au classement général des pilotes. (→ 18)

Espagne, dimanche 4
Nouvel assassinat par l'ETA d'un élu du Parti populaire de José Maria Aznar : Jesus Maria Pedroza Urkiza est abattu de deux balles à Durango, près de Bilbao. (→ 12.7)

Isère, dimanche 4
Le train de nuit Vintimille-Calais déraille près de Chasse-sur-Rhône en raison d'un obstacle sur la voie. Bilan : deux morts et douze blessés. (→ 5)

DECES

New York, jeudi 1er
Tito Puente, chef d'orchestre d'origine portoricaine, le « roi de la salsa » (*20.4.1923).

6673,52 | 29,68 $ | € 0,9460 $

Clinton face à la froideur de Poutine

Moscou, samedi 3
Loin des bourrades et des accolades que Boris Eltsine lui réservait, Bill Clinton a eu face à lui un homme poli, aux sourires rares, et dont la chaleur n'est pas la qualité première : Vladimir Poutine. Les deux hommes n'ont pu, au premier soir du sommet russo-américain de trois jours, que constater leurs divergences. Ils « en ont débattu honnêtement ». Celles-ci portent sur un projet de bouclier antimissile américain. Appelé NMD pour National Missile Defense, il a pour but de protéger les Etats-Unis d'éventuelles attaques surprises des « Etats-voyous » : la Corée du Nord, l'Irak, l'Iran, etc. Poutine s'oppose à ce programme qui « relancerait la course aux armements ». (→ 8.7)

Le Liban-Sud sous la coupe du Hezbollah

Liban, jeudi 1er
Dans les discours officiels, le retrait de Tsahal et la désagrégation rapide de l'ALS sont des victoires du Liban sur Israël. Sur le terrain, c'est aussi et d'abord la victoire des musulmans sur les chrétiens. L'omniprésence des milices chiites et des hommes du Hezbollah fait craindre le pire à la population maronite. Beaucoup de familles ont déjà fui leurs villages, en proie à une panique nourrie par la chasse aux « collaborateurs » que le Hezbollah a lancée. Paris exige que Beyrouth déploie l'armée, chose impossible sans l'aval de la Syrie. Or celle-ci protège le Hezbollah. (→ 7)

Un faux journaliste face au vrai forcené

Wasserbillig (Luxembourg), vendr. 2
Le preneur d'otages, qui retenait 25 enfants et 3 éducateurs depuis mercredi dans un jardin d'enfants, a été neutralisé hier. Attiré à l'écart par un journaliste-cameraman de RTL qui voulait l'interviewer, Neji Bejaoui a été atteint par trois balles, l'une étant tirée par le cameraman ! La police a révélé le stratagème : un faux reporter, une fausse caméra et une arme véritable à l'intérieur, de laquelle le premier coup de feu est parti. Les deux balles ayant touché Bejaoui à la tête ont été extraites et il est hors de danger. Mais la presse dénonce cette « méthode indigne ».

Forte inégalité dans les espérances de vie

Rome, dimanche 4
L'OMS a publié son classement des espérances de vie selon un nouvel indicateur : il détermine le nombre d'années en bonne santé, et non plus toute la durée de vie escomptée. La France rétrograde de la deuxième à la troisième place. Mais c'est le bas du classement que le paramètre a le plus modifié, celui des pays où l'on vit le moins longtemps en bonne santé. La population y est malade durant 14 % de sa vie, alors que ce taux est de 9 % dans les pays riches. Quant à la chute de l'espérance de vie en Afrique sub-saharienne, c'est à la pandémie de sida qu'on la doit.

Le 3, l'explorateur français Franck Goddio et le secrétaire général du Conseil supérieur des Antiquités égyptiennes annoncent la découverte dans la baie d'Aboukir, près d'Alexandrie, des vestiges de deux cités antiques, Hérakleion et Menouthis, probablement fondées au VIe siècle av. J.-C.

Espérance de vie à la naissance en l'an 2000

Rang	Pays	Age
1	Japon	74,5
2	Australie	73,2
3	France	73,1
4	Suède	73
5	Espagne	72,8
6	Italie	72,7
7	Grèce	72,5
8	Suisse	72,5
9	Monaco	75,4
10	Andorre	72,3
24	Etats-Unis	70
172	Madagascar	36,6
182	Ethiopie	33,5
190	Niger	29,1
191	Sierra Leone	25,9

Juin

Lu	Ma	Me	Je	Ve	Sa	Di
			1	2	3	4
5	6	7	8	9	10	11
12	13	14	15	16	17	18
19	20	21	22	23	24	25
26	27	28	29	30		

Paris, lundi 5
Première mondiale à la Pitié-Salpétrière : l'implantation d'un cœur artificiel autonome avec une batterie intégrée.

Paris, lundi 5
Cédric Pioline, dernier Français en lice au tournoi de Roland-Garros, est éliminé par le Russe Marat Safin. (→ 11)

Maroc, lundi 5
Les plages pour islamistes, avec séparation des deux sexes et port du voile pour les femmes, vont être supprimées.

Isère, lundi 5
Un Algérien avoue avoir fait dérailler le Vintimille-Calais. Il semble déséquilibré.

Budapest, mardi 6
Le Parlement élit Ferenc Madl, 69 ans, juriste, à la fonction honorifique de président de la République hongroise.

Le Havre, mardi 6
Début de la vente aux enchères de tous les biens et actifs des Chantiers navals du Havre : outils, ponts roulants, grues, hangars. Tout part à l'encan.

Côte atlantique, mercredi 7
Colère des professionnels du tourisme : les plages souillées par le fioul de l'*Erika* sont menacées d'interdiction. (→ 3.7)

Athènes, jeudi 8
L'attaché militaire britannique est abattu par deux hommes à moto, alors que sa voiture était coincée dans un embouteillage.

France, jeudi 8
48 000 bovins seront contrôlés dans l'année dans le cadre du dépistage de l'ESB.

New York, vendredi 9
L'ONU reconduit la mission de Bernard Kouchner au Kosovo pour un an. (→ 17)

Atlantique, dimanche 11
A bord du catamaran *Club Med*, le Français Bruno Peyron et le Néo-Zélandais Grant Dalton battent le record du monde de la distance parcourue en 24 heures à la voile, soit 625,7 milles (1 159 km) à la moyenne de 26,07 nœuds. (→ 19)

DECES

New Jersey, vendredi 9
George Segal, sculpteur hyperréaliste (*26.11.1924).

6549,05 — 29,54 $

€ 0,9529 $

Jacques Chirac opte pour le quinquennat

France, lundi 5
Alors que, le 14 juillet 1997, Jacques Chirac se disait « très réservé » sur le principe du quinquennat et que, deux ans plus tard, il le définissait comme une « erreur », il s'y est rallié ce soir à la télévision face à Claude Sérillon et à Patrick Poivre d'Arvor. « J'ai beaucoup réfléchi », a-t-il dit, avant d'ajouter : « Je n'ai pas changé d'avis, je ne crois pas que l'on puisse dire cela. » Le chef de l'Etat a opté pour le référendum, mais en tentant de se préserver d'un éventuel choix négatif des Français : « Ils répondent oui, c'est très bien. Ils répondent non, c'est très bien. » (→ 6.7)

San-Antonio est orphelin de Frédéric Dard

Il est l'auteur de près de 300 ouvrages vendus à 200 millions d'exemplaires.

Bonnefontaine (Suisse), mardi 6
Le roman policier français a perdu son auteur le plus célèbre. Frédéric Dard (né le 29 juin 1921 à Jallieu, dans l'Isère) avait tenté une carrière de journaliste sous l'Occupation, à Lyon, avant de publier dès 1941 son tout premier roman, *Monsieur Joos*. Mais c'est en créant le personnage du commissaire San-Antonio que le jeune écrivain devait trouver sa voie en 1949. En effet, après *Réglez-lui son compte*, Dard fit paraître sous le nom de San-Antonio une prolifique série de romans drolatiques où il se révéla comme un maître du langage populaire dans la lignée de Rabelais et de Céline. Sous son vrai nom, il a également écrit de remarquables romans noirs (*le Tueur triste*, 1958).

La guerre du Golfe devant le tribunal

Bordeaux, mardi 6
Hervé Desplat, 30 ans, a conscience de s'être engagé dans un combat de longue haleine et incertain. Il est le premier ancien militaire français à porter le « syndrome de la guerre du Golfe » devant les juges. Il est atteint depuis huit ans d'une tuberculose. L'affection s'est déclarée deux ans après la participation du caporal à l'offensive occidentale contre l'Irak. Hervé Desplat est persuadé que sa maladie est due à l'utilisation d'obus à uranium appauvri : le métal inerte est en effet réactivé au moment de la percussion. La cour d'appel doit décider s'il peut prétendre ou non à une pension. L'arrêt est attendu par plusieurs autres malades. (→ 31.10)

Le WAP apporte Internet sur les portables

Paris, mardi 6
Le ministère des Finances a tranché : les licences UMTS ne vont pas être attribuées aux enchères, comme cela fut le cas en Grande-Bretagne et comme l'Allemagne et l'Italie s'y préparent. L'Etat a préféré fixer le prix de ces licences à 130 milliards de francs, soit 32,5 milliards pour chacun des quatre opérateurs. Les industriels protestent contre le coût élevé de ce ticket d'entrée, alors que la somme a été de 250 milliards en Grande-Bretagne. La norme UMTS devrait remplacer le WAP, qui fait ses premiers pas en France. Celui-ci déçoit car il est lent et limité mais, à terme, un portable offrira autant de services en ligne qu'un PC doté d'un modem ou du câble. (→ 1.10)

Liège se débarrasse des caravanes hollandaises et des camions

Liège, mercredi 7 juin
Quarante mille Liégeois ont assisté, vendredi dernier, à la fête populaire qui suivait l'inauguration du pont de Liège et des tunnels constituant la liaison entre les autoroutes E 40 et E 25. Quinze années de travaux ont été nécessaires pour percer la colline de Cointe et jeter un impressionnant pont haubané par-dessus la Meuse. Si le parcours des Ardennes vers la Hollande ou l'Allemagne se trouve ainsi allongé de quelque 10 km par le contournement de la ville, il se déroule dans de bonnes conditions et doit désengorger la Cité ardente.

Ce matin, la liaison s'ouvre au trafic, qui doit respecter la vitesse de 50 km/h.

Le juge Jackson a condamné Microsoft

Washington, mercredi 7
Après vingt mois de procès, le juge Thomas Penfield Jackson a rendu public le décret de jugement contre Microsoft. S'appuyant sur le verdict rendu le 3 avril, qui reconnaissait la firme de Bill Gates coupable d'avoir violé la législation antitrust, d'abus de position dominante et enfin de monopole, le juge Jackson ordonne le démantèlement de Microsoft. La société devra être scindée en deux entités, une première s'occupant du système d'exploitation Windows et la seconde récupérant les logiciels de bureau et l'application Internet. Bill Gates a fait appel. (→ 27.10)

Les partis religieux font éclater le gouvernement d'Ehud Barak

A la Knesset, trois des six partis gouvernementaux ont voté avec l'opposition.

Israël, mercredi 7
Un gouvernement israélien est une nouvelle fois victime des excès du parlementarisme et des alliances de circonstance qu'il permet. Les élus de trois des six partis qui forment la coalition soutenant Ehud Barak ont voté avec l'opposition de droite, le Likoud, sur un texte réclamant des élections anticipées. Ces trois partis religieux, dont le Shass, sont passés outre les mises en garde du Premier ministre. Les ministres frondeurs ont été aussitôt limogés. Le Shass, ultraorthodoxe, voulait sanctionner Barak, qui lui refuse une aide pour ses écoles religieuses. Les élections ont été finalement repoussées, mais Barak est très affaibli. (→ 3.7)

Poutine place la Tchétchénie sous administration du Kremlin

Grozny, jeudi 8
Vladimir Poutine a fini par accéder aux demandes des militaires : il place la Tchétchénie sous administration directe de Moscou. La république caucasienne perd toute autonomie dans la gestion de ses affaires. Les commandants de l'armée tiennent à garder la haute main sur toutes les opérations de maintien de l'ordre. Les administrateurs civils envoyés par le Kremlin sont d'ailleurs leurs subordonnés. Sur le terrain, près de Grozny, les rebelles ont inauguré une autre forme de combat : l'action terroriste, avec un camion-suicide lancé contre une caserne russe. Cet attentat a fait 17 morts. (→ 12)

La drogue et le sida menacent les Russes

Moscou, jeudi 8
Officiellement, le nombre de cas de sida en Russie est de 36 000. Les spécialistes locaux d'épidémiologie affirment qu'il faudrait multiplier ce chiffre par dix pour avoir celui des personnes séropositives. Plus que ces valeurs absolues, c'est le nombre de nouveaux cas déclarés entre les mois de janvier et mai, 11 932, qui fait dire qu'il s'agit d'une véritable explosion. A 90 %, il s'agirait d'une épidémie liée à la toxicomanie dans la tranche d'âge des 18-25 ans. D'ici à la fin de l'année, les chiffres auront déjà doublé. (→ 14.7)

Plus aucune intimité avec la « web cam »

Monde, jeudi 8
A l'origine, les *web cams* (caméras web) servaient aux visioconférences. Elles sont devenues les instruments d'un exhibitionnisme planétaire sans limites : les gens filment et diffusent en direct les scènes de leur quotidien le plus banal. Un nouvel usage est apparu. Comme les caméras vidéo de surveillance urbaine, des *web cams* sont placées à des carrefours, dans des centres commerciaux, des chapelles, des salons de coiffure, des agences matrimoniales ou des taxis, et diffusent en continu (parfois sans l'accord des intéressés) les scènes et les moments captés. (→ 12)

Monnet bat le record du tour du monde à la voile d'est en ouest

A son arrivée au large d'Ouessant, Monnet a battu le record de Mike Golding.

Brest, vendredi 9
Pourquoi d'est en ouest ? Parce qu'il s'agissait d'accroître l'ampleur de ce défi auquel il pensait depuis dix ans en allant contre les courants et les vents dominants qui, dans les « 40es rugissants », font le tour de la Terre d'ouest en est. Philippe Monnet, un navigateur français de 41 ans, bat de dix jours le record établi en 1994 par un Anglais, Mike Golding, en 151 jours, 19 heures et 54 minutes, sans escale et en solitaire. Ce fut, selon ses propres mots, son « Everest de marin ». Son carnet de bord révèle sa souffrance. « Je suis dans un état second, comme un légume, notait-il après le passage du cap Horn. Je ne pense plus. Je subis. » (→ 11) ▷

La Syrie en deuil de Hafez el-Assad

Damas, samedi 10
Le président syrien, mort ce matin des suites d'un malaise cardiaque, n'avait jamais oublié qu'il venait de la minorité alaouite, une branche du chiisme très longtemps persécutée par les sunnites. D'où la poigne de fer dans laquelle il tint le pays, peu désireux de voir son pouvoir menacé par les 75 % de sunnites. Comme de nombreux dirigeants arabes laïcs et progressistes, Hafez el-Assad devait sa formation et sa carrière au parti Baas. Parvenu au pouvoir en 1970 à la faveur d'un putsch, il eut pour principale préoccupation l'unité du monde arabe, dont il se voulait le leader, en concurrence constante avec l'Irakien Saddam Hussein. Le Liban considéré comme bien syrien, l'exigence permanente de récupérer le Golan perdu au bénéfice d'Israël, la duplicité face à des Occidentaux vulnérables par le terrorisme furent les lignes directrices d'une politique étrangère ambitieuse non aboutie. Il avait 69 ans (*6.10.1930). (→ 17)

Il a pris le pouvoir en mars 1971 après avoir renversé Salah Jedid en 1970.

Pierce et Kuerten au top à Roland-Garros

Paris, dimanche 11
Agé de 23 ans, le Brésilien Gustavo Kuerten remporte pour la seconde fois le tournoi de Roland-Garros. Face au Suédois Magnus Norman, le jeune tennisman brésilien a offert au public du court central un final haletant. Après un début de match poussif, Norman, qui demeure une redoutable machine à coups droits, se réveilla et gagna le troisième set de façon magistrale après en avoir laissé passer deux. Dans le dernier set, le quatrième, Norman sauvera dix balles de match, mais Kuerten réussira à s'imposer sur la onzième : 6-2, 6-3, 2-6, 7-6. La veille, la finale des dames a été remportée par Mary Pierce face à l'Espagnole Conchita Martinez. La Franco-Américaine, la première Française à arracher le titre depuis 1967, s'est imposée sans trop de peine, 6-2 et 7-5, avec une sérénité qui a impressionné. Pierce a également remporté le double avec la Suissesse Martina Hingis. (→ 9.7)

50 femmes dévêtues de force en plein jour !

Manhattan, dimanche 11
C'est à l'issue de la grande parade portoricaine annuelle, un moment festif très suivi par les New-Yorkais, que la violence s'est déchaînée. Une cinquantaine de femmes âgées de 14 à 40 ans – dont une Française – ont été agressées publiquement par des hommes, un mélange de voyous et de collégiens en mal de défoulement collectif. Ils les ont aspergées d'eau, bousculées, dévêtues – certaines en partie, d'autres totalement –, puis ils les ont volées. Aucun viol n'aurait été commis. Tout cela s'est déroulé en plein jour, dans Central Park, et devant des policiers passifs, comme en témoignent les vidéos amateurs.

Beaux débuts des Bleus dans l'Euro 2000

Bruges, dimanche 11
Face à des Danois qui n'ont jamais été des adversaires faciles, l'équipe de France de football a réussi son entrée dans l'Euro 2000. Les Bleus se sont imposés, non sans difficultés, par 3 à 0 (buts marqués par Laurent Blanc, Thierry Henry puis Sylvain Wiltord). Le sélectionneur français, Roger Lemerre, peut être satisfait. Hier, en ouverture de la compétition dont la Belgique et les Pays-Bas se sont partagé l'organisation, l'équipe belge – les fameux Diables rouges – a ravi le public venu en nombre au stade Roi-Baudouin, à Bruxelles, en dominant les très physiques joueurs suédois par 2 buts à 1. (→ 18)

Le 10, à Paris, Johnny Hallyday offre un concert gratuit à ses fans, sur le Champ-de-Mars, pour fêter ses quarante années de carrière. Un million de personnes se sont déplacées pour entendre vingt-quatre tubes.

La cérémonie d'ouverture s'est déroulée au stade Roi-Baudouin, à Bruxelles.

Juin

Lu	Ma	Me	Je	Ve	Sa	Di
			1	2	3	4
5	6	7	8	9	10	11
12	13	14	15	16	17	18
19	20	21	22	23	24	25
26	27	28	29	30		

New York, mercredi 14
120 personnes soupçonnées de fraude boursière massive sont inculpées. Une dizaine sont connues pour appartenir à cinq des plus grandes familles du crime organisé.

Etats-Unis, vendredi 16
Selon le classement de *Forbes*, Bill Gates est toujours l'homme le plus riche du monde, avec 60 milliards de dollars.

Cambridge, vendredi 16
L'Institut McDonald de recherche archéologique dénonce le laxisme des pays occidentaux face au pillage des œuvres d'art du tiers monde. Ce marché parallèle représente 20 milliards de francs.

Paris, vendredi 16
Haier, numéro un chinois de l'électroménager, s'installe en Europe. Il inaugure sa première publicité lumineuse au-dessus du boulevard périphérique.

Allemagne, samedi 17
Inauguration à Klettwitz, dans le nord du pays, du plus grand parc d'éoliennes d'Europe. Il peut alimenter 30 000 foyers.

Le Mans, dimanche 18
Audi impose ses trois voitures sur le podium de la 68e édition des 24 Heures. L'équipage vainqueur est composé de l'Italien Emmanuele Pirro, du Danois Tom Kristensen et de l'Allemand Frank Biela.

Alger, dimanche 18
L'Ethiopie et l'Erythrée signent, sous l'égide de l'OUA et de l'Algérie, l'accord qui met fin à deux ans de guerre.

Montréal, dimanche 18
Michael Schumacher, sur Ferrari, remporte le Grand Prix du Canada de Formule 1. Son coéquipier Rubens Barrichello est deuxième. (→ 2.7)

DECES

Rome, mercredi 14
Attilio Bertolucci, poète symboliste, père du cinéaste Bernardo (*18.11.1911).

Vézelay, jeudi 15
Jules Roy, écrivain, célèbre pour ses écrits sur sa terre natale, l'Algérie (*22.10.1907).

Tokyo, vendredi 16
Nagako, veuve de l'empereur Showa (Hirohito) (*6.3.1903).

6456,26 — 29,88 $ — € 0,9644 $

Un piratage musical massif sur Internet

San Diego, lundi 12
Deux des trois principales sociétés de l'industrie du disque, Warner et BMG, ont passé un accord avec le site MP3.com. Baptisé du nom du programme de compression qui a permis à des millions d'internautes de télécharger leurs morceaux de musique préférés, MP3.com prône la diffusion musicale gratuite, au grand dam des *majors*. Ses amendes sont annulées, et MP3.com s'engage à payer, chaque année, une somme forfaitaire établie en fonction de son catalogue. 450 millions de CD ainsi que 1,4 milliard de cassettes pirates sont vendus chaque année à travers le monde. (→ 31.10)

Ali Agça est extradé avec ses secrets

Rome, mardi 13
Le pape Jean-Paul II avait depuis longtemps pardonné à Mehmet Ali Agça, le fanatique turc qui avait tiré sur lui le 13 mai 1981. C'est au tour du bras séculier de régler le sort, du moins pour l'Italie, de ce prisonnier très spécial. Carlo Azeglio Ciampi, le président italien, a signé le décret de grâce d'Ali Agça. Il a été libéré de la prison où il a passé 19 ans, puis extradé vers la Turquie. Il purgera une peine de 10 ans pour le meurtre d'un journaliste. Les raisons de son attentat contre le Saint-Père restent inconnues. Seules certitudes : il n'a pas agi seul. Et le pape le sait.

L'affaire Grégory relancée par l'ADN

Dijon, mercredi 14
La chambre d'accusation de la cour d'appel ordonne la réouverture de l'enquête sur le meurtre du petit Grégory Villemin. Fait crucial : ses parents avaient reçu des lettres de menace de celui ou celle qui serait plus tard appelé le « corbeau » et qui est aussi l'assassin. Se fondant sur les progrès fulgurants des analyses ADN, les parties civiles ont obtenu que soit analysée la salive décelable – s'il en reste seize ans après – sur les timbres collés sur les enveloppes postées par le « corbeau ». (→ 17.10)

Brice Fleutiaux enfin libéré en Tchétchénie

A son arrivée à Moscou, le photographe français a été reçu par Poutine.

Moscou, lundi 12
Photographe indépendant, âgé de 32 ans, Brice Fleutiaux est réapparu libre au Kremlin, dans la soirée, au côté de Vladimir Poutine. Rapatrié aussitôt vers la capitale russe, Brice a été libéré par des troupes d'élite russes dans la matinée, après avoir été retenu en otage par les rebelles tchétchènes pendant huit mois et douze jours. La mobilisation de sa femme, de ses parents et de ses amis, n'a jamais cessé. Interpellant autant les diplomates français que leurs homologues russes, ses proches ont été très vite convaincus qu'il était la victime d'un conflit armé, certes, mais aussi une « prise » intéressante pour un commerce florissant dans le Caucase, celui des otages. (→ 22)

Jean Tiberi contre-attaque : « Remboursez ! »

Paris, mercredi 14
Le maire de Paris, Jean Tiberi, n'a pas du tout apprécié les trahisons de certains de ses anciens partisans passés dans le camp de Philippe Séguin. Il est, par conséquent, repassé à l'offensive en demandant à l'un d'entre eux, Pierre Lellouche, de rembourser les salaires perçus pour diverses fonctions occupées au sein de la mairie de Paris. Sa tactique se fonde sur une logique que l'on peut ainsi résumer : « Vous dénoncez un système dont vous avez bénéficié ? Rendez aux contribuables parisiens les sommes perçues ! » (→ 4.7)

Lundi 12, à Londres, le pont du Millénaire, ouvert au public samedi, a dû être fermé à cause de « mouvements excessifs ». Inauguré par la reine le 9 mai, il est signé par les architectes Norman Foster et Anthony Caro. C'est le premier passage construit sur la Tamise depuis un siècle.

Rencontre historique des deux présidents coréens

Pyongyang, jeudi 15
Tout a été fait pour que ce premier sommet entre les deux Corées soit un succès diplomatique. Kim Dae-jung, le président sud-coréen, a donc quitté dans la matinée la capitale du Nord après deux journées chargées. Les sujets qui fâchent ont été évités : il n'aura pas évoqué, avec le leader nordiste, Kim Jong-il, les troupes américaines stationnées dans le Sud et les têtes nucléaires du Nord. Les deux pays ont pourtant conclu une série d'accords mêlant le concret et le symbolique. Un téléphone rouge sera installé entre les deux capitales, les dénonciations mutuelles seront suspendues, les actes de terrorisme ou les complots entre voisins bannis, et les familles séparées depuis 1953 vont pouvoir se rencontrer. Jusqu'à l'évocation, encore taboue, d'une « réunification nationale » à terme. Kim Jong-il est apparu souriant et aimable, tentant de faire oublier que le régime communiste a laissé périr de faim 3 millions de Nord-Coréens depuis 1995. (→ 15.8)

Kim Jong-il, président de la Corée du Nord, accueille Kim Dae-jung, président de la Corée du Sud, à Pyongyang.

L'Allemagne abandonne l'énergie nucléaire

Berlin, jeudi 15
L'Allemagne est le premier grand pays industriel à planifier de façon consensuelle l'abandon du nucléaire civil. Après des tractations de plus d'un an, Gerhard Schröder a obtenu des électriciens allemands que les 19 réacteurs en activité soient tous fermés d'ici à 2021. Le retraitement, jugé inutile, coûteux et dangereux, sera interrompu en 2005, remplacé par le stockage des déchets. A la différence de la France, ni l'Etat ni une entité équivalente à EDF n'ont jamais réussi à imposer à l'opinion allemande l'idée que le nucléaire était une nécessité économique et énergétique. En France, ce n'est pas 33 % mais 75 % de l'électricité qui est d'origine nucléaire.

Bouteflika n'oublie pas le passé colonial

Verdun, vendredi 16
Au troisième jour de cette visite, la seconde d'un président algérien en France, Abdelaziz Bouteflika a tenu à se rendre au carré musulman de l'ossuaire de Douaumont. Là, il a rendu hommage aux 26 000 soldats algériens tombés pour le drapeau tricolore durant la Première Guerre mondiale. Il a évoqué « l'impôt du sang », comme il avait parlé, à la tribune de l'Assemblée nationale deux jours plus tôt, de cette « dette imprescriptible de la colonisation ». Malgré d'autres propos agressifs, vis-à-vis notamment des harkis, qui ne sont pas les bienvenus en Algérie, le ministre de l'Intérieur a accepté de porter à 180 000 le nombre de visas accordés en 1999 à des Algériens.

Le 18, aux Etats-Unis, Tiger Woods remporte l'US Open de golf. Il signe son troisième succès dans un tournoi du Grand Chelem. **(→ 23.7)**

A Verdun, Bouteflika a rendu hommage aux Algériens morts pour la France.

Le Kremlin applique la dictature de la loi

Moscou, vendredi 16
Vladimir Goussinski a été assigné à résidence après le tollé provoqué, il y a trois jours, par son arrestation suivie de son incarcération à la trop fameuse prison Boutyrki. Fondateur et président du dernier groupe de presse indépendant, Media Post, il n'a pas le droit de quitter la capitale russe. Goussinski est accusé d'avoir détourné 10 millions de dollars lors du rachat d'une télévision d'Etat à Saint-Pétersbourg. Iouri Loujkov, le maire de Moscou, lié à Goussinski, vient d'être interrogé à son tour. La « dictature de la loi », évoquée par Poutine, est en marche. Oligarques et politiques sont menacés. (→ 27)

Un arsenal de l'UCK découvert au Kosovo

Drenica, samedi 17
Dans cette région qui demeure le fief historique de l'UCK, l'ancienne guérilla albanaise, les soldats de la Kfor ont saisi le plus grand arsenal jamais découvert depuis un an, date de leur déploiement : 855 obus de mortier, 20 000 grenades, 500 000 munitions, des canons de 105 mm et des roquettes antichars. Tout ce stock d'armes lourdes appartient à l'UCK. Or l'Armée de libération du Kosovo a juré s'être transformée en simple parti politique... (→ 30.10)

Des *hooligans* déchaînés en Belgique

Après les bagarres à Bruxelles et à Charleroi, l'UEFA menace d'exclure l'Angleterre si elle n'agit pas sur « ses » meutes.

Bruxelles, dimanche 18
Les dirigeants de l'UEFA, l'Union européenne de football, menacent très explicitement d'exclure l'équipe d'Angleterre de l'Euro 2000 si les violences des *hooligans* britanniques se poursuivent. Cette réaction fait suite aux incidents survenus hier, à Charleroi, avant et après le match entre l'Angleterre et l'Allemagne. Des heurts sporadiques mais très brutaux ont opposé des bandes de supporters anglais, allemands, des voyous locaux et les policiers. Les autorités belges ont aussi reproché à leurs homologues d'outre-Manche de n'avoir guère empêché les bandes organisées de se rendre en Belgique comme la police allemande a su le faire en bloquant, avant qu'ils ne passent la frontière, plusieurs trains et convois de *hooligans* allemands. Le match était à haut risque et des mesures préventives s'imposaient. L'Angleterre l'a emporté 1-0. Dans le groupe B, à Bruxelles, l'Italie a battu la Belgique 2-0 le 14. Le 16, les Français ont battu les Tchèques 2-1. Ils sont qualifiés pour les quarts de finale. Les Pays-Bas aussi. (→ 25)

Le parti Baas choisit Bachar el-Assad, fils du président défunt

Damas, dimanche 18
Depuis la mort du fils aîné, Bassel, en 1994, c'est Bachar el-Assad qui était devenu l'héritier présomptif du régime syrien. Le décès d'Hafez a propulsé cet ophtalmologiste à la tête d'un pays qu'il avait quitté pour vivre à Londres. Après les obsèques de son père, mardi dernier, il avait été nommé chef des armées. Il vient de franchir une nouvelle étape dans la consolidation de son pouvoir en étant désigné « dirigeant du Parti et du peuple », et ce à l'unanimité des délégués du parti Baas. Sa jeunesse (34 ans) est un atout dans un monde arabe en pleine mue depuis l'arrivée au pouvoir d'Abdallah (38 ans), en Jordanie, et celle de Mohammed VI (36 ans), au Maroc.

Bachar aux funérailles de son père, à Kardaha, où il est acclamé par la foule.

Les 58 clandestins sont morts étouffés

Douvres, dimanche 18
Lorsque les douaniers britanniques ont ouvert les portes de ce camion frigorifique immatriculé aux Pays-Bas, à sa sortie du ferry, c'est une vision d'horreur qui s'est offerte à eux. Les corps sans vie de 4 femmes et 54 hommes gisaient au milieu des cageots de fruits et légumes. Seuls deux des immigrés clandestins qui y étaient cachés ont survécu. Ils sont hospitalisés. Le camion arrivait de Zeebrugge, sur la mer du Nord. Le chauffeur a été placé en garde à vue. Les clandestins sont originaires du Fujian, une province du sud-est de la Chine connue pour ses triades faisant commerce d'être humains.

Juin

Lu	Ma	Me	Je	Ve	Sa	Di
			1	2	3	4
5	6	7	8	9	10	11
12	13	14	15	16	17	18
19	20	21	22	23	24	25
26	27	28	29	30		

Newport, lundi 19
A 23 ans, la Britannique Ellen MacArthur gagne la Transat anglaise dans la catégorie des monocoques sur *KingFischer*, un voilier de 18,28 mètres.

Neuchâteau, lundi 19
Marc Dutroux est condamné à 5 ans de prison pour les délits liés à son évasion en avril 1998.

France, mardi 20
Selon l'Inserm, un enfant sur dix est obèse à l'âge de 10 ans.

France, mardi 20
Sortie de *Gladiator*, film péplum de Ridley Scott.

Paris, mardi 20
Jean-Marie Messier et Edgar Bronfman Jr. annoncent la naissance de Vivendi Universal, fusion de Seagram et Vivendi, qui possède Canal +.

New York, mercredi 21
Le chef français Alain Ducasse tente l'aventure dans l'une des villes les plus exigeantes pour la gastronomie, après Paris, en ouvrant l'Essex House.

Ankara, jeudi 22
La Turquie vendra 50 millions de m^3 d'eau potable par an à Israël. Elle sera acheminée par tankers de 250 000 tonnes.

Saint-Jean-Cap-Ferrat, jeudi 22
Le Français Loïc Leferme reprend le record du monde « no limits » de plongée en apnée : 152 m de profondeur.

Moscou, jeudi 22
Selon un bilan publié par l'état-major russe, 2 127 soldats ont été tués et 6 021 blessés depuis le début de l'intervention en Tchétchénie le 1er octobre 1999.

France, vendredi 23
Sortie du *Vrai Journal*, version papier de l'émission du même nom de Karl Zéro.

Japon, dimanche 25
Le Parti libéral démocrate reste le premier parti japonais à l'issue des élections législatives mais perd la majorité absolue.

DECES

Fretin (Nord), mercredi 21
Rony Coutteure, comédien franco-belge (*1951).

Dinard, jeudi 22
Philippe Chatrier, ancien président de la Fédération française de tennis (*2.2.1928).

6545,35 — 31,62 \$ — € 0,9361 \$

L'Europe tergiverse sur ses institutions

Portugal, lundi 19
A Feira, le sommet européen devait tenter de relancer le chantier de la réforme des institutions. Ce soin a été laissé à la France, qui succèdera le 1er juillet au Portugal à la tête de l'UE. Les Quinze ont réussi, après dix ans de travail, à harmoniser leurs législations sur les OPA et OPE. La Grèce a été officiellement acceptée dans la zone euro, et l'Autriche, qui n'a pas pu briser son isolement, a failli faire échouer l'adoption d'un texte sur la fiscalité de l'épargne. La refonte institutionnelle n'a pas été oubliée mais le sujet est si conflictuel que les commissions d'étude doivent poursuivre leurs travaux. (→ 26)

« Un Grec ne peut être qu'orthodoxe ! »

Les religieux mènent la contestation.

Athènes, mercredi 21
A l'appel de Mgr Christodoulos, le médiatique chef de l'Eglise grecque orthodoxe, 150 000 personnes ont manifesté dans la capitale contre la décision gouvernementale de rayer de la carte d'identité la mention de la religion, jusqu'ici obligatoire. La foule, haranguée par des popes très virulents, réunissait des populistes et des traditionalistes, tous unis dans la même conviction : « Un Grec ne peut être qu'orthodoxe ! » C'est sur la pression de la Commission et du Parlement européens, mais aussi des associations grecques de défense des droits de l'homme, que le cabinet de Costas Simitis a adopté la réforme le mois dernier, au nom de l'axiome : « L'Europe, c'est la modernité. »

Affaire Godard : une petite fille à la mer

Saint-Malo, mardi 20
La disparition du docteur Godard, de sa femme et de ses deux enfants, depuis le 1er septembre 1999, va-t-elle trouver un début d'explication ? Le crâne repêché par un chalutier le 6 juin est celui de Camille, la fille du médecin-acupuncteur. Un test ADN vient de le révéler. Les enquêteurs, qui avait pisté Godard sur l'île de Man et dans les Hébrides, sont donc revenus à leur point de départ, le golfe de Saint-Brieuc où il avait loué un voilier le jour fatidique. La piste privilégiée est désormais celle d'un suicide en mer dans lequel il aurait entraîné son épouse et ses enfants.

Michel Droit devait sa carrière à de Gaulle

Elu à l'Académie française en 1980.

Paris, jeudi 22
Les gaullistes sont fondés à saluer la mémoire de Michel Droit. Car la disparition de celui qui fut, dans les années 60, l'interviewer exclusif du général de Gaulle à la télévision, les prive d'une voix dont la conviction forçait le respect de ses adversaires. Né le 23 janvier 1923 à Vincennes, cet ancien résistant avait mené une grande carrière de journaliste, tant dans la presse écrite qu'à la radio et à la télévision. Ecrivain, Michel Droit a notamment publié un cycle romanesque consacré à l'histoire de son siècle, *le Temps des hommes*, en quatre tomes (1966-1976). En 1980, il fut élu à l'Académie française au fauteuil de son ami Joseph Kessel.

De l'argent sale sur le rocher de Monaco

Paris, mercredi 21
L'entrée de Monaco au Conseil de l'Europe et dans la zone euro n'est pas à l'ordre du jour. Du moins tant que la principauté demeurera « un lieu propice » au blanchiment des capitaux. L'accusation, argumentée, figure dans un rapport intitulé *Un territoire complaisant sous protection française*. Il est le fruit des travaux d'une mission parlementaire sur la délinquance financière présidée par le député (PS) Vincent Peillon. Les élus exigent « la remise à plat » des accords avec la France. (→ 10.10)

Le 22, à Saint-Nazaire, les Chantiers de l'Atlantique livrent le *Millennium* à l'armateur anglais Celebrity Cruises. C'est le plus gros paquebot construit en France : 294 m de long, 2 450 passagers et 1 000 hommes d'équipage.

L'eau a coulé sur Mars

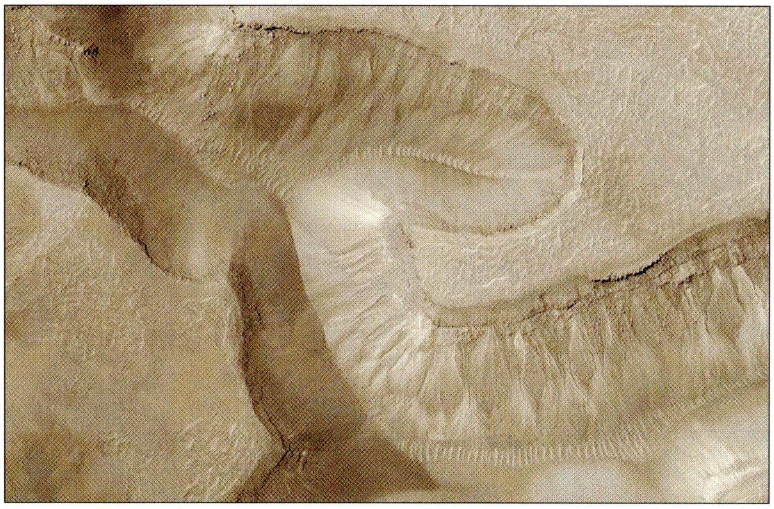

Les scientifiques de la Nasa ont montré des clichés de surfaces ravinées.

Washington, jeudi 22
Se basant sur plusieurs des 65 000 clichés pris par la sonde *Mars Global Surveyor* depuis septembre 1997, deux scientifiques de la Nasa ont pu découvrir que de l'eau avait coulé à la surface de la planète Mars. Ils en ont été convaincus par des marques nettes de ravinements et d'érosion, repérées sur les bords d'un cratère, qui seraient d'origine hydraulique. Les scientifiques pensaient jusqu'ici que l'eau présente sur Mars l'était dans le sous-sol martien à l'état de glace. Il semble qu'elle existe aussi sous forme liquide. Mais la pression est trop faible pour qu'elle reste en surface. Les projets d'exploration de la planète, critiqués en raison de leur coût, sont relancés.

Airbus Integrated Company lance l'A3XX

L'A3XX aura un double pont, pour une capacité de 480 à 650 passagers.

Paris, vendredi 23
Manfred Bischoff, le président de Daimler-Chrysler Aerospace, son homologue de Aerospatiale-Matra, Jean-Luc Lagardère, et Dick Evans, patron de BAe Systems, annoncent de concert le lancement officiel du gros-porteur A3XX et le nouveau statut de la société. L'A3XX, qui devrait entrer en service en octobre 2005, sera assemblé à Toulouse, puis peint et aménagé à Hambourg, et reconduit à Toulouse pour les essais et y être livré au client. Airbus est, depuis 1970, un GIE, Groupement d'intérêt économique. Il devient une firme privée par actions, AIC, pour Airbus Integrated Company, avec un capital détenu à 80 % par EADS et à 20 % par BAe Systems. (→ 24.7)

Nouvelle alliance dans les airs avec SkyTeam

New York, jeudi 22
Jean-Cyril Spinetta (Air France), Leo Mullin (Delta), Yi Taek Shim (Korean Air) et Alfonso Pasquel (Aeromexico) viennent de créer une nouvelle alliance aérienne planétaire baptisée SkyTeam. Ce partenariat desservira 451 destinations vers un total de 98 pays. Un passager avec le billet de l'une de ces compagnies pourra effectuer ses vols de liaison avec les trois autres, avec un seul enregistrement et un seul numéro de vol. Le poids de SkyTeam : 150 000 employés, 6 402 vols quotidiens, et 174,5 millions de passagers par an.

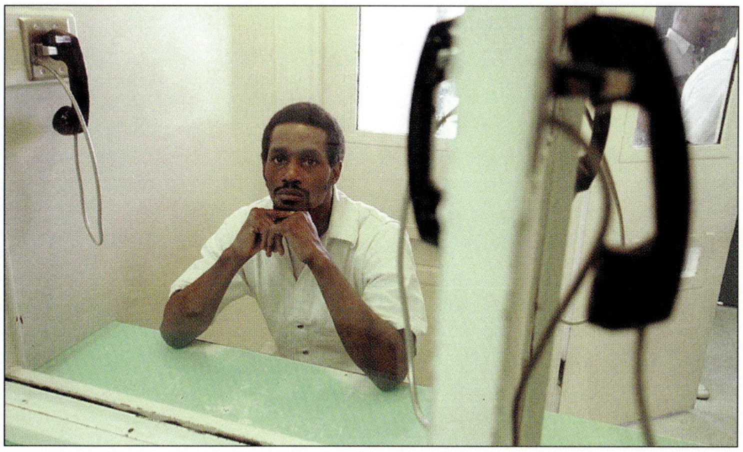

Dans la nuit du 22 au 23, à Huntsville (Texas), Gary Graham, condamné à mort sur la foi d'un seul témoignage – deux autres le disculpaient – est exécuté. Le gouverneur George Bush Jr. a refusé de commuer sa peine.

L'Euro 2000 réservait bien des surprises

Belgique, dimanche 25
Les quarts de finale de l'Euro 2000 sont terminés. A Rotterdam, ce soir, les Yougoslaves ont été sévèrement battus 6 à 1 par les Néerlandais. A Bruges, ce même jour, les Français se sont eux aussi qualifiés pour les demi-finales en battant l'Espagne 2 à 1. Hier, les deux premières nations à se qualifier ont été le Portugal, vainqueur de la Turquie à Bruxelles 2 à 0, et l'Italie, qui, à Amsterdam, a aussi battu la Roumanie 2 à 0. Les demi-finales opposeront l'Italie aux Pays-Bas jeudi et le Portugal à la France mercredi prochain. Lundi dernier, la défaite amère des Diables rouges face à la Turquie (0-2) scella le sort de la Belgique. La déception a été grande chez tous leurs fans, qui n'avaient pas vibré ainsi pour leur équipe depuis le Mondial mexicain de 1986. Le pays coorganisateur est éliminé dès le premier tour. Mais les autres grandes surprises du premier tour auront été, dès le mardi 20, les éliminations de ces grandes nations du football que sont l'Allemagne et l'Angleterre. Les deux matchs ont eu lieu à Charleroi. Les Roumains et les Portugais ont réussi l'exploit de battre respectivement les Anglais et les Allemands 3 à 2 et 3 à 0. Les *hooligans* rentrent chez eux. (→ 29)

Le 19, la Belgique est éliminée après sa défaite contre la Turquie (0-2).

Juin

Lu	Ma	Me	Je	Ve	Sa	Di
			1	2	3	4
5	6	7	8	9	10	11
12	13	14	15	16	17	18
19	20	21	22	23	24	25
26	27	28	29	30		

Allemagne, lundi 26
Visite de Jacques Chirac qui se rend à l'Expo 2000, à Hanovre. A la télévision hier soir, il s'est dit favorable à une Constitution européenne. (→ 1.7)

Indonésie, lundi 26
L'état d'urgence est décrété à Ambon, capitale de l'archipel des Moluques, à la suite des massacres de chrétiens qui ont fait plus de 100 morts.

Moscou, mardi 27
Après l'arrestation de Vladimir Goussinski, tous les médias, même les télévisions publiques, dénoncent les tentatives de Vladimir Poutine de faire taire les voix discordantes. (→ 19.7)

France, mercredi 28
Le bâtiment se porte bien. La construction de logements neufs a crû de 12 % en 1999.

Paris, mercredi 28
Après d'ultimes concessions au PCF, qui défend les chasseurs, Dominique Voynet obtient de l'Assemblée nationale qu'elle adopte définitivement le projet de loi sur la chasse, élaboré avec François Patriat. (→ 18.10)

France, jeudi 29
Le Sénat adopte le projet de loi sur le quinquennat dans les mêmes termes que l'Assemblée. Il appartient à Jacques Chirac de soumettre ou non le texte à un référendum. (→ 6.7)

Etats-Unis, vendredi 30
3 % des Américains sont sous le seuil de pauvreté. Certes, celui-ci est élevé, mais le nombre de *working poors* (« travailleurs pauvres ») ne cesse de croître.

Montpellier, vendredi 30
Ouverture de la première ligne de tramway dans la capitale du Languedoc-Roussillon. (→ 1.9)

Paris, vendredi 30
Après 20 ans à la présidence de RTL, Jacques Rigaud prend sa retraite. Il en a fait la première radio de France.

DECES

Paris, mardi 27
Pierre Pflimlin, président du Conseil sous la IVe République (*5.2.1907).

Vaison-la-Romaine, mercredi 28
Germaine Montero, chanteuse et comédienne, interprète de Lorca et Prévert (*22.10.1909).

6446,54 — 32,41 $

€ 0,9530 $

Le livre du génome humain s'entrouvre

Paris, lundi 26
L'annonce aura été faite dans des termes semblables à Washington, Londres, Tokyo et Pékin, dans les capitales de tous les pays qui ont participé à ce programme mondial. Plus de 90 % du génome humain a été séquencé. Le texte du patrimoine génétique a été mis au jour : ce sont les bases A (adénine), T (thymine), G (guanine) et C (cytosine) formant les éléments de l'ADN qui se suivent selon un rythme particulier sur cette immense molécule qu'est le filament d'ADN des chromosomes. Le débat se poursuit sur le nombre de gènes que déterminent ces 3 milliards de signes : de 22 000 à 120 000. (→ 16.8)

Un scrutin pour rien au pays de Mugabe

Harare, mardi 27
Les premiers résultats des élections législatives qui se sont déroulées ce week-end au Zimbabwe donnent un score inattendu pour le Mouvement pour le changement démocratique (MDC), principal parti d'opposition à Robert Mugabe. Inattendu car, en dépit du calme relatif dans lequel le scrutin s'est déroulé, la plupart des observateurs étrangers ont dénoncé des fraudes massives accompagnées de nombreux actes d'intimidation. Le président Mugabe n'entend de toute façon pas se plier au choix des électeurs : il exclut d'office l'entrée de l'opposition au gouvernement.

Un dollar/jour pour 1 milliard d'hommes

Genève, mardi 27
Le sommet sur le développement social organisé par l'ONU dresse un constat accablant : malgré les belles promesses signées il y a cinq ans par les pays les plus riches, la forme que la mondialisation a prise creuse les disparités. Plus de 300 millions de personnes vivent dans des habitats insalubres, et plus de 880 millions n'ont aucun accès aux soins. Plus de 250 millions d'enfants travaillent. Et 1,2 million de femmes sont tous les ans envoyées de force à l'étranger pour s'y prostituer.

Elian rentre à Cuba en héros du castrisme

Elian Gonzalez repart avec son père de l'aéroport Dulles, à Washington.

La Havane, mercredi 28
Aussitôt après le rejet par la Cour suprême américaine de l'appel que sa famille américaine avait déposé, Elian est reparti avec son père pour Cuba. Dans l'île, où l'histoire de cet enfant de 6 ans a obtenu le rang de « mythe révolutionnaire », le régime castriste exulte. Après sept mois de crise, Elian est revenu au bercail et la propagande n'entend pas laisser passer une pareille occasion de faire la morale au reste du monde. Un programme de réinsertion a été mis au point pour qu'il se réintègre dans la norme castriste et pour que sa « destinée [...] devienne un modèle glorieux pour les enfants cubains ».

Déferlement des loteries en ligne sur le Net

France, mercredi 28
Après les Etats-Unis, les loteries en ligne déferlent sur le web français. Le principe est des plus simples : les internautes cochent des chiffres sur des grilles, les valident en cliquant sur des bandeaux publicitaires et, s'ils ont beaucoup de chance, ont la possibilité de gagner quelque argent. Cela ressemble à un casino gratuit et fait déjà beaucoup de tort au Loto classique de la Française des jeux. Par ailleurs, une étude sur le profil des jeunes internautes (15-24 ans) montre que les pratiques sont celles de la « vraie vie » : les filles aiment les forums et les mails, et les garçons les sites érotiques et les jeux. (→ 27.7)

Le 29, à Lyon, l'aéroport de Satolas est rebaptisé Lyon-Saint-Exupéry à l'occasion du centenaire de la naissance du pilote. La parution des mémoires de son épouse, Consuelo, a aussi ravivé la bataille autour de son héritage.

Sid Ahmed Rezala fuit la justice humaine

Lisbonne, mercredi 28
Soupçonné des assassinats de trois jeunes femmes, Sid Ahmed Rezala a mis fin à ses jours dans sa cellule de la prison centrale. Il avait déjà tenté de se tuer plusieurs fois, et il était placé sous surveillance spéciale depuis. Les six fouilles quotidiennes auxquelles il était soumis, selon les autorités portugaises, ne l'ont pas empêché de cacher des allumettes, obtenues par un moyen pour l'heure inconnu. Le jeune homme a profité de l'inattention des gardes, captivés par la rencontre Portugal-France en demi-finale de l'Euro, et a mis le feu à son matelas. Il est mort asphyxié. Comme l'a dit l'avocat d'une partie civile, « il appartient maintenant à une autre justice ».

Un psychiatre le voyait chaque jour.

La dernière pirouette de Vittorio Gassman

Rome, jeudi 29
Vittorio Gassman était le prince de la comédie « à l'italienne » à laquelle il avait apporté un humour des plus personnels, fondé sur la dérision. Né le 1er septembre 1922 à Gênes, il avait brillamment débuté au théâtre avant de s'imposer dès les années 40 dans des films de cape et d'épée (*le Chevalier mystérieux*, 1949) ou des mélodrames (*Riz amer*, 1949). Mais c'est dans le registre comique qu'il devait triompher, avec d'étonnants personnages de matamores dans des films comme *le Fanfaron* (1966) et *Parfum de femme* (1974), de Dino Risi, ou *Brancaleone aux croisades* (1970), de Mario Monicelli. Il avait lui-même signé plusieurs films dont *Kean* (1956) et *l'Alibi* (1969).

1990 : dans « les Mille et Une Nuits ».

L'Italie supprime l'IRI, vestige de Mussolini

Rome, mercredi 28
Symbole de la profonde implication de l'Etat dans l'économie italienne au XXe siècle, l'IRI, l'Institut pour la reconstruction industrielle, a cessé d'exister. L'organisme avait été créé en 1933 par Mussolini pour prendre des participations dans les sociétés italiennes les plus importantes et les plus stratégiques. Qualifié par ses contempteurs de « monstre politico-financier », l'IRI a détenu, au faîte de sa gloire, la moitié des sociétés anonymes italiennes, avec des parts dans la RAI, Alitalia, les pétroles, les télécoms, la sidérurgie ainsi que dans la banque. Tentaculaire, il s'est écroulé sous les dettes.

De « Baise-moi » à la pilule du lendemain...

Paris, vendredi 30
Les deux arrêts que vient de rendre le Conseil d'Etat, sur des critères purement juridiques, amènent déjà certains à s'inquiéter d'un retour de l'ordre moral. Les conseillers, saisis par des associations de défense de la famille, ont décidé de classer le film de Virginie Despentes, *Baise-moi*, en catégorie X et non plus en moins de 16 ans. Cette mesure va stopper la carrière de ce film, très violent effectivement, car le réseau des salles X n'existe quasiment plus. L'autre décision controversée est l'interdiction faite aux infirmeries scolaires de distribuer des pilules contraceptives. (→ 5.10)

France-Italie pour la finale de l'Euro 2000

Amsterdam, jeudi 29
L'équipe d'Italie, les Azzuri, réduite à dix joueurs après trente minutes de jeu, a réussi l'exploit de venir à bout de la meilleure attaque de cette compétition, celle du onze des Pays-Bas. Le score étant resté vierge au terme du temps réglementaire, c'est dans la terrible épreuve des tirs au but que la Squadra a gagné (3-1) sa place en finale face aux Français. A Bruxelles, ce sont les Portugais qui avaient hier ouvert la marque. Mais Thierry Henry a égalisé et Zinedine Zidane a marqué le but en or sur un penalty. (→ 2.7)

Procès des « démonteurs » du McDonald's

Millau, vendredi 30
Les partisans de la Confédération paysanne ont voulu transformer le procès de José Bové et des autres militants du syndicat agricole en une grande fête. Ce fut réussi. Les dix prévenus sont arrivés au palais de justice sur une charrette à foin. Ils sont poursuivis pour le démontage, d'aucuns parlent d'un saccage, du McDonald's de Millau. C'est cette action, en août 1999, qui propulsa José Bové sur l'avant-scène de l'anti-mondialisation, un mouvement qui réunit écologistes, libertaires et anti-capitalistes d'Europe. (→ 6.7)

En demi-finale, la France a battu le Portugal grâce à un penalty de Zidane.

José Bové et ses coïnculpés arrivent au tribunal de Millau dans une charrette.

Juillet

Lu	Ma	Me	Je	Ve	Sa	Di
					1	2
3	4	5	6	7	8	9
10	11	12	13	14	15	16
17	18	19	20	21	22	23
24	25	26	27	28	29	30
31						

France, samedi 1er
Le Smic augmente de 1,45 % pour les salariés déjà passés aux 35 heures et de 3,2 % pour ceux restés aux 39 heures.

Mongolie, dimanche 2
Raz de marée communiste : le Parti révolutionnaire, rénové par une jeune garde social-démocrate, remporte 72 des 76 sièges du Parlement mongol.

Philippines, dimanche 2
Sur l'île de Jolo, un journaliste allemand du *Spiegel*, Andreas Lorenz, est pris en otage. (→ 9)

Paris, lundi 3
Ouverture d'un nouveau grand établissement hospitalier parisien, l'HEGP, Hôpital européen Georges-Pompidou.

Tchétchénie, lundi 3
Cinq attentats suicides causent la mort de 44 soldats russes en 24 heures.

Paris, mardi 4
Xavière Tiberi est mise en examen dans l'affaire des faux électeurs de la mairie du 5e arrondissement. (→ 26.10)

France, jeudi 6
Par une intervention télévisée, le président de la République demande aux Français de dire oui au quinquennat. Le scrutin référendaire sera organisé le 24 septembre. (→ 24.9)

Pacifique, samedi 8
Au large de la Californie, l'essai du système antimissile nouvelle génération est un échec. Un missile défensif ne parvient pas à détruire en vol une fusée tirée du continent. (→ 19)

Fidji, dimanche 9
La junte militaire au pouvoir et les putschistes trouvent un accord qui met fin à 7 semaines de crise. Les preneurs d'otages ont obtenu une totale impunité.

Israël, dimanche 9
Les ministres du Shass et du Parti national religieux quittent le gouvernement d'Ehud Barak, en minorité à la Knesset. (→ 11)

DECES

Los Angeles, samedi 1er
Walter Matthau, comédien hollywoodien (*1.10.1920).

Paris, samedi 1er
Yvette-Blanche Labrousse, dite la bégum Om Habibah, veuve d'Agha Khan III (*15.2.1906).

6565,97 — 30,57 $ — € 0,9486 $

Les Bleus remportent l'Euro 2000

Paris, dimanche 2
Comme en 1998, quand la France avait obtenu le titre de champion du monde de football, la foule s'est précipitée sur les Champs-Elysées. A minuit, il y avait au moins 400 000 personnes sur l'avenue. Cette liesse populaire, qui s'est propagée dans tout le pays – TF1 a battu son record d'audience –, a été à la mesure d'un match haletant et crispé, dont le *happy end* demeura hypothétique jusqu'au coup de sifflet final. Sous les projecteurs du stade De Kuip, à Rotterdam, ce sont les Italiens qui ouvrent le score face à des Français totalement asphyxiés par des *Azzuri* qui se révèlent bien meilleurs dans la possession de la balle. Zinedine Zidane lui-même, l'ordonnateur du jeu français, est trop surveillé pour pouvoir déployer son talent. Quand Marco Delvecchio marque à la 54e minute, c'est donc un coup très dur pour le moral des joueurs mais pas une réelle surprise. Les champions du monde prennent alors d'assaut la cage de but italienne. Les qualités défensives de la *Squadra Azzura*, développées par l'entraîneur Dino Zoff, font de ce but une forteresse imprenable, avec Francesco Toldo, un gardien d'exception, au centre du dispositif. Les Français ont trois avants-centres sur la brèche et rien ne passe. Un contre d'Alessandro Del Piero est arrêté par miracle par Fabien Barthez. Puis, à 45 secondes du coup de sifflet final, alors que les joueurs sont déjà dans les arrêts de jeu et que les remplaçants italiens, debout, s'apprêtent à exprimer leur bonheur, Sylvain Wiltord remet les équipes à égalité d'un tir croisé du gauche dans le coin droit. L'horloge indique 94 minutes de jeu ! Tout est à nouveau possible, et l'entraîneur français, Roger Lemerre, le montre. C'est l'un des meilleurs joueurs de l'AS Monaco et futur joueur de la Juventus, David Trezeguet, qui va le prouver. A la 103e minute, après un centre de Robert Pires, sa reprise de volée va magnifiquement se loger dans la « cage » italienne. La France est la première équipe à réussir le doublé : remporter à la suite le titre mondial et le titre européen. Didier Deschamps, le capitaine des Bleus, peut prendre sa retraite, satisfait de son travail. De même pour Laurent Blanc, qui a déposé sa dernière bise sur le crâne de Fabien Barthez.

Sur un centre de Robert Pires, David Trezeguet inscrit le but de la victoire.

Didier Deschamps brandit le trophée au côté de Zinedine Zidane (à sa droite).

Le 3, l'équipe de France a droit à une ovation sur la place de la Concorde.

Paris à la barre de l'Union européenne

Paris, samedi 1er
En prenant la présidence tournante de l'Union européenne, la France n'a qu'un objectif : faire de la CIG (Conférence intergouvernementale) un succès. Ouverte le 7 février, la CIG, préparée depuis des années, doit s'achever en décembre à Nice avec un programme de réforme des institutions communautaires. Il y a quatre sujets clefs : la composition de la Commission, l'extension du vote à la majorité qualifiée au sein du Conseil, la répartition des voix entre grands et petits pays et, enfin, la possibilité pour un groupe de pays d'aller de l'avant sans attendre les autres, comme pour l'euro. (→ 14.10)

Les 13 Juifs iraniens échappent à la mort

Chiraz, samedi 1er
A l'issue d'un procès qui aura duré deux mois et demi, dix des treize Juifs iraniens accusés d'espionnage au profit d'Israël ont été condamnés à des peines de 4 à 13 ans de prison. L'arrestation puis le procès de ces hommes avaient suscité de très vives protestations en Occident. Il semble que ces réactions et le courage de leurs avocats ont évité la mort aux prévenus, mort que l'accusation et la presse conservatrice leur avaient promise. La défense a clairement mis en avant l'absence du moindre commencement de preuve.

Les Mexicains tournent la page du PRI

Vicente Fox, candidat de la droite, est le nouveau président du Mexique.

Mexico, dimanche 2
Vicente Fox a reçu un magnifique cadeau d'anniversaire. Les électeurs mexicains l'ont élu à la présidence le jour même de ses 58 ans. Ancien dirigeant de Coca-Cola, ce géant de deux mètres a réussi à mettre fin à 71 années d'hégémonie du PRI. Sa formation, le PAN, Parti d'action nationale, est issu d'une scission du Parti révolutionnaire institutionnel. Fox a su séduire les classes urbaines alors que les campagnes sont restées attachées au clientélisme du parti au pouvoir. Les deux autres facteurs de sa victoire sont le ralliement d'une partie de l'intelligentsia de gauche et l'honnêteté du président sortant, Ernesto Zedillo, qui a mis fin aux fraudes électorales massives.

Soupçon de dopage au Tour de France

Poitiers, samedi 1er
Au terme d'un contre-la-montre de 16,5 km, l'Ecossais David Millar a endossé le premier maillot jaune du Tour de France. Mais la victoire du jeune coureur de l'équipe Cofidis est éclipsée par une information moins glorieuse. Trois autres concurrents ont été exclus avant le départ même de ce prologue pour avoir présenté des hématocrites (taux de globules rouges) supérieurs à 50 %, soit plus du maximum autorisé. En d'autres termes, le Russe Sergueï Ivanov, le Slovène Andrej Hauptman ainsi que l'Italien Rossano Brasi sont suspects de prise d'EPO. La Grande Boucle commence vraiment mal. (→ 23)

Mayotte s'amarre un peu plus à la France

Mamoudzou, dimanche 2
A 73 %, les Mahorais ont adopté le nouveau statut proposé par Paris à leur île de l'océan Indien, au nord-ouest de Madagascar. Mayotte sera bientôt, au sein de la République, une « collectivité départementale ». En 1974, Mayotte avait été la seule des quatre îles composant l'archipel des Comores à souhaiter demeurer française, tandis que les trois autres se prononçaient, à 99 %, en faveur de l'indépendance. Les électeurs ont fait aujourd'hui un pari : celui d'une plus grande intégration à la France. A celle-ci de ne pas les décevoir.

Le 1er, la reine Marguerite II et le roi Charles XVI Gustave inaugurent le pont-tunnel de l'Oresund entre Copenhague et Malmö – du Danemark à la Suède : 16 kilomètres de long avec une île et une péninsule artificielles.

Le 2 à Magny-Cours, l'Ecossais David Coulthard profite de l'abandon de Michael Schumacher pour triompher dans le Grand Prix de France de Formule 1. Il devance désormais son coéquipier Mika Hakkinen. (→ 16)

Début du pompage des cuves de l'*Erika* sous haute surveillance

Bretagne, lundi 3
Après un mois de préparatifs sur les deux parties de l'*Erika* qui gisent à 120 m de fond au large de la pointe de Penmarc'h, le pompage du fioul a véritablement commencé. C'est une armada qui a été déployée par TotalFinaElf. En plus du navire de pompage, du pétrolier chargé de stocker les produits récupérés et du bâtiment support de plongée, deux unités de la Marine nationale ainsi que deux navires antipollution sont sur zone, prêts à intervenir. Sous cloche, les plongeurs ont découpé et percé la coque pour pouvoir placer les vannes de sortie du fioul, qui doit être fluidifié avant d'être remonté. L'opération va coûter 500 millions à la compagnie pétrolière. (→ 31.8)

Au premier plan, le « Crystal Ocean », navire positionné à l'aplomb de l'épave.

Qui ne voudrait pas gagner des millions ?

France, lundi 3
TF1 lance un jeu qui fait la fortune de son inventeur, le Britannique Paul Smith, et celle des chaînes de télévision qui ont acheté le concept. Le succès de « Qui veut gagner des millions ? » est mondial : 25 pays le diffusent. Le cahier des charges est très précis : même musique, même plateau, même éclairage et même phrase : « C'est votre dernier mot ? », pour l'animateur, en l'occurrence le toujours jeune Jean-Pierre Foucault. Le jeu captive par sa dramatisation et par l'importance de la somme en jeu : jusqu'à 3 millions de francs, qui paraît indécente eu égard à la facilité des questions de culture générale.

Yasser Arafat veut proclamer son Etat

Gaza, lundi 3
S'adressant au Conseil central de l'OLP, Yasser Arafat affirme que l'Etat palestinien sera proclamé le 13 septembre, unilatéralement, avec Jérusalem-Est comme capitale. Le leader palestinien sait très bien que les Américains n'accepteront jamais une telle décision. Mais il entend bien faire pression sur Washington pour que la Maison Blanche pousse Israël à reprendre les négociations, qui sont au point mort. Le blocage est dû au refus des Israéliens de faire des concessions sur Jérusalem, sur le tracé des frontières comme sur la question des réfugiés. (→ 9)

Une amende record contre Volkswagen

Bruxelles, jeudi 6
Le Tribunal de première instance des communautés européennes a condamné le groupe Volkswagen à la plus forte amende jamais infligée à une seule entreprise : 590 millions de francs (90 millions d'euros). La sanction punit le constructeur pour entrave à la concurrence. Il y a dix ans, Volkswagen avait interdit à ses concessionnaires italiens de vendre des voitures à des clients allemands ou autrichiens parce que les modèles de la marque étaient moins chers dans la péninsule. Daimler-Chrysler et Peugeot font l'objet d'enquêtes similaires.

José Bové avec les paysans colombiens

Bogota, jeudi 6
Invité avec plusieurs parlementaires européens par un mouvement social paysan, José Bové, à peine arrivé, a dénoncé la nouvelle arme de guerre des Etats-Unis contre le trafic de cocaïne : le « Plan Colombie ». Ce projet, financé par Washington à hauteur de 1,3 milliard de dollars, prévoit des opérations militaires et des épandages massifs de défoliant dans un pays qui produit et exporte 400 000 tonnes de cocaïne par an. La solution, estime le leader de la Confédération paysanne, passe par une réforme agraire permettant aux paysans de se reconvertir. (→ 13.9)

L'immunité de Chirac en Cour de cassation

Paris, vendredi 7
Une nouvelle fois, la vieille affaire des emplois fictifs de la mairie de Paris pose la question de l'immunité du président de la République. Le procureur général près la Cour de cassation a été saisi. Malgré l'avis rendu par le Conseil constitutionnel en janvier 1999, accordant au chef de l'Etat une immunité totale pour la durée de son mandat, de plus en plus nombreux sont les magistrats à penser que la question mérite débat. Le chef de l'Etat peut-il être soumis au droit commun ? La Constitution est muette sur ce point : elle évoque seulement la haute trahison. (→ 23.9)

Le 5, à Saint-Denis, Tina Turner, âgée de 60 ans, se produit au Stade de France devant 50 000 personnes. Ce concert *soul* et *rythm' and blues* fait partie d'une tournée d'adieux de 63 spectacles, dont 23 en Europe.

Le 8, à Rome, la World Gay Pride, ou semaine de la Fierté homosexuelle, s'achève sur une grande parade près du Colisée, malgré la vive opposition du Vatican. Le pape souhaitait qu'elle n'ait pas lieu durant l'année sainte.

Le Monténégro tient à rester souverain

Podgorica, vendredi 7
Le régime de Milosevic semble tout faire pour s'aliéner le seul partenaire qu'il lui reste, le Monténégro, dans la RFY, la république fédérale de Yougoslavie. A une large majorité, les députés monténégrins ont rejeté les modifications constitutionnelles votées hier par le Parlement fédéral de Belgrade. Elles auraient réduit notablement l'influence de la petite république au sein de la Fédération et « détruit [sa] souveraineté en tant que république égale ». Ces mêmes députés ont toutefois jugé plus sage de ne pas affronter le voisin serbe : ils ont repoussé tout référendum sur l'indépendance. (→ 27)

Pete Sampras entre dans l'histoire du tennis à Wimbledon

Le 8, Venus Williams remporte son premier tournoi du Grand Chelem.

Londres, dimanche 9
C'est au crépuscule que l'Américain Pete Sampras a remporté l'Open de Grande-Bretagne. Il est venu à bout de l'Australien Patrick Rafter en quatre sets (6-7, 7-6, 6-4 et 6-2) et plus de trois heures de jeu. Il bat le record d'un autre Australien, Roy Emerson, qui détenait douze titres en Grand Chelem, et égale les sept titres à Wimbledon du Britannique William Renshaw. Hier, c'est Venus Williams qui a remporté la finale dames et son premier tournoi du Grand Chelem. Elle a battu en deux sets (6-3, 7-6) Lindsay Davenport, sa compatriote américaine. Cette dernière, numéro un mondial avant d'être détrônée par Martina Hingis, était méconnaissable.

Contre McDo : « Le Froc ne s'abaisse jamais »

Charente-Maritime, samedi 8
Le clown Ronald du McDonald's de Saintes est enlevé par les activistes du Froc (le Front de résistance à l'oppression capitaliste). La lettre de revendication affirme que Ronald (menacé par un homme cagoulé et armé d'une baguette de pain) est bien nourri de rillettes, de bordeaux et de fromage. Pour le libérer, ses ravisseurs veulent des McFlurries au camembert et des caissières vêtues en Charentaises. Signé d'un martial : « Le Froc ne s'abaisse jamais ! »

Les Orangistes « pour Dieu et la reine »

Portadown, dimanche 9
L'armée britannique a dû, comme chaque année, ériger d'imposantes barrières métalliques à l'entrée des rues catholiques de la ville. Ce sont devant ces murailles d'acier qu'ont lieu, depuis une semaine, de violents affrontements entre les forces de l'ordre et les Orangistes. Au « nom de Dieu et de la reine », en gants blancs, chapeau melon et collerette orange, les membres de la loge de l'ordre d'Orange voudraient défiler devant les catholiques pour célébrer une victoire datant de 1690. 2 000 soldats s'interposent. (→ 28)

Henri Gault fut un rénovateur du goût

Paris, dimanche 9
Henri Gault (*4.11.1929) n'est plus. Avec Christian Millau, il avait été le porte-parole d'une révolution dont les effets ont été durables, celle de la « nouvelle cuisine ». Ce très grand gourmet devant l'Eternel s'associa à son confrère pour créer, en 1969, un magazine gastronomique suivi d'un guide, avec leurs deux patronymes en guise de titre. Succès immédiat. En 1973, ils publient un manifeste pour mettre fin à la dictature des sauces lourdes. Souvent brocardés, ces principes demeurent valables : cuisson réduite, esthétique simple, produits du marché et inventivité.

Toute une équipe de France 2 otage à Jolo

Philippines, dimanche 9
Maryse Burgot, Jean-Jacques Le Garec et Roland Madura sont les nouveaux otages du groupe Abou Sayyaf. Respectivement journaliste, caméraman et preneur de son, ils étaient venus faire un reportage sur les rebelles islamistes de l'île de Jolo qui retiennent déjà une vingtaine d'otages occidentaux et asiatiques. Une source proche des ravisseurs a confirmé que les trois membres de l'équipe de France 2 étaient entre les mains de la guérilla et qu'ils ne seraient relâchés que contre rançon. Celle-ci serait de 8 000 dollars par personne. (→ 19)

Plus de 2 000 soldats britanniques ont été regroupés à l'entrée de Portadown.

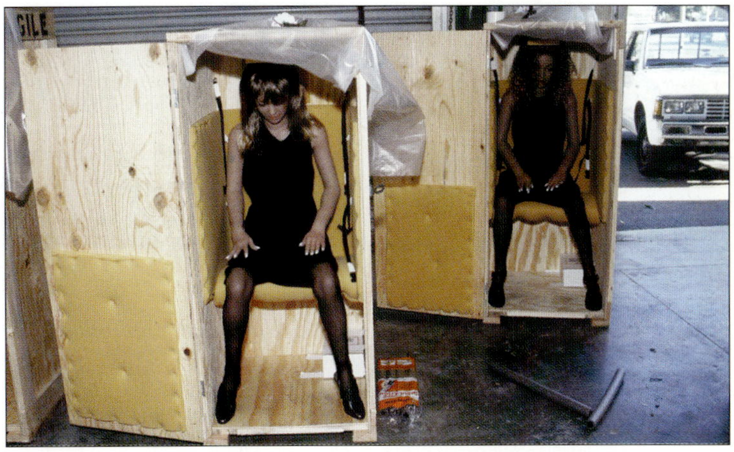
En juillet aux Etats-Unis, la société Abyss Productions doit fournir 40 à 60 commandes de Real Dolls par mois : des poupées sexe de luxe qui se vendent pour un prix de base de 5 250 dollars (36 000 F).

Juillet

Lu	Ma	Me	Je	Ve	Sa	Di
					1	2
3	4	5	6	7	8	9
10	11	12	13	14	15	16
17	18	19	20	21	22	23
24	25	26	27	28	29	30
31						

Paris, lundi 10
Lionel Jospin annonce, sur le site web de TF1, un programme d'accélération des connexions à l'Internet, tant dans les écoles et les administrations que pour les particuliers.

Manille, lundi 10
En raison de fortes pluies, une véritable colline d'ordures s'effondre sur un bidonville. Le bilan est de plus de 100 morts.

Paris, lundi 10
Le garde des Sceaux, Elisabeth Guigou, refuse la libération de Patrick Henry, condamné à la réclusion à perpétuité en 1977 pour le meurtre d'un enfant.

Nigeria, lundi 10
300 Nigérians trouvent la mort dans l'explosion d'un oléoduc qu'ils avaient percé pour en voler le carburant.

Madrid, mercredi 12
L'ETA fait exploser une bombe à 6 h 30 du matin à l'entrée d'une rue très commerçante. Le choix de l'heure indique qu'il s'agit d'un avertissement. (→ 16)

France, jeudi 13
Le taux moyen de réussite au baccalauréat atteint 79,5 %; il est de 80,7 % pour les sections scientifiques.

France, vendredi 14
Le gouvernement a tranché : les 4 500 hectares de maïs du Sud-Ouest contaminés par des OGM ne seront pas arrachés.

Berlin, vendredi 14
Après le vote favorable de la chambre haute, le Bundesrat, la réforme fiscale de Gerhard Schröder est adoptée.

Bruxelles, dimanche 16
La Suède propose l'interdiction des publicités télévisuelles destinées aux moins de 12 ans sur toutes les chaînes d'Europe.

Autriche, dimanche 16
Victoire de Mika Hakkinen, sur McLaren, au Grand Prix de Formule 1. Percuté au premier tour, Michael Schumacher a dû abandonner. (→ 30)

Berlin, dimanche 16
L'hippodrome accueille une épreuve inédite, la « course du maharadjah » : 14 éléphants d'Afrique et d'Asie, venus de quatre cirques de la ville, y participent. Les défenseurs des animaux ont protesté en vain.

6570,36 — 29,76 $ — € 0,9381 $

Monsieur Elf-Afrique fait des révélations

Paris, lundi 10
Ancien directeur de la branche des hydrocarbures et longtemps à la tête d'Elf-Afrique, André Tarallo révèle aux juges plusieurs faits intéressants. Il détaille le système de commissions occultes mis en place par une filiale, Elf Trading, pour rémunérer sur des comptes secrets, en passant par le Liechtenstein, les décideurs et chefs d'Etat africains qui avaient fourni des concessions d'exploitation au groupe pétrolier. Il a aussi expliqué comment l'Elysée, sous François Mitterrand, a piloté en sous-main le versement de commissions secrètes lors du rachat de la raffinerie Leuna dans l'ex-Allemagne de l'Est. (→ 3.8)

La mort de Lorand secoue la Belgique

Bruxelles, lundi 10
Depuis des années, dans un livre, dans des interventions télévisées ou radiophoniques, Jean-Marie Lorand s'était fait l'avocat de l'euthanasie. Atteint d'une maladie dégénérative incurable, en proie à des souffrances indicibles, cet homme lançait son seul cri sans jamais être entendu : « Aidez-moi à mourir ! » Il prônait pour lui comme pour tous une mort digne, assistée si nécessaire. « Qu'on laisse s'en aller ceux qui [...] veulent partir. » Un médecin l'a entendu et lui a administré le cocktail létal. Il avait 51 ans.

Un congrès du sida en Afrique du Sud

Durban, vendredi 14
Acclamé par les 9 000 congressistes, l'ancien président Nelson Mandela a prononcé le discours de clôture de la Conférence internationale sur le sida, la 13e du nom et la première à se tenir dans une ville africaine. Elle a permis aux pays africains de mieux faire valoir l'impérieuse nécessité qui est la leur : obtenir à bas prix les médicaments accessibles au Nord et qu'ils n'ont pas les moyens de payer. Le Botswana, pays où la prévalence du virus est la plus forte (35,8 % des adultes y sont séropositifs), recevra une aide de la fondation Gates.

Bill Clinton croit à la paix au Proche-Orient

A l'arrivée à Camp David, Bill Clinton avec Ehud Barak et Yasser Arafat.

Camp David, mardi 11
Dans une ambiance que certains participants ont déjà pu qualifier de « sérieuse et amicale », le sommet Arafat-Barak s'est engagé dans un huis clos qui s'annonce très long. Cette négociation au sommet, sous l'égide personnelle de Bill Clinton, pourrait être celle de la dernière chance. Les optimistes observent que le président américain voudrait finir son mandat sur un vrai succès diplomatique au Proche-Orient et qu'il usera de toute son influence pour vaincre les résistances des deux camps. Plus nombreux sont ceux qui font remarquer qu'Ehud Barak n'a aucun appui sur l'échiquier intérieur israélien. Sa marge de manœuvre est donc proche de zéro. (→ 25)

Vers une suppression de la redevance TV ?

Paris, mercredi 12
Cette idée agite la commission des finances de l'Assemblée depuis trois ans, et Laurent Fabius, le ministre des Finances, reconnaît qu'« il faut qu'on l'examine ». Sans plus. Mais c'est déjà beaucoup sur un sujet très sensible, celui du financement des chaînes de télévision publiques, dont la redevance participe à 54 %. Créé en 1949, cet impôt, qui existe dans tous les pays d'Europe excepté deux, s'élève à 751 F par foyer équipé d'un ou de plusieurs récepteurs.

L'industrie du tabac mise à mal en Floride

Miami, vendredi 14
L'amende est énorme et dépasse de loin toutes celles infligées pour des dommages dans l'histoire judiciaire américaine, pourtant peu avare en indemnisations. Les cinq principaux fabricants de cigarettes américains vont devoir payer 145 milliards de dollars (1 022 milliards de francs) aux 500 000 fumeurs de l'Etat de Floride. Ils sont jugés responsables des maladies et des morts précoces frappant ou susceptibles de frapper les plaignants. Trois des cinq firmes ont fait appel contre « le montant irréaliste des sanctions » prononcées par le jury composé de quatre non-fumeurs sur six. (→ 20)

L'ETA a encore frappé en Espagne

Castille, dimanche 16
A Agreda, près de Soria, renouant avec une pratique qu'ils connaissent bien, les terroristes basques ont fait exploser une camionnette piégée en face d'une petite caserne de la garde civile. Une femme a été légèrement blessée. C'est hier, en Andalousie, que l'action de l'ETA fut sanglante : à Malaga, sous les yeux de sa fille et de sa femme, un élu municipal du PP, le Parti populaire de José Maria Aznar, a été abattu devant chez lui de plusieurs balles. L'ETA frappe de plus en plus hors de ses bases, c'est ce qui inquiète les Espagnols. (→ 29)

Le rassemblement Brest 2000 perturbé par une saisie judiciaire

Le voilier russe « Sedov », vedette de Brest 2000, est saisi à la demande d'une société d'import-export basée en Suisse.

Brest, samedi 15
Après deux jours de tractations et d'appels à la justice, le *Sedov* a pu sortir du port de Brest pour faire un rapide tour de la rade. Cette liberté « conditionnelle » n'a rien réglé sur le fond et a simplement permis aux sociétés qui avaient affrété le voilier d'en profiter un peu avec certains de leurs clients. Quelques heures après l'ouverture, jeudi dernier, de Brest 2000, un coup de théâtre est venu ternir l'ambiance de ce grand rassemblement de vieux gréements. Un huissier de justice est monté à bord du *Sedov*, un navire-école civil russe, fleuron de la manifestation. Il a prononcé l'immobilisation de ce quatre-mâts de 117 mètres de long, au nom de la société Noga. La firme d'import-export, basée à Genève, a la ferme intention de recouvrer des créances de plusieurs centaines de milliers de dollars que lui doit l'Etat russe. Après un jugement en Suède, un tribunal parisien a estimé que le *Sedov* était saisissable. A la fureur du capitaine Victor Mechenev, le voilier est devenu le triste symbole de l'insolvabilité russe. (→ 24)

Le 14, en France, malgré la pluie, un gigantesque pique-nique rassemble 4 millions de convives sur 650 km d'une nappe fabriquée pour l'occasion et déployée sur la méridienne, de Dunkerque à Prats-de-Mollo.

Le 15, à Saint-Denis, devant 50 000 spectateurs, le Stade Français gagne son deuxième titre de champion de France de rugby en trois saisons, après celui obtenu en 1998. Les Stadistes battent Colomiers par 28 à 23.

Juillet

Lu	Ma	Me	Je	Ve	Sa	Di
					1	2
3	4	5	6	7	8	9
10	11	12	13	14	15	16
17	18	19	20	21	22	23
24	25	26	27	28	29	30
31						

Istanbul, mardi 18
Publication par des quotidiens turcs de photos de prisonniers malmenés voire torturés. Un handicap de plus pour l'entrée de la Turquie dans l'Europe.

Moscou, mercredi 19
Boris Berezovski, le plus connu des oligarques, démissionne de son poste de député à la Douma pour fonder un nouveau parti politique d'opposition. (→ 26)

France, jeudi 20
Hausse (+ 5 %) des popularités de Lionel Jospin et de Jacques Chirac. Le Premier ministre recueille 66 % d'opinions positives et le président de la République 67 %. (→ 22.10)

Autriche, jeudi 20
Insensible aux aléas politiques, la fréquentation touristique étrangère a connu une hausse de 3,5 % depuis le 1er janvier. Seuls les Belges ont été moins nombreux : - 17 %. (→ 12.9)

Hanovre, vendredi 21
L'Exposition universelle tourne au fiasco. Elle n'enregistre que 60 000 visiteurs quotidiens sur les 300 000 escomptés. Et les recettes sont inférieures de 80 % aux espérances. Le déficit final pourrait dépasser les 5 milliards de francs. Il a déjà été mis fin au contrat de 2 600 employés. Le prix d'entrée trop élevé est la principale cause de l'échec.

Madrid, samedi 22
José Luis Zapatero, 39 ans, est élu à la tête du Parti socialiste ouvrier espagnol (PSOE).

Ecosse, dimanche 23
Tiger Woods remporte l'Open de golf de Grande-Bretagne sur le légendaire parcours de Saint Andrews ; l'Américain n'est âgé que de 24 ans.

Londres, dimanche 23
La chaîne de supermarchés Tesco ne veut pas du système métrique, et ses clients non plus : elle remet en vigueur les anciennes unités de mesure bannies depuis le 1er janvier.

DECES

Brive-la-Gaillarde, lundi 17
Pascale Audret, comédienne (*12.10.1936).

Paris, dimanche 23
Gilbert Denoyan, journaliste, créateur du *Téléphone sonne* sur France Inter (*8.11.1939)

6464,12 — 27,76 $ — € 0,9330 $

Poutine fait ami avec la Chine et la Corée contre les Etats-Unis

Pyongyang, mercredi 19
Le président Poutine veut réveiller la diplomatie russe, qu'il jugeait trop complaisante envers les Etats-Unis pendant l'ère Eltsine. C'est le sens de sa visite, la première d'un chef d'Etat russe, en Corée du Nord, où il a été accueilli par Kim Jong-il. Le leader nord-coréen s'est engagé à abandonner le développement de ses propres missiles contre une offre de coopération spatiale civile avec la Russie. Comme à Pékin, la veille, avec Jiang Zemin, Poutine a obtenu en contrepartie qu'il se range à ses côtés dans le front anti-NMD que la Russie veut conduire, le NMD étant le nouveau bouclier antimissiles que les Etats-Unis expérimentent.

Jiang Zemin accueille Poutine, un allié de circonstance contre les Etats-Unis.

Huit otages libérés aux Philippines

Jolo, mercredi 19
Les rebelles d'Abou Sayyaf viennent de relâcher sept otages malaisiens. Ils les avaient capturés il y a trois mois en même temps que le groupe d'Occidentaux qu'ils gardent encore en otages. Lundi, c'est l'un d'entre eux, l'Allemande Renate Wallert, souffrant d'hypertension et de fortes douleurs à la poitrine, qui avait été libérée, alors que son mari et son fils demeurent toujours aux mains de la rébellion. Interrogés sur l'éventuel versement d'une rançon (en argent ou en matériel), les ambassadeurs concernés, comme le gouvernement de Manille, ont démenti. (→ 19.8)

Trafic des diamants contrôlé en Afrique

Anvers, mercredi 19
Réunis en congrès, les diamantaires ont adopté un système de contrôle qui, sans y mettre fin, devrait rendre le trafic de diamants plus difficile. Accusés par des gouvernements et des ONG d'entretenir les conflits en Afrique en achetant des pierres sans se soucier de leur origine, tous ont opté – y compris la De Beers par qui transitent 60 % des diamants extraits dans le monde – pour des certificats d'origine infalsifiables. Et les pierres voyageront dans des sacs scellés. La production annuelle de diamants est estimée à 48 milliards de francs. La moitié serait « officieuse ».

Un nouveau marché noir : la cigarette

Bruxelles, jeudi 20
En 1998, l'Europe aurait vu entrer en contrebande cinquante milliards de cigarettes américaines ! Manque à gagner pour les Etats européens : environ 32 milliards de francs. Or la Commission européenne soupçonne les fabricants de favoriser, si ce n'est d'organiser, cette contrebande. Le but : maintenir leur production alors que les marchés légaux régressent en raison de l'augmentation des taxes. Le développement du marché noir, dont Rotterdam est pour l'Europe la plaque tournante, est fulgurant en Italie et outre-Manche. Une plainte sera déposée aux Etats-Unis. (→ 8.8)

Les employés de Cellatex menaçaient de faire sauter leur usine

Ardennes, jeudi 20
Qualifiés d'« enragés », les salariés de la filature de viscose Cellatex ont désarmé. Ils ont obtenu les primes de licenciement substantielles qu'ils réclamaient depuis des semaines. Il leur a fallu pour ce faire utiliser des moyens de pression plutôt brutaux, faisant tomber un tabou séculaire : celui du respect de l'outil de travail. Les 153 salariés de la firme de Givet ont dû, pour se faire entendre des pouvoirs publics, déverser de l'acide sulfurique dans la Meuse le lundi 17, puis menacer de « tout faire péter ». La méthode fait école : dans le Bas-Rhin, les employés d'une brasserie accumulent les bonbonnes de gaz...

L'usine de Givet, en liquidation, est occupée par ses salariés depuis le 5 juillet.

Chevènement contre le statut de la Corse

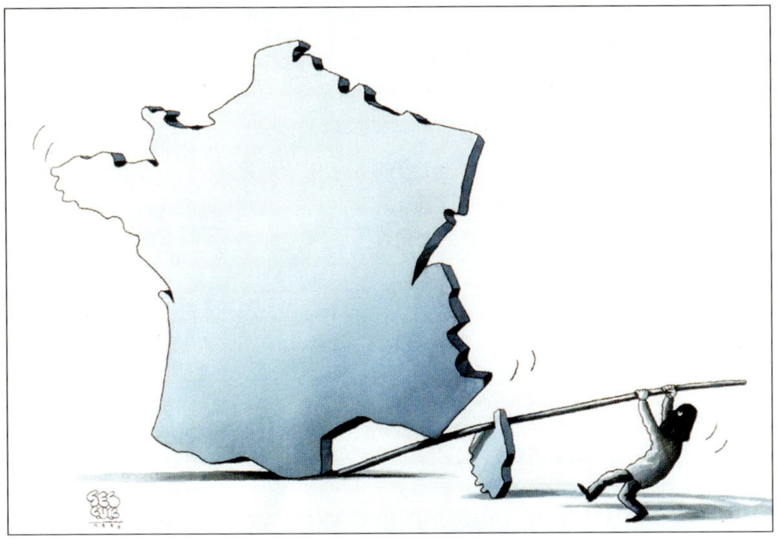

Paris, jeudi 20

A Matignon, le Premier ministre et la délégation des élus corses, parmi lesquels des nationalistes, ont abouti à un accord. Le texte final détaille la série de propositions qui doivent aboutir à un nouveau statut pour l'île. La clef de voûte du compromis est le transfert de compétences et le pouvoir d'adaptation législatif : la possibilité de modifier la loi de la République en fonction des réalités corses. Le ministre de l'Intérieur, Jean-Pierre Chevènement, a lancé il y a deux jours un avertissement au Premier ministre : « Il sait jusqu'où je ne peux pas aller. » Jusqu'à ce que l'enseignement de la langue corse, par exemple, devienne obligatoire, ce qui vient d'être accepté... (→ 28)

Claude Sautet a passé l'arme à gauche

Avec Romy Schneider et Michel Piccoli à la première des « Choses de la vie ».

Paris, samedi 22

Ses films illustraient un classicisme typiquement français, rigoureux et tout en finesse. Claude Sautet (né le 23 février 1924 à Montrouge) avait débuté comme réalisateur avec deux superbes thrillers, *Classe tous risques* (1960) puis *l'Arme à gauche* (1965), avant de connaître un grand succès avec *les Choses de la vie* (1970). Il n'aura pas son pareil pour peindre les failles psychologiques et morales de la bourgeoisie française dans des œuvres très subtiles telles que *César et Rosalie* (1972) ou encore *Vincent, François, Paul et les autres* (1974). Mais ses derniers films avaient pris une tonalité plus personnelle et plus mélancolique, tel *Nelly et M. Arnaud* (1995) avec Emmanuelle Béart.

Les pédophiles britanniques livrés en pâture

Londres, dimanche 23

La une de *News of the World*, tabloïd dominical, est explicite : « Nommez-les et faites-leur honte ! » Ebranlée par le meurtre récent dans le Sussex de Sarah Payne, une fillette de 8 ans, et par les révélations incessantes de scandales pédophiles, l'opinion n'en demandait pas tant. Elle est divisée sur l'initiative de l'hebdomadaire. Il publie en page 3 une liste, avec leur nom, leur adresse et leur photo, de 49 hommes, tous condamnés pour violences sexuelles sur des enfants. Selon le journal, le pays compterait 110 000 pédophiles. (→ 10.8)

Le 21, Laurent Perpère, président délégué du club Paris - Saint-Germain, annonce le rachat de Nicolas Anelka au Real de Madrid pour 220 millions de francs. Le PSG l'avait cédé à Arsenal en 1997 pour 5 millions. (→ 24)

Deuxième Tour de France pour Armstrong

Paris, dimanche 23

Et de deux pour Lance Armstrong ! Après sa victoire de l'an dernier, le champion américain remporte donc à nouveau le Tour de France. Il y a trois ans, on le croyait perdu pour le cyclisme en raison d'un cancer. Or il a confirmé qu'il était revenu plus fort que jamais. Après avoir écrasé ses principaux rivaux (Marco Pantani, Jan Ullrich, Alex Zülle et Richard Virenque) dans les cols des Pyrénées, il a légèrement faibli dans les Alpes. Mais il a su conforter son avance en gagnant dans le contre-la-montre de Mulhouse. (→ 9.8)

Lance Armstrong à l'arrivée avec son fils, Luke, et sa femme, Christine.

Lu	Ma	Me	Je	Ve	Sa	Di
					1	2
3	4	5	6	7	8	9
10	11	12	13	14	15	16
17	18	19	20	21	22	23
24	25	26	27	28	29	30
31						

Brest, lundi 24
Le *Sedov* quitte la rade avec les honneurs. La saisie du voilier-école russe a été levée. (→ 6.8)

Grande-Bretagne, lundi 24
Au Salon aéronautique de Farnborough, Air France et Emirates Airlines s'engagent pour 22 A3XX. Airbus a besoin de 50 commandes fermes pour en lancer l'industrialisation.

Austin, mardi 25
George W. Bush, le candidat républicain à la présidence des Etats-Unis, révèle le nom de son colistier. Il s'agit de Dick Cheney, secrétaire d'Etat à la Défense de son père durant la guerre du Golfe. (→ 7.8)

Belgique, mardi 25
La chaîne de supermarchés et hypermarchés GB est rachetée par Carrefour.

France, mercredi 26
Sortie sur les écrans de *Mission impossible 2*, réalisé par John Woo, avec Tom Cruise.

Moscou, mercredi 26
L'assignation à résidence de Vladimir Goussinski est levée.

Yougoslavie, jeudi 27
Slobodan Milosevic annonce des élections générales pour le 24 septembre. (→ 21.9)

Belgique, vendredi 28
L'Institut royal du patrimoine artistique révèle qu'un tableau du peintre français Nicolas Poussin a été retrouvé dans une église de la périphérie de Bruxelles, à Sterrebeek.

Pérou, vendredi 28
Une manifestation d'opposants à Alberto Fujimori dégénère le jour de son investiture pour un 3e mandat : elle fait 6 morts et 80 blessés. (→ 16.9)

Espagne, samedi 29
Dans la ville basque de Tolosa, un ancien gouverneur socialiste est abattu de deux balles par un tueur de l'ETA. (→ 12.8)

Hockenheim, dimanche 30
Victoire de Rubens Barrichello au Grand Prix d'Allemagne de Formule 1. Son coéquipier chez Ferrari, Michael Schumacher, a abandonné au premier tour sur une sortie de route. (→ 13.8)

Venezuela, dimanche 30
Hugo Chavez est réélu chef de l'Etat avec 59 % des voix mais perd la majorité à l'Assemblée.

6415,72 — 27,05 $ — € 0,9267 $

Concorde s'écrase à 8 km de Roissy

Gonesse, mardi 25
Il est 16 h 42 quand Christian Marty lâche les freins du F-BTSC, aligné sur la piste 26 droite de Roissy. Il assure le vol AF4590 à destination de New York. A pleine puissance et postcombustion allumée, les quatre réacteurs Olympus développent une poussée de 69 tonnes qui fait bondir le Concorde, lourd de 185,1 tonnes dont 95 de carburant. Tandis que Gilles Jardinaud garde les mains sur les manettes des moteurs, le copilote Jean Marcot surveille l'accélération. Il annonce V1 à 150 nœuds. A 197 nœuds, alors que le nez de Concorde pointe vers le ciel, la tour signale une flamme à l'arrière de l'appareil. En même temps, l'équipage note une panne du moteur 2 et une baisse de régime du moteur 1. Le train refuse de rentrer. Blessé à mort, incapable de prendre de la vitesse, Concorde se cabre en basculant et s'écrase sur un hôtel, entre la N17 et la D902, à 8 350 m du lâcher des freins. Cette catastrophe a fait 113 morts. Le vol avait été affrété par Peter Deilmann, un tour-opérateur. Deux Danois, un Américain et quatre-vingt-dix-sept Allemands entamaient la première étape de vacances exceptionnelles. Concorde aurait dû les conduire en moins de quatre heures à New York où le paquebot *Ms Deutschland* les attendait pour une longue croisière à travers les Caraïbes et, après le canal de Panama, dans le Pacifique vers l'Equateur. Quant à l'équipage, il s'agissait de belles personnalités. Le commandant Christian Marty était aussi un sportif de haut niveau. Il s'était distingué en traversant l'Atlantique en planche à voile en 1982. Il était passé sur Concorde en 1999. Jean Marcot, lui, n'a jamais voulu quitter le supersonique pour devenir commandant de bord sur un autre appareil. Il a préféré en être instructeur. Gilles Jardinaud était un aussi bon mécanicien du bout des doigts que dans sa tête. Brigitte Kruse, la plus ancienne des hôtesses Concorde, Huguette Le Gouadec, chef de cabine, Anne Porcheron et Florence Eyquem-Fournel étaient à bord avec les deux stewards Patrick Chevalier et Hervé Garcia. A pleine charge, privé de ses deux moteurs gauche et freiné par la traînée du train qui refusait obstinément de rentrer, le Concorde F-BTSC était condamné. (→ 4.8)

Un Japonais a pris cette photo à travers le hublot de son avion qui allait décoller.

Quatre personnes sont mortes à 16 h 44 min et 52 s dans l'Hôtelissimo des Relais-Bleus, transformé en brasier par les 120 000 litres de kérosène.

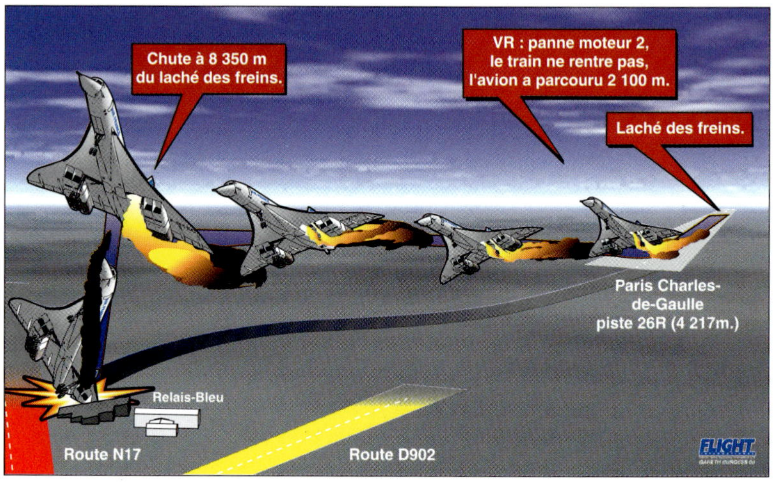

Crise des organismes paritaires en France

Paris, lundi 24
Le paritarisme, exemple assez rare en France de gestion en commun de caisses et d'organismes sociaux par des représentants du patronat et des syndicats, est mal en point. Le refus du gouvernement d'agréer le Pare, le Plan d'aide au retour à l'emploi, élaboré par le Medef et accepté par la CFDT et par la CFTC, a amené aussitôt l'instance patronale et les deux syndicats à suspendre toute présence à la direction de l'Unedic, l'assurance-chômage. Le Pare doit modifier le système d'indemnisation des chômeurs. Ils seront sanctionnés s'ils refusent, sans raison, un poste en rapport avec leur profil. (→ 16.10)

Le statut de Jérusalem au cœur des négociations de Camp David

Le secrétaire d'Etat Madeleine Albright avec Ehud Barak et Yasser Arafat.

Maryland, mardi 25
Le sommet tripartite convoqué par Bill Clinton s'achève sur un constat d'échec. Pourtant, après quatorze jours de pourparlers, souvent très tendus, plusieurs fois proches de la rupture, Américains, Palestiniens et Israéliens se sont entendus pour dire que jamais un accord n'avait été aussi proche. C'est toujours le statut de la Ville sainte qui reste la pierre d'achoppement. Mais il s'avère que l'indivisibilité de Jérusalem n'est plus un tabou côté israélien : il est hors de question d'abandonner un pouce de souveraineté, mais il est désormais possible d'en parler. Il n'en reste pas moins que la logique des deux camps est de légitimer leur ancrage dans la ville. (→ 31)

Surveillance des e-mails sur Internet

Londres, jeudi 27
Au terme d'un débat houleux, les député ont adopté la loi autorisant les enquêteurs britanniques à lire en toute légalité les e-mails privés. Des « bretelles » pourront être mises en place sur tous les types de réseaux informatiques pour intercepter les courriers électroniques. La police et le gouvernement réclamaient cette loi, arguant du fait que le progrès ne pouvait pas profiter qu'aux seuls délinquants. Aux Etats-Unis, le FBI procède déjà ainsi : grâce au logiciel Carnivore, il est capable de traiter tous les mails du pays, à l'instar de la National Security Agency. (→ 8.8)

L'assemblée corse en phase avec Matignon

Ajaccio, vendredi 28
L'Assemblée territoriale de Corse a approuvé par 44 voix sur 51 le texte des accords de Matignon touchant à l'avenir institutionnel de l'île. Jean-Pierre Chevènement a déjà annoncé qu'il ne défendrait pas ce projet de loi devant les députés à la rentrée, car il porte gravement atteinte à l'unicité de la République. Or les différentes interprétations parmi les élus corses paraissent lui donner raison. Si, pour les élus républicains, les accords de Matignon constituent un aboutissement, ils ne sont, pour les nationalistes, qu'une étape vers une souveraineté entière. (→ 6.8)

La prison de Maze se vide en Ulster

Irlande du Nord, vendredi 28
Situé dans les environs de Belfast, le pénitencier de Maze (« labyrinthe » en anglais) était devenu le principal centre de détention de terroristes en Europe. La libération anticipée des 86 derniers détenus, républicains et unionistes, condamnés pour actions terroristes et meurtres de civils, s'est achevée ce jour. Elle avait été exigée par les chefs paramilitaires des deux camps contre l'instauration d'un cessez-le-feu général. En 1981, c'est là qu'avaient eu lieu la grève de la faim et la mort de dix détenus de l'IRA, confrontés à l'intransigeance de Margaret Thatcher. (→ 22.8)

Un dignitaire chinois est condamné à mort

Pékin, lundi 31
Cheng Keije, l'ex-vice-président du comité permanent de l'Assemblée nationale populaire, est condamné à mort. C'est le plus haut dignitaire à écoper de la peine capitale depuis la fin de la Révolution culturelle. Il était jugé pour des détournements de fonds commis alors qu'il était gouverneur du Guangxi, au sud du pays. A l'époque, ses turpitudes et sa gourmandise étaient des secrets de polichinelle. Le pouvoir veut en faire un exemple. Mais il faudrait vingt condamnations comme celle-ci pour croire à la volonté de Pékin de nettoyer son administration. (→ 14.9)

Le 24, en Espagne, le milieu de terrain portugais du FC Barcelone, Luis Filipe Madeira Caeiro, dit *Figo*, 27 ans, devient le joueur de football le plus cher du monde. Le Real de Madrid l'achète pour 405 millions de francs.

Moshé Katzav devient président d'Israël

Israël, lundi 31
La journée fut rude pour le Premier ministre Ehud Barak. Certes, dans la soirée, il a échappé à une motion de censure déposée par le Likoud. Mais, auparavant, il a eu la pénible surprise de voir son « poulain » rater l'élection présidentielle. Fort de son prix Nobel de la paix et de sa stature internationale, le travailliste Shimon Peres était donné favori. Le poste est honorifique, mais il donne à son détenteur une autorité morale très forte. C'est un politicien du Likoud, Moshé Katzav, 54 ans, sans grande envergure, qui est devenu président pour un mandat de 7 ans. (→ 2.8)

Août

Lu	Ma	Me	Je	Ve	Sa	Di
	1	2	3	4	5	6
7	8	9	10	11	12	13
14	15	16	17	18	19	20
21	22	23	24	25	26	27
28	29	30	31			

Europe, mardi 1er
Au sein de l'Union européenne, c'est la France qui a connu la plus forte baisse du chômage en un an. Mais le taux français, 9,6 %, est toujours supérieur à la moyenne européenne : 8,4 %.

Irak, mercredi 2
Dix ans jour pour jour après l'invasion du Koweït qui avait entraîné l'opération *Tempête du désert*, l'Irak est toujours sous embargo. La mortalité infantile est de 9,5 % et l'espérance de vie a chuté à 62 ans. Les raids aériens sont quotidiens sur le nord et le sud du pays.

Israël, mercredi 2
Nouveau camouflet pour Ehud Barak : la Knesset vote une motion demandant la tenue d'élections anticipées. Le Premier ministre a trois mois pour sauver les négociations de paix dans l'impasse. (→ 10.9)

Cachemire, mercredi 2
Les violences entre rebelles indépendantistes islamistes et troupes indiennes ont fait 93 morts en 24 heures.

Philadelphie, jeudi 3
Sans surprise, George W. Bush obtient l'investiture du Parti républicain pour la prochaine élection présidentielle. (→ 7)

Russie, jeudi 3
Fait prisonnier en 1945, le Hongrois Andras Tamas était devenu amnésique. A 75 ans, il est retrouvé dans l'asile psychiatrique où il était interné depuis 55 ans.

Jakarta, jeudi 3
L'ancien dictateur Suharto, déchu en 1998, est inculpé pour détournement de fonds. (→ 9)

Moscou, vendredi 4
La Russie verse la dernière tranche des 400 millions de dollars dédommageant en partie les 312 000 Français porteurs d'emprunts russes souscrits entre 1880 et 1910.

Belgique, samedi 5
Soutenus par des personnalités de la société civile, plusieurs comités locaux issus de la Marche blanche envisagent de créer un Syndicat de la vie quotidienne pour défendre les familles, les enfants, les usagers des administrations, tous mal représentés par les syndicats et organisations traditionnelles.

6461,35 — 28,65 $ — € 0,9073 $

Secret défense pour la caisse noire de Elf

Paris, jeudi 3
Il est décidément écrit que l'affaire Elf empoisonnera les relations entre le pouvoir et la justice jusqu'à son dénouement. Après l'audition, hier, de Christine Deviers-Joncour sur le volet taiwanais du dossier – Roland Dumas se montra-t-il si opposé à la vente de frégates qu'il le dit ? –, le directeur des Douanes a informé le juge Renaud Van Ruymbeke qu'il ne lui remettrait pas les documents relatifs aux commissions versées par Elf de 1989 à 1993. Ils sont couverts, explique-t-il, par le secret défense. Laurent Fabius, ministre de tutelle des Douanes, va devoir trancher.

Inquiétudes sur une épidémie d'ESB

Oxford, jeudi 3
Selon les calculs et les analyses de l'unité de surveillance de l'ESB et de sa variante humaine, la maladie de Creutzfeldt-Jakob, le nombre de cas à venir a été sous-évalué. L'équipe du professeur Roy Anderson estime que le nombre de victimes de cette pathologie oscillera entre 63 000 et 136 000 en 2020. En France, qui a été l'un des pays les plus exposés, car il importait plus de carcasses britanniques que les autres, nombre d'éleveurs refusent de sacrifier leurs troupeaux pour un seul cas d'ESB. La Confédération paysanne réclame un « abattage sélectif ». (→ 11.10)

Retour du luxe avec la nouvelle économie

Paris, vendredi 4
Mercedes dans l'incapacité de faire face à l'afflux de commandes ; une liste d'attente jamais vue chez son concurrent britannique Jaguar ; des lofts, dans des quartiers peu huppés de la capitale, vendus à 30 000 F le mètre carré. Tels sont quelques-uns des signes révélateurs de l'entrée sur le marché du luxe des trentenaires enrichis dans la nouvelle économie, totalement décomplexés par rapport à l'argent. Les nouveaux créateurs (artistes, *designers*) ne sont pas seuls à en profiter : le chiffre d'affaires de Dior a crû de 40 % en six mois.

Célébration des cent ans de la reine Mère

Sur le parcours entre Clarence House, sa résidence, et le palais de Buckingham.

Londres, vendredi 4
La célébration publique des 100 ans de la reine Mère a donné lieu à de belles démonstrations d'affection de la part des Britanniques. Quelque 40 000 personnes s'étaient déplacées et massées sur le Mall pour saluer la calèche aux couleurs or et bleu qui l'emmenait de Clarence House, sa résidence, au palais royal. Un petit défilé militaire, 41 coups de canon, des cartes postales par milliers, dont une de sa fille, et un discours de Tony Blair ont rythmé cette journée. Tous ses sujets ont encore en tête son attitude durant le Blitz en 1940 : Queen Mum symbolisa le courage et l'opiniâtreté britanniques.

Le 1er, le calendrier 2001 des pompiers de Buis-les-Baronnies est en vente (à partir de 60 F). Ils ont été photographiés nus afin de récolter des fonds pour l'Association des paralysés de France (http ://pompier.buis.free.fr).

Une pièce de métal fatale au Concorde

Paris, vendredi 4
Le Bureau enquêtes-accidents vient de révéler qu'une pièce métallique épaisse de 4 mm a été trouvée sur la piste. Elle aurait pu détruire le pneu avant droit. Une servovalve et des morceaux de pneu ont été aussi récupérés sur la piste. Ces blocs de nylon, dont certains pèsent 4 kg, ont déchiré les parois des réservoirs 5 et 6, situés à côté du logement du train. Des lambeaux de pneu ont aussi été avalés par les réacteurs, provoquant l'arrêt du moteur 2. Le carburant et le liquide hydraulique, jaillissant à haute pression, ont été enflammés par un court-circuit. (→ 16)

Sir Alec Guinness avait tenu les huit rôles de *Noblesse oblige*

Sessue Hayakawa et Alec Guinness dans « le Pont de la rivière Kwaï » (1957).

Midhurst (Angleterre), samedi 5
La disparition de Sir Alec Guinness (né le 2 avril 1914, à Londres) clôt une ère du cinéma britannique. Des débuts remarqués au théâtre, dans des rôles shakespeariens, lui avaient permis de s'orienter vers le cinéma avec *les Grandes Espérances* (1946). Mais c'est comme acteur comique qu'il devait triompher à l'écran, en particulier avec *Noblesse oblige*, en 1949, et *Tueurs de dames*, en 1955. Après ces chefs-d'œuvre d'humour noir, il saura évoluer vers des rôles dramatiques : il sera magistral dans *le Pont de la rivière Kwaï* (1957) et dans *Lawrence d'Arabie* (1962), ces deux films portant la griffe de David Lean, son metteur en scène préféré.

Onze Etats américains ravagés par le feu

Etats-Unis, samedi 5
Ce sont les plus graves feux de forêts que les Rocheuses et l'Ouest aient connus depuis cinquante ans : 20 000 hommes sont mobilisés sur le front de 64 grands incendies. Depuis le début de l'été, 1,6 million d'hectares ont été réduits en cendre. L'Idaho, le Montana et le Nevada sont, de loin, les régions les plus touchées, même si l'Utah et la Californie ne sont pas épargnés. La réquisition des soldats, employés à creuser des coupe-feux, n'empêche pas 370 000 hectares d'être actuellement la proie des flammes. La recrudescence des incendies pourrait être en partie due au réchauffement de la planète.

Un pompier lance un contre-feu pour tenter de sauver une forêt de séquoias.

Le sexe, l'industrie la plus lucrative du Net

Etats-Unis, dimanche 6
Le sexe sur le Net ? 50 millions de consommateurs ! Tel est en effet le nombre de connexions quotidiennes sur les sites pornographiques selon une étude réalisée par Datamonitor, une société américaine, qui estime à 70 % la part du sexe dans le chiffre d'affaires total réalisé sur le réseau. Cela n'est bien sûr pas sans effet sur la santé. 8 % des « accros au porno » souffriraient d'importants « troubles compulsifs » dont les conséquences sociales peuvent être dramatiques. Les jeunes ne sont pas épargnés : le nombre des moins de 15 ans passant au moins une demi-heure par jour sur de tels sites est de 500 000.

Les autonomistes soudés contre la France

Corte, dimanche 6
Rarement la couverture médiatique des Journées de Corte avait été aussi importante. Les accords de Matignon et la victoire idéologique des nationalistes y sont sûrement pour quelque chose. Ces rencontres annuelles sont consacrées à la cause autonomiste et indépendantiste. En position de force, les nationalistes ont eu le triomphe facile. Avec leurs invités bretons et basques, ils ont proclamé la mort de cette « France jacobine » qu'ils exècrent, et ils ont laissé libre cours à des diatribes très virulentes contre « l'impérialisme français et parisien » et, bien sûr, contre « l'Etat colonial ». (→ 7)

Des Basques, des Bretons, des Catalans... ont été invités aux Journées de Corte.

Zidane premier dans le cœur des Français

France, dimanche 6
Le « Top 50 » publié par *le Journal du dimanche* propose un classement annuel des personnalités préférées des Français. Lors de la précédente édition de ce sondage, en janvier 1999, le footballeur Zinedine Zidane était en troisième position. Vingt mois plus tard, il occupe la première place, devant l'abbé Pierre qui a dû rétrograder d'une place et précède, dans l'ordre, les chanteurs Johnny Hallyday et Jean-Jacques Goldman, et les acteurs Jean-Paul Belmondo et Gérard Depardieu. Le gardien de but Fabien Barthez se classe 7e. Le premier homme politique, Jacques Chirac, n'est que 22e.

Août

Lu	Ma	Me	Je	Ve	Sa	Di
	1	2	3	4	5	6
7	8	9	10	11	12	13
14	15	16	17	18	19	20
21	22	23	24	25	26	27
28	29	30	31			

Washington, mardi 8
L'Allemand Horst Köhler, directeur du FMI, estime à 4,75 % la croissance mondiale en 2000, « la meilleure depuis dix ans ».

Genève, mardi 8
Selon l'Organisation mondiale de la santé (OMS), le tabac est « en train de devenir l'une des principales causes de mortalité prématurée partout à travers le monde ».

Chili, mardi 8
La Cour suprême supprime l'immunité parlementaire du sénateur Augusto Pinochet.

Paris, jeudi 10
La cour d'appel lève la saisie des comptes bancaires de l'ambassade de Russie.

Chicago, jeudi 10
Devant 4 500 pasteurs baptistes réunis en congrès, le Président Clinton fait acte de contrition sur l'affaire Lewinsky.

Bagdad, jeudi 10
Le président vénézuélien Hugo Chavez est le premier chef d'Etat à se rendre en Irak depuis la guerre du Golfe.

Montpellier, vendredi 11
Manifestation des viticulteurs contre la mévente des vins : les Français sont passés de 105 l/an en 1980 à 60 l/an en 1999.

Budapest, dimanche 13
Mika Hakkinen, sur McLaren, remporte le Grand Prix de Hongrie de Formule 1, devant Michael Schumacher et David Coulthard. Le Finlandais prend la tête du classement. (→ 27)

DECES

Alpes-Maritimes, mercredi 9
Louis Nucera, écrivain, ami de Brassens (*17.7.1928).

Toscane, jeudi 10
Suzanne Danco, mezzo-soprano belge (*22.1.1911).

Los Angeles, samedi 12
Loretta Young, actrice et une des premières animatrices de télévision (*6.1.1913).

Périgueux, samedi 12
Jean Carzou, peintre et lithographe (*1.1.1907).

Lozère, samedi 12
Serge Lebovici, psychiatre, spécialiste des problèmes de l'enfance (*10.6.1915).

6553,00 — 30,94 $ — € 0,9033 $

Jean-Michel Rossi assassiné en Corse

Ile-Rousse, lundi 7
Jean-Michel Rossi et son garde du corps ont été abattus à la terrasse d'un café, en début de matinée, par un commando de quatre hommes qui ont agi à visage découvert. Cet ancien leader nationaliste, idéologue en rupture de ban, avait quitté A Cuncolta après le meurtre du préfet Erignac. Il venait de signer un livre avec son *alter ego*, François Santoni, et le journaliste Guy Benhamou. Les deux nationalistes y dénonçaient les graves échecs d'une violence qu'ils avaient autrefois défendue, la dérive ethnique des indépendantistes et la montée en puissance du milieu dans l'entourage de Jean-Guy Talamoni, signataire des accords de Matignon avec Lionel Jospin. (→ 29)

Avec François Santoni, il venait de publier « Pour solde de tout compte ».

Découverte de neuf nouvelles planètes

Manchester, lundi 7
A l'assemblée générale de l'Union astronomique internationale (UAI) est annoncée la découverte de neuf nouvelles planètes extrasolaires. La plus belle moisson a été faite par l'équipe franco-helvétique de Michel Mayor, qui peut se targuer d'avoir déjà discerné, à travers l'immensité céleste, vingt-cinq planètes dont les Terriens ignoraient l'existence. Les scientifiques qui la composent sont installés à l'Observatoire européen austral de la Silla (Chili) ainsi qu'à l'observatoire Saint-Michel (Haute-Provence). Paul Butler et Geoffrey Marcy mènent l'équipe américaine.

Un colistier juif pour Al Gore, Lieberman

Washington, lundi 7
Pour la première fois dans l'histoire politique des Etats-Unis, l'un des deux candidats à la vice-présidence n'est pas de religion chrétienne. Al Gore s'est en effet choisi comme colistier Joe Lieberman, le sénateur du Connecticut, qui s'affiche très volontiers comme juif pratiquant. Lieberman n'apporte pas seulement sa religion au ticket démocrate. Il s'est construit une féroce réputation de moralisateur, n'ayant pas hésité à tancer son ami Bill Clinton pour ses frasques, dénonçant la diffusion de films trop osés et se posant en défenseur de la famille. (→ 17)

Plus de trésorerie à l'ambassade russe

Paris, lundi 7
Droit et diplomatie sont au menu des magistrats de la cour d'appel : depuis le 18 mai, tous les comptes bancaires de l'ambassade parisienne de la fédération de Russie sont sous séquestre. La société suisse d'import-export qui avait obtenu, avant saisie, l'immobilisation du *Sedov* à Brest, en est à l'origine. La Noga réclame 800 millions de dollars à la Russie. A-t-elle pour autant le droit de tarir les disponibilités de l'ambassade ? Le manque de trésorerie est tel que, si les salaires de juillet ont été réglés, nombre de factures sont impayées, dont celle de France Telecom. (→ 10)

Explosion d'une bombe dans un passage souterrain à Moscou

Moscou, mardi 8
En fin d'après-midi, une bombe a explosé dans une galerie marchande souterraine menant à la station de métro de la place Pouchkine, non loin du Kremlin. L'attentat a fait huit morts et cinquante-trois blessés. Comme le maire de la ville, plusieurs médias ont aussitôt mis cet acte sur le compte des Tchétchènes. Cette tragédie a eu lieu un peu moins d'un an après la campagne d'attentats aveugles qui avaient débouché sur une nouvelle intervention militaire russe en Tchétchénie. Leurs auteurs n'ont jamais été retrouvés.

La « piste tchétchène » est déjà évoquée par Iouri Loujkov, maire de la capitale.

Des traces de dopage sur la Grande Boucle

France, mercredi 9
Le feuilleton du dopage continue de ternir l'image du Tour de France et de jeter le soupçon sur les « forçats de la route ». Cette fois, le Conseil de prévention et de lutte contre le dopage révèle que 45 % des analyses d'urine effectuées lors de la dernière Grande Boucle attestent de prises de produits dopants. Les instances dirigeantes du cyclisme minimisent le fait en affirmant que les coureurs concernés avaient tous présenté des ordonnances leur prescrivant lesdits produits. Connu pour son hostilité résolue au dopage, le jeune coureur Christophe Bassons en conclut avec humour qu'il faut être malade pour briller sur le Tour... (→ 31.10)

En Grande-Bretagne, la presse peut tuer

Londres, jeudi 10
Avec les publications de « listes de pédophiles », la presse à scandale sait qu'elle tient un filon, en termes de ventes et d'émotion à bas prix. Malgré les mises en garde des juges, qui rappellent que ces listes mêlent de véritables criminels à de simples pervers ou déviants inoffensifs, les foules continuent de se retrouver devant les maisons de « dénoncés ». Cette chasse aura fait sa première victime samedi : un père de famille convoqué par la police et dénoncé par la presse locale s'est suicidé. En Belgique, la justice, saisie, a interdit de semblables publications. (→ 23)

Sage décision pour l'avenir de l'Indonésie

Le président indonésien a dû déléguer des fonctions à Megawati Soekarnoputri.

Jakarta, mercredi 9
Le président Abdurrahman Wahid fait preuve de sagesse : il confie la gestion des affaires courantes à la vice-présidente. De facto, Megawati Soekarnoputri obtient la direction du gouvernement. La décision a été accueillie par les applaudissements du Parlement. Lundi, le président Wahid, pratiquement aveugle, avait, devant ces mêmes parlementaires, présenté des excuses « pour toutes les faiblesses de sa gestion » après un an de présidence. La situation politique intérieure est déplorable : dans plusieurs régions, des troubles séparatistes ont éclaté, doublés de crises interreligieuses.

Lech Walesa lavé de toute accusation

Varsovie, vendredi 11
Depuis l'an dernier, tous les juges, procureurs, avocats, membres du gouvernement et les parlementaires doivent déposer une déclaration sur l'honneur pour dire si oui ou non ils ont collaboré avec la SB, l'ancienne police secrète communiste. L'aveu n'entraîne aucune sanction, mais un mensonge prive son auteur de ses droits civiques pour dix ans. En cas de doutes ou de dénonciations, un tribunal spécial vérifie les preuves et statue. Dans la soirée, Lech Walesa en est ressorti lavé de tout soupçon. L'ancien président et prix Nobel de la paix était accusé d'être devenu un informateur de la SB juste après la révolte de Gdansk en 1970, dix ans avant qu'il ne prenne la direction de Solidarité. Les juges ont admis que les documents produits étaient des faux fabriqués par la SB au moment où, le Nobel lui étant décerné, ordre avait été donné de le discréditer par tous les moyens. Hier, le président polonais Aleksander Kwasniewski, un ancien communiste, avait été lui aussi innocenté. (→ 8.10)

Quatre membres d'un commando de l'ETA traités en martyrs

Bilbao, samedi 12
Les organisations séparatistes ont organisé une cérémonie d'hommage aux quatre hommes tués lundi dans l'explosion de leur voiture avec la bombe qu'ils transportaient. Cette célébration a rencontré un succès qui prouve une nouvelle fois que l'ETA a su conserver intactes une véritable assise et une capacité à mobiliser ses partisans, en dehors de toute justification rationnelle. La mort brutale de ces « martyrs du peuple basque » prouve la « justesse de leur lutte ». Cette démonstration par l'absurde permet aux partisans de l'indépendance basque de faire l'économie de toute remise en cause des moyens qu'ils utilisent : quelle est la légitimité de leur violence ? Mardi, un responsable du patronat basque était tué à son tour, et l'explosion d'une voiture piégée à Madrid a fait 10 blessés. Toute la semaine se sont succédé les défilés de protestation. Mais les foules sont impuissantes face aux *desperados.* (→ 29)

Le 10, en France, se tient la 10e Nuit des étoiles, opération organisée par l'Association française d'astronomie. Le succès grandit d'année en année.

Une cérémonie d'hommage est organisée à Bilbao pour les quatre terroristes morts le 7 dans l'explosion de leur voiture. 4 000 séparatistes y assistent.

Août

Lu	Ma	Me	Je	Ve	Sa	Di
	1	2	3	4	5	6
7	8	9	10	11	12	13
14	15	16	17	18	19	20
21	22	23	24	25	26	27
28	29	30	31			

France, lundi 14
Plusieurs ministres passent leurs vacances sur les côtes de l'Atlantique frappées par la marée noire de l'*Erika* : Jospin est à l'île de Ré, Jean-Pierre Chevènement à Belle-Ile. (→ 31)

Gand, lundi 14
Le champion cycliste Johan Museeuw est hospitalisé dans un état neurologique grave mais stationnaire. Il a été blessé hier lors d'un accident de moto.

Bruxelles, lundi 14
La France demande à la Commission un embargo sur les porcs britanniques à cause de l'épidémie de peste porcine.

Etats-Unis, mardi 15
Le fabricant de pneumatiques japonais Bridgestone et sa filiale américaine Firestone font face à de gros problèmes judiciaires. Ils ont tardé à rappeler quelque 6,5 millions de pneus défectueux responsables de plusieurs accidents.

France, mercredi 16
Sortie de *Harry, un ami qui vous veut du bien*, de Dominik Moll.

Los Angeles, jeudi 17
Investi pour représenter le camp démocrate dans la course à la Maison Blanche, Al Gore se livre à un long baiser public avec son épouse. (→ 3.10)

Allemagne, jeudi 17
Les enchères pour l'attribution des fréquences UMTS sont closes. Elles ont rapporté 50,519 milliards d'euros (331 milliards de francs).

Muret, vendredi 18
Eric Vazeille et Catherine Maunoury réussissent le doublé aux 20es championnats du monde de voltige aérienne.

Moscou, dimanche 20
Le dernier tsar, Nicolas II, et sa famille ont été canonisés selon le rite orthodoxe dans la cathédrale du Christ-Sauveur avec 1 147 autres personnes.

Paris, dimanche 20
Fait rarissime : un promeneur est foudroyé aux Tuileries.

DECES

Johannesburg, samedi 19
Harry Oppenheimer, dit « l'empereur du diamant », ancien président de la De Beers (*28.10.1908).

6584,35 — 33,75 $

€ 0,9065 $

Le *Koursk* bloqué par 100 m de fond

Ce sous-marin à propulsion nucléaire, du type Oscar II (154 m de long), est l'un des fleurons de la marine russe.

Mer de Barents, lundi 14
Le *Koursk*, l'un des fleurons de la flotte sous-marine russe, est naufragé par 100 m de fond. Selon le porte-parole de l'amirauté, c'est une avarie technique qui a contraint le submersible à propulsion nucléaire à s'immobiliser, mais aucun contact radio n'a pu encore être établi avec lui depuis 24 heures. L'incident a eu lieu dimanche matin, au cours de manœuvres navales qui se déroulent au large de Severomorsk, près de Mourmansk. Le *Koursk* était entré en service en 1995. Il y aurait à bord 107 ou 130 marins selon les sources. Les spécialistes occidentaux ne sont pas très optimistes : les Russes n'ont que 48 heures pour agir. Or ils n'ont qu'un seul sous-marin de sauvetage. Le *Koursk* ne dispose pas de capsule de secours. L'état de déliquescence de la maintenance navale russe ne laisse que peu d'espoirs. (→ 20)

Retrouvailles pour des familles coréennes

Corée, mardi 15
Les régimes sud- et nord-coréens ont organisé dans chaque capitale deux grandes réunions de retrouvailles pour des familles séparées depuis la guerre. L'événement a donné lieu à un déferlement d'émotions, de rires et de larmes très compréhensibles. Les 100 Sud-Coréens invités à se rendre au Nord ont été choisis selon leur âge et par tirage au sort. Chez le voisin et ancien ennemi nordiste, les autorités ont préféré limiter les risques de défection, de « passage au Sud » comme on parlait autrefois de « passage à l'Ouest ». Ils ont désigné des privilégiés, a priori fidèles au régime communiste. (→ 13.10)

Chung Myung-hoi et sa sœur Chung Duck-hwa étaient séparées depuis 50 ans.

Vers le clonage des embryons humains

Londres, mercredi 16
Le gouvernement britannique, par la voix du Premier ministre, autorise la poursuite des recherches sur le clonage des embryons humains. Il s'est fondé sur les conclusions du rapport remis par Liam Robertson, directeur de la Santé publique. Le document réaffirme une opposition fondamentale au clonage qualifié de « reproductif » : la fabrication par ce procédé d'un embryon réimplanté dans un utérus pour obtenir un être humain génétiquement identique. Le clonage autorisé par Tony Blair est à caractère thérapeutique : créer de cette façon des embryons *in vitro*, mais pour les garder en éprouvette et obtenir des cultures de cellules-souches. Celles-ci pourront ensuite être réintroduites dans des tissus malades afin de les régénérer sans risques de rejet. Les perspectives de recherches et de marché semblent infinies ; les risques aussi. (→ 3.10)

Tous les Concorde sont cloués au sol

Paris, mercredi 16
La DGAC, la Direction générale de l'aviation civile, annonce qu'elle a suspendu le certificat de navigabilité des cinq Concorde appartenant à Air France. Quelques heures plus tôt, son homologue britannique, le CAA, avait adopté la même mesure pour les appareils en exploitation chez British Airways. La décision prise par les deux autorités se fonde sur les conclusions du rapport que le Bureau enquêtes-accidents (BEA) avait rendu public dans la matinée. Le BEA avait recommandé cette suspension après avoir répété ce qui est, à l'heure qu'il est, sa certitude : c'est bien l'éclatement d'un pneu qui est à l'origine de l'enchaînement de faits qui a conduit à la catastrophe. Que la destruction du pneu ait une cause exogène – la fameuse lamelle métallique retrouvée sur la piste – n'y change rien. Ce que le BEA met en cause, c'est la vulnérabilité et la fragilité des pneumatiques. Ministre et dirigeants ont peut-être multiplié les déclarations sur le fait que cette suspension était temporaire, rien n'y fait. Beaucoup pensent qu'elle signe la fin du Concorde. Si reprise des vols il y a, elle n'interviendra que dans de longs mois. (→ 4.9)

Libération des otages de Jolo... un fiasco

Philippines, samedi 19
Plusieurs fois annoncée, plusieurs fois reportée, la libération de tous les otages semblait vraiment acquise cette fois-ci. Les avions étaient prêts, les ambassadeurs et les équipes de télévision étaient là, les premiers pour accueillir leurs ressortissants libérés, les seconds pour filmer les retrouvailles. Mais le groupe Abou Sayyaf a fait savoir qu'il y renonçait. Les rebelles voulaient des libérations échelonnées et le retrait des unités envoyées par Manille. Avorté, ce dénouement devait sceller le retour triomphal du colonel Kadhafi sur la scène diplomatique. L'homme qu'il a envoyé, Rajab Azzarouq, sert de médiateur entre la guérilla et Robert Aventajado, le négociateur philippin officiel. Un conflit d'intérêts et de personnes explique le fiasco. (→ 29)

Plus d'espoir pour les marins du *Koursk*

Mourmansk, dimanche 20
A Vediaevo, ville-dortoir où logent les familles des militaires de la base de Mourmansk, les autorités navales et politiques doivent essuyer le feu des critiques. Depuis lundi, elles ont préparé, en lâchant l'information par bribes, les proches des marins et l'opinion à l'inéluctable : l'aveu d'un drame sans survivants. L'arrivée sur zone de plongeurs britanniques et norvégiens venus épauler la marine russe est trop tardive. Les chances de survie sont infimes. L'origine en est encore inconnue, mais il semble que le *Koursk* ait subi une explosion à l'avant. Les médias parlent d'une torpille, mais l'amirauté s'accroche à la thèse de la collision avec un sous-marin espion étranger. (→ 24)

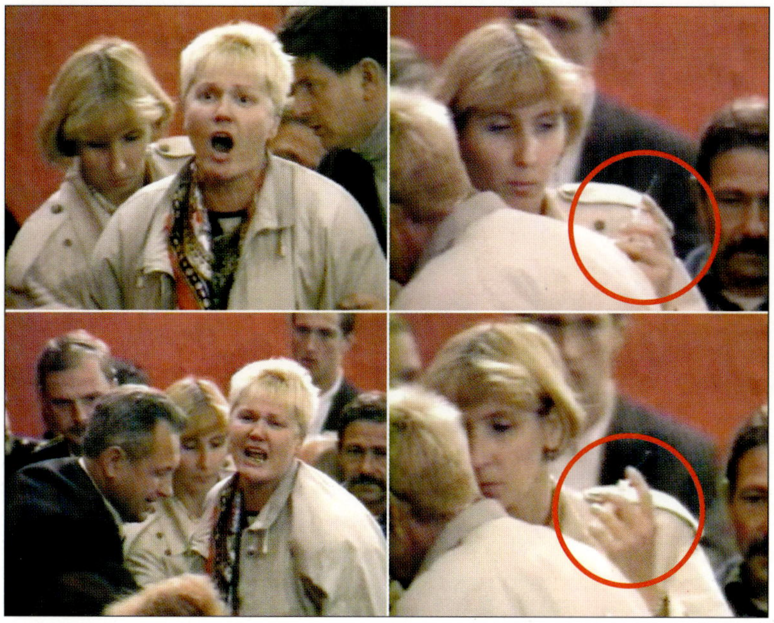

Samedi 19, en direct à la télévision : à Vediaevo, la mère d'un marin disparu crie au vice-ministre chargé du sauvetage : « Arrachez vos galons ! ». Une piqûre de sédatif lui est administrée, à la demande de son mari selon les Russes.

« N'ayez pas peur d'être des saints ! »

Rome, dimanche 20
Comme à Paris, sur la pelouse de Longchamp, toutes les prévisions des organisateurs ont été dépassées. Deux millions de personnes se sont déplacées pour assister à la grande cérémonie de clôture des 15es JMJ, Journées mondiales de la jeunesse, ouvertes il y a cinq jours. Avec ce même enthousiasme vibrant visible à chacun de ces rassemblements, ces jeunes pèlerins ont dû vaincre la soif et les aléas de l'organisation, faire une marche de 10 km sous un soleil de plomb pour apercevoir et surtout écouter, subjugués, Jean-Paul II leur lancer, comme en écho du discours d'intronisation du 22 octobre 1978 : « N'ayez pas peur d'être les saints du troisième millénaire. »

Jean-Paul II face aux deux millions de pèlerins sur le campus de Tor Vergata.

Août

Lu	Ma	Me	Je	Ve	Sa	Di
	1	2	3	4	5	6
7	8	9	10	11	12	13
14	15	16	17	18	19	20
21	22	23	24	25	26	27
28	29	30	31			

Berne, lundi 21
L'Association des banques suisses refuse de céder aux pressions américaines et européennes sur la levée, même partielle, du secret bancaire. La Suisse recèle environ 35 % des avoirs privés mondiaux.

Belfast, mardi 22
Retour au calme après la fièvre des parades orangistes. Les soldats britanniques suspendent leurs patrouilles. Johnny Adair, alias « Mad Dog », chef d'une milice protestante, est arrêté.

Sens, mardi 22
Mise en redressement judiciaire des entreprises du groupe Gérard Bourgoin (poulet et productions avicoles).

Paris, mardi 22
Marc Tessier est reconduit pour 5 ans à la présidence de France Télévision.

Toulon, mercredi 23
Le porte-avions *Foch* est vendu au Brésil. Il changera de pavillon à la mi-novembre pour s'appeler le *São-Paulo*.

Italie, mercredi 23
La psychose antipédophile touche l'Italie. Le quotidien *Libero* publie les noms de seize condamnés.

France, jeudi 24
Rentrée des classes pour les élèves effectuant la semaine de quatre jours.

Paris, vendredi 25
Lionel Jospin charge Laurent Fabius de trouver une solution fiscale à la hausse du prix des carburants. Marins-pêcheurs, agriculteurs et routiers commencent à protester. (→ 31)

France, vendredi 25
Disparition de l'enseigne Continent, remplacée par celle de son nouveau propriétaire, Carrefour.

Alger, samedi 26
Quelques heures après la démission du Premier ministre, Ahmed Benbitour, c'est un proche du président Bouteflika qui lui succède, Ali Benflis.

DECES

Oregon, vendredi 25
Carl Barks, dessinateur de Donald Duck durant trente ans, inventeur de Daisy, Picsou et les neveux (*27.3.1901).

6595,11 — 33,36 $ — € 0,9026 $

Un nouveau jeu : la cyber-traque ludique

Berlin, lundi 21
La chasse à l'homme sur Internet n'aura duré qu'une semaine, mais elle a dépassé les espérances de ses créateurs. Un Hollandais appelé du prénom de Roger s'était élancé dans la ville lundi dernier, avec 2 500 $ en poche et un micro portatif. Sans amis ni adresse connue, il aurait dû tenir 24 jours sans être découvert pour empocher la récompense de 10 000 $. Il avait à accomplir chaque jour une mission que lui confiaient les internautes. Jelena Nikolic, une journaliste du *Bild*, l'a reconnu alors qu'il devait compter des livres dans une bibliothèque publique.

Les mormons fichent la France sur le Net

Salt Lake City, lundi 21
L'Eglise de Jésus-Christ des saints des derniers jours a la plus grande base de données d'état civil de la planète. Les mormons baptisent en effet *post mortem* toute l'humanité. Ils ont décidé de mettre en ligne les fichiers recueillis. Or l'Etat français n'est pas d'accord du tout. En 1987, il leur avait permis de microfilmer les registres d'état civil de toutes les archives publiques contre un double des films. Mais ce contrat n'avait pas prévu Internet et les services *on line*. La divulgation des données à grande échelle relève pour la France de l'atteinte à la vie privée.

Du fil de soie produit par des chèvres ?

Canada, mardi 22
Ce sont des descendantes des boucs nains, présentées aujourd'hui par la firme de biotechnologies Nexia, qui fabriqueront du fil d'araignée ! Le fil de soie que produit l'arachnide est l'un des matériaux les plus solides qui existent. Le gène qui permet de produire ce fil fut extrait de l'ADN de l'araignée et introduit dans celui d'une cellule de chèvre. Les deux embryons, clonés, ont donné ces boucs génétiquement modifiés. Les chèvres ne tisseront pas directement le fil, mais la protéine de soie sera présente dans leur lait : il suffira de l'en extraire, comme du nylon.

Approche finale mortelle pour un Airbus à l'aéroport de Bahreïn

Bahreïn, mercredi 23
L'Airbus A320 de la Gulf Air avait déjà tenté deux fois d'atterrir sur la piste de l'aéroport de Manamah à Bahreïn. La troisième tentative fut dramatique : l'avion s'est abîmé en mer à 3 km de la côte vers 21 h 30. L'équipage n'avait envoyé aucun message de détresse. C'est au Caire, d'où l'avion avait décollé, que la douleur est la plus forte. Quelque 63 Egyptiens se trouvaient à bord, dont 20 enfants. Cet A320 avait été livré en 1994 et comptait près de 17 000 heures de vol. Des experts français du BEA (Bureau enquêtes-accidents) et américains sont venus épauler les enquêteurs bahreïniens, qui ont récupéré les boîtes noires.

Il y avait 135 passagers et 8 membres d'équipage à bord de l'A320.

Le 22, la Cour de cassation rejette le pourvoi de la secte du Mandarom. A Castellane (Alpes-de-Haute-Provence), la statue monumentale de Gilbert Bourdin, le « Messie cosmoplanétaire » mort en 1998, devra être détruite.

Poutine fait un *mea culpa* pour le *Koursk*

Moscou, jeudi 24
Après avoir critiqué sa froideur et son manque total de compassion à l'égard des victimes comme de leurs proches, l'opinion russe a plutôt bien réagi au discours télévisé de son président, hier, lors de la journée de deuil national. Vladimir Poutine a, de fait, voulu assumer pleinement sa responsabilité et sa culpabilité dans le dramatique accident du *Koursk*. Vivement blâmé pour les omissions et le manque de transparence des autorités, Poutine a promis que tout serait fait pour que les corps soient rendus aux familles. (→ 8.9)

Enorme succès de « Survivors » sur CBS

Etats-Unis, vendredi 25

Après deux jours de suspense, le nom du vainqueur de « Survivors » a été révélé. Le dernier acte de cette émission a été diffusé mercredi et a réuni 51 millions de téléspectateurs, le programme le plus regardé de l'année après le Super Bowl. Quinze candidats ont joué aux Robinsons sur une île tropicale durant treize semaines. Ils étaient éliminés les uns après les autres par des épreuves. L'exotisme, la lutte pour la vie et le voyeurisme furent les ingrédients du succès. En fait, il y a deux gagnants, Richard Hatch, 39 ans, qui empoche un million de dollars, et CBS.

Star des années 40, Odette Joyeux était également écrivain

Avec son fils Claude Brasseur, lors du festival de Beauvais en mars 1998.

Grimaud, samedi 26

Le décès d'Odette Joyeux endeuille les nostalgiques du cinéma français d'antan. Née le 5 décembre 1917 à Paris, elle fut découverte très jeune par Louis Jouvet qui sut en faire au théâtre une héroïne idéale de Jean Giraudoux. Elle connut son premier succès à l'écran en 1938 dans *Entrée des artistes*, de Marc Allégret, après quoi elle triompha en fausse ingénue dans les meilleurs films de Claude Autant-Lara, *le Mariage de Chiffon* (1942) et *Douce* (1943). Epouse de Pierre Brasseur et mère de Claude Brasseur, Odette Joyeux avait aussi un réel talent d'écrivain, comme le prouve en particulier un merveilleux roman, *Agathe de Nieul* (1941).

Quatrième victoire de Hakkinen cette saison, à Francorchamps

Spa, dimanche 27

Le pilote finlandais Mika Hakkinen remporte le Grand Prix de Belgique sur le circuit de Francorchamps en devançant Michael Schumacher. Il a ainsi conforté sa première place au classement du championnat du monde avec 74 points, alors que son adversaire allemand n'en a que 68. Les amateurs de Formule 1 ont eu droit à une fin de course très serrée. Après un tête-à-queue sans gravité, la voiture de Hakkinen s'arrête au stand pour un autre ravitaillement, et les mécaniciens en profitent pour ajuster les réglages. A cinq tours de l'arrivée, il dépasse son rival dans une manœuvre d'anthologie pour garder la première place. (→ 10.9)

Aux qualifications, sa McLaren obtient la pole position sur la grille de départ.

Clinton veut donner le rôle clé au Nigeria

Abuja, samedi 26

Le président américain entame dans la capitale nigériane une tournée qui sera la deuxième et la dernière de ses deux mandats. Bill Clinton voit dans la transition démocratique que mène Olesegun Obasanjo, président élu il y a quinze mois, un modèle pour le reste du continent. Il n'a guère évoqué la question de la dette pour insister sur le rôle stratégique que devait jouer le Nigeria dans la région de l'Afrique de l'Ouest. Un programme d'aide militaire, avec l'envoi d'instructeurs, est lancé. Le Nigeria doit devenir un gendarme, par exemple en Sierra Leone.

Le 24, à Paris, le Secours populaire offre une journée particulière à 60 000 enfants qui n'ont pas pu partir en vacances, avec, entre autres, un match au Stade de France opposant onze d'entre eux et une sélection des Bleus !

Bacrot confirme son titre aux échecs

Vichy, dimanche 27

A 17 ans, Etienne Bacrot a fait taire ses détracteurs et a assis son titre de plus jeune grand maître des échecs. Il a remporté son deuxième titre d'affilée lors des championnats de France. La compétition réunissait les seize meilleurs joueurs français. Son grand rival, Joël Lautier, est parti aider le Russe Viktor Kramnik avant son match à Londres contre Kasparov fin octobre. Le succès des échecs est actuellement fulgurant en France, particulièrement auprès des jeunes. Les affiliés ont augmenté de 100 % en dix ans. (→ 2.11)

Le 27, à Moscou, la tour-relais de télévision Ostankino (540 m) est la proie des flammes : 4 morts.

Août

Lu	Ma	Me	Je	Ve	Sa	Di
	1	2	3	4	5	6
7	8	9	10	11	12	13
14	15	16	17	18	19	20
21	22	23	24	25	26	27
28	29	30	31			

Corse, lundi 28
Après sept jours de combat contre le feu, les pompiers ont le contrôle des deux principaux foyers d'incendie, à Vivario et à Restonica, dans le centre de l'île. Près de 9 000 hectares ont été détruits, ce qui constitue le plus lourd bilan depuis 1993.

Salzbourg, lundi 28
Grand succès pour l'opéra de la compositrice finlandaise contemporaine Kaija Saariaho, *l'Amour de loin*. Le livret est signé d'Amin Maalouf, la mise en scène de Peter Sellars et la direction assurée par Kent Nagano.

Paris, mardi 29
Lancement officiel du site français d'Amazon.com, le nº 1 mondial de la librairie en ligne et de la distribution électronique. (→ 5.9)

Pays basque, mardi 29
Un conseiller municipal du Parti populaire, âgé de 29 ans, est abattu par l'ETA sur le seuil de son magasin, à Zumarraga, une petite ville des environs de Saint-Sébastien. (→ 17.9)

Bruxelles, mercredi 30
Répondant à un appel au boycott de TotalElfFina lancé par quatre ministres verts, Luc Van Den Bossche, le ministre belge de la Fonction publique, annonce que le contrat de fournisseur officiel du gouvernement de la compagnie ne sera pas reconduit à cause du soutien qu'elle apporte à la junte birmane.

France, jeudi 31
Sur la côte Ouest, le bilan de la saison touristique qui s'achève laisse apparaître une baisse sévère de la fréquentation, de 15 à 30 % selon les zones, en relation directe avec le naufrage de l'*Erika*. (→ 31.10)

New York, jeudi 31
A Flushing Meadows, au deuxième tour de l'US Open de tennis, le Français Arnaud Clément, 22 ans et 37e joueur mondial, élimine Andre Agassi, tête de série numéro un, en trois sets : 6-3, 6-2 et 6-4.

DECES

Los Angeles, mercredi 30
Joseph Lewis, cinéaste, réalisateur de *The Big Combo* et *Gun Crazy* (*6.4.1900).

6813,66 — 34,98 $

€ 0,9003 $

En désaccord, Chevènement s'en va

Paris, mardi 29
Jean-Pierre Chevènement fait partie d'une espèce rare dans la famille des hommes politiques : le ministre de l'Intérieur est de ceux qui préfèrent garder leurs convictions plutôt que leur poste. C'est le dossier corse qui a nourri le grave désaccord entre le Premier ministre et le président du Mouvement des citoyens. Opposé au moindre transfert de compétence législative, partisan farouche d'une France républicaine et unitaire, il refuse de considérer qu'un citoyen puisse se définir par l'origine ou la souche de sa famille. D'ailleurs, ses préoccupations étaient partagées par une majorité de Français. Il est remplacé à l'Intérieur par Daniel Vaillant, fidèle de Jospin. (→ 18.10)

Face à Jospin lors des questions au gouvernement à l'Assemblée, en mai 1999.

Six otages libérés à Jolo grâce à la Libye

Paris, mardi 29
Les trois otages françaises, Sonia Wendling, Maryse Burgot et Marie Moarbès, sont arrivées à l'aéroport de Roissy. Eprouvées, elles ont pu retrouver leurs proches. Avec elles, trois autres otages ont été libérés, un couple sud-africain et un Allemand. La médiation du colonel Kadhafi a été payante, dans tous les sens du terme. La Libye a versé une « aide au développement » de 280 millions de francs aux rebelles. Les otages sont passés par Tripoli pour y être salués par le dirigeant libyen. Le président philippin cache mal son agacement, lui qui voulait régler la question en envoyant une nouvelle fois ses unités d'élite dans la jungle de Jolo traquer les rebelles. Abou Sayyaf retient encore 23 otages dont trois Français. (→ 9.9)

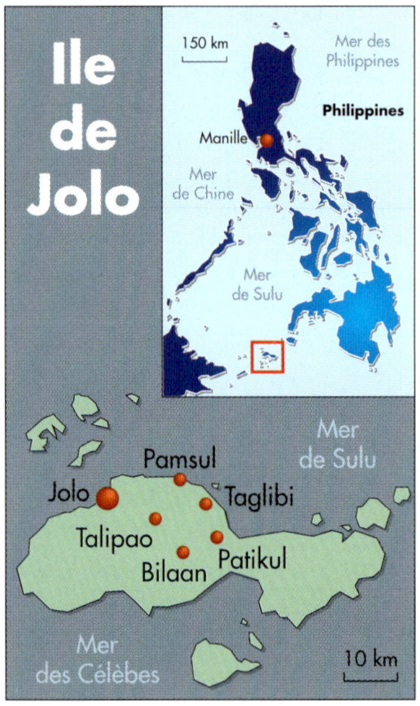

Maryse Burgot, Marie Moarbès et Sonia Wendling après leur arrivée à Tripoli.

Le drame du métro évité à 1 mètre près

Paris, mercredi 30
L'accident a été spectaculaire, mais il n'a fait que 24 blessés légers. C'est un miracle, de l'avis de tous. Sur la ligne 12, la voiture de tête d'une rame de métro, descendant de la station Saint Georges vers Notre-Dame-de-Lorette, s'est couchée sur la voie après avoir déraillé. La pente est forte et opère un tournant. La voiture est venue percuter le quai de la station, à un mètre de la rame à quai venant en sens inverse. Selon les premières constatations, le métro avait une vitesse excessive.

Baisse des impôts et vignette supprimée

Paris, jeudi 31
Le plan de réduction d'impôts qu'a présenté Laurent Fabius prévoit une baisse de 120 milliards de francs sur trois ans. Les ménages en sont les principaux bénéficiaires avec, dès cette année, un allègement minimal de 48 milliards pour l'impôt sur le revenu et pour la CSG. Parmi les autres mesures figurent la baisse des taxes sur les produits pétroliers et, de façon symbolique, la suppression de la vignette automobile. Celle-ci avait été créée, de façon provisoire, au profit des personnes âgées en 1956. Elle a tenu 44 ans. (→ 4.9)

Septembre

Lu	Ma	Me	Je	Ve	Sa	Di
				1	2	3
4	5	6	7	8	9	10
11	12	13	14	15	16	17
18	19	20	21	22	23	24
25	26	27	28	29	30	

Londres, samedi 2
Selon une étude publiée dans la revue médicale *The Lancet*, la pollution tue 40 000 personnes par an en Europe.

Liban, dimanche 3
L'ancien Premier ministre Rafic Hariri, depuis 1998 dans l'opposition, remporte les élections législatives.

Berlin, lundi 4
Hubert Védrine annonce que tous les diplomates français devront apprendre l'allemand.

France, lundi 4
TF1 diffuse une adaptation des *Misérables*, de Victor Hugo, réalisée par Josée Dayan, avec Gérard Depardieu.

Tokyo, lundi 4
Vladimir Poutine est reçu par le Premier ministre Yoshiro Mori. Le président russe ne cède rien sur les îles Kouriles.

Chili, lundi 4
Dans les Andes, le 4e télescope du VLT européen reçoit sa « première lumière », le cliché d'une nébuleuse. Les quatre miroirs vont désormais pouvoir unir leurs focales.

France, lundi 4
Routiers, ambulanciers et agriculteurs, s'estimant floués, organisent le blocus des raffineries. (→ 9)

Roissy, lundi 4
Après le rapport préliminaire du Bureau enquêtes-accidents rendu public le vendredi 1er, un nouvel élément est apporté au dossier : la pièce métallique retrouvée sur la piste viendrait d'un DC-10 de la Continental Airlines qui a décollé juste avant le Concorde. (→ 21)

Berlin, vendredi 8
Le *Berliner Zeitung*, citant les services secrets russes, affirme que le *Koursk* a été coulé par un missile tiré par un autre navire russe. (→ 26.10)

Cisjordanie, dimanche 10
Le Conseil central de l'OLP accepte de reporter la déclaration d'indépendance de l'Etat palestinien prévue initialement le 13. (→ 25)

Monza, dimanche 10
Michael Schumacher remporte le Grand Prix d'Italie de Formule 1 devant la McLaren du Finlandais Hakkinen. (→ 24)

6703,36 — 33,19 $

€ 0,8665 $

Débuts de TV Breizh, la lucarne des Celtes

Lorient, vendredi 1er
Enfant de Saint-Brieuc, Patrick Le Lay avait toujours rêvé de « faire quelque chose pour la Bretagne ». C'est fait avec le lancement, ce soir, de TV Breizh, la première chaîne de télévision régionaliste en France, diffusée sur le câble et le satellite. Le président de TF1 a été le maître d'œuvre du projet. Il a organisé le tour de table au cours duquel le holding de François Pinault et TF1 sont devenus actionnaires majoritaires. Il a aussi inspiré la ligne éditoriale, promouvant une Bretagne moderne et ouverte, mais respectueuse de ses traditions et de sa celtitude. Autre singularité : le bilinguisme, breton et français, de TV Breizh.

Serfaty devient... conseiller au Maroc

Rabat, vendredi 1er
Après dix-sept années passées dans les geôles de Hassan II, après huit autres années d'exil français, celui qui avait été l'un des plus célèbres prisonniers politiques marocains, Abraham Serfaty, est nommé par le roi Mohammed VI conseiller spécial pour l'Office national de recherches et d'exploitation pétrolières. Agé de 74 ans, l'ancien opposant, diplômé des Mines de Paris, était rentré au Maroc il y a un an. Le sous-sol du pays recèlerait des gisements de plus de 10 milliards de barils.

Le RPR avait-il une banquière occulte ?

Nanterre, mercredi 6
Sur les 27 prévenus comparaissant devant le tribunal correctionnel de Nanterre, une femme est l'objet de tous les regards. Son nom : Louise-Yvonne Casetta. Son rôle présumé : trésorière occulte du RPR. D'où un surnom : « la Cassette ». La justice la soupçonne d'avoir fait bénéficier le parti gaulliste, entre 1986 et 1992, de fonds émanant d'abus de biens sociaux et de trafics d'influence : des commissions versées par des chefs d'entreprise en échange de marchés de la Ville de Paris. Elle nie. Jacques Vergès la défend. (→ 28.11)

Le grand retour des tramways en France

La seconde ligne strasbourgeoise a été inaugurée par Jospin et Trautmann.

Strasbourg, vendredi 1er
L'inauguration de la seconde ligne de tramway de la capitale alsacienne marque une nouvelle avancée de ce transport collectif. Nécessitant des investissements moins lourds qu'un métro, plus efficace, plus régulier et enfin plus prestigieux pour les édiles que le bus, le tram est désormais le symbole d'un urbanisme moderne et respectueux. A Nantes, demain, une nouvelle ligne sera ouverte et une deuxième étendue. Lundi prochain, ce sera au tour de Lyon. A Toulon, Caen, Orléans, Bordeaux, Le Mans, Nancy, Clermont, des lignes sont en travaux ou en projet afin de réduire le trafic automobile. (→ 21.11)

Rentrée des classes sous le signe du Net

France, mardi 5
La rentrée scolaire s'effectue dans un calme relatif du côté des troupes enseignantes. Jack Lang a réussi à calmer l'exaspération née durant le ministère de Claude Allègre. Pour les élèves, cette rentrée voit aussi se poursuivre l'irrésistible invasion des écoles par l'informatique et surtout le Net. Les taux de connexion vont de 100 % pour les lycées à 30 % dans le primaire. Le grand chantier des nouvelles technologies passe par les jeunes générations. La pédagogie doit s'adapter. Les élèves créent des sites, et des devoirs sont rendus par e-mail aux professeurs. Des classes testent des ardoises interactives où sont stockés des manuels entiers et de la documentation.

En 1999, l'informatique s'est implantée dans 30 % des écoles maternelles.

Sur la route de la soie avec la 9e Biennale de la danse à Lyon

« Songs of the Wanderers », une chorégraphie du Cloud Gate Dance Theatre, de Taiwan, dirigée par Lin Hwai-Min.

Lyon, vendredi 8
Chinoises, indiennes, thaïlandaises, coréennes, taiwanaises, japonaises, ouzbeks ou irakiennes, les troupes les plus prestigieuses de l'Orient se sont réunies dans la cité des soyeux pour la 9e Biennale de la danse. Au programme à partir d'aujourd'hui et jusqu'au 1er octobre : plus de cent spectacles où la danse moderne fait écho aux ballets traditionnels. Une façon pour Guy Darmet, directeur artistique de cette manifestation et arrière-petit-fils de soyeux, de faire revivre cette fabuleuse « route de la soie » que les marchands du Moyen Age empruntaient pour importer en Europe les trésors de l'Asie !

Le défilé, grande caravane métissée, avec 29 groupes de la région Rhône-Alpes.

La France connaît un regain de natalité

France, vendredi 8
La dernière livraison de chiffres de l'Ined, l'Institut national des études démographiques, indique un regain de la natalité française. 1999 a vu naître 744 000 bébés, le nombre le plus haut depuis 1992. L'indicateur de fécondité, c'est-à-dire le nombre moyen d'enfants par femme, place le pays au deuxième rang de l'UE avec 1,75 contre 1,93 à l'Irlande. L'étude montre aussi une reprise de la nuptialité avec 285 000 mariages célébrés l'an dernier. La hausse des naissances est due à un phénomène lié aux modes de vie contemporains : de nombreuses femmes ont attendu 35 ans pour avoir un enfant. Le taux de renouvellement (2,1 enfants par femme) n'est cependant pas atteint.

Kadhafi s'est rendu indispensable à Jolo

Philippines, samedi 9
Le Français Stéphane Loisy et trois autres otages, un Allemand et deux Finlandais, ont été enfin libérés par le groupe Abou Sayyaf. Sur la route du retour, ils s'arrêteront à Tripoli. C'est la contrepartie que le colonel Kadhafi a demandée pour les bons offices du médiateur supervisé par son fils, Seif al-Islam. Des accords secrets ne sont pas exclus, portant sur la normalisation des relations entre l'Occident et la Libye. (→ 12)

Le 3, au Vatican, Jean-Paul II béatifie deux papes : Pie IX (1846-1878), très conservateur et inspirateur du dogme de l'infaillibilité pontificale ; et Jean XXIII (1958-1963), plus libéral, à l'origine du concile Vatican II.

Le 7, en Colombie, la police saisit un sous-marin en construction dans une usine à 40 km de Bogota. Long de 30 m, il aurait permis aux trafiquants d'acheminer vers les Etats-Unis 20 tonnes de cocaïne à chaque voyage.

Fin du blocus des dépôts de carburant en France

Par crainte d'une pénurie, les files d'attente s'allongent dans les stations-service.

A l'aéroport de Nice, les passagers doivent marcher d'une aérogare à l'autre.

France, samedi 9
Pour la plupart des organisations patronales du transport routier, le mouvement de protestation est fini. Elles ont appelé à la levée de tous les barrages mis en place depuis lundi. Il en est de même pour les syndicats agricoles. Les bateliers, les ambulanciers, les autocaristes et les pêcheurs ont également demandé à leurs troupes d'arrêter le conflit. Les routiers ont arraché une baisse de 35 centimes de leur TIPP, la taxe intérieure sur les produits pétroliers. Les agriculteurs ont aussi eu droit à une baisse de la taxation sur leurs carburants et un allègement de leurs charges sociales. La facture, pour les transports routiers, est déjà évaluée à 1,8 milliard de francs et, pour les agriculteurs, à 460 millions. Le pays était au bord de la paralysie. Dans nombre de régions, il était devenu impossible de s'approvisionner tant en fuel qu'en essence. Initié par les marins-pêcheurs, qui avaient bloqué les ports, le mouvement a surpris le gouvernement par son ampleur. Le Premier ministre avait joué un coup de poker, mercredi, en affirmant sur le perron de Matignon qu'il n'irait « pas plus loin ». Il a gagné. (→ 10)

L'Opep fait un geste

Vienne, dimanche 10
Pressés depuis plusieurs semaines par les pays occidentaux d'accroître leur production, les pays de l'Opep (Organisation des pays exportateurs de pétrole) ont décidé une hausse de 800 000 barils par jour à compter du 1er octobre, tout en refusant d'être les seuls à porter la responsabilité de la crise. Celle-ci serait moindre si les Occidentaux réduisaient leurs taxes et si les Etats-Unis acceptaient de lever l'embargo sur l'Irak. (→ 14)

Du 29 août au 7 septembre, en France, la campagne de publicité d'Eram est centrée sur les tendances en cours : corps huilés et images suggestives.

Le 10 s'achève la 57e Mostra de Venise. Palmarès : Lion d'or au *Cercle*, de Jafar Panahi (Iran) ; grand prix spécial du jury à *Before Night Falls*, de Julian Schnabel (Etats-Unis/ci-dessus avec des lunettes), et coupe Volpi du meilleur acteur à l'Espagnol Javier Bardem pour ce même film (à la droite de Schnabel) ; la coupe Volpi de la meilleure actrice a été remise à Rose Byrne (Australie) pour *The Goddess of 1967*, de Clara Law.

Septembre

Lu	Ma	Me	Je	Ve	Sa	Di
				1	2	3
4	5	6	7	8	9	10
11	12	13	14	15	16	17
18	19	20	21	22	23	24
25	26	27	28	29	30	

Toscane, lundi 11
La tour de Pise s'est redressée de 23 cm, retrouvant son inclinaison de 1838, après des mois de lentes tractions et de consolidation du sous-sol.

Equateur, lundi 11
La monnaie nationale, le sucre, est remplacée par le dollar.

France, lundi 11
Gérard Holz remplace Rachid Arhab et Carole Gaessler au JT de 13 heures de France 2.

France, mardi 12
Du jamais vu en matière de cote de popularité : Lionel Jospin perd 20 points en deux mois, passant de 68 à 48 %. Jacques Chirac n'en profite pas : il perd 7 points, à 60 %. (→ 22.10)

Pays-Bas, mardi 12
Les députés autorisent le mariage entre homosexuels, qui pourront adopter des enfants.

Roissy, mardi 12
Retour en France de Stéphane Loisy, ex-otage à Jolo. (→ 16)

Paris, mercredi 13
Nomination de Françoise Bechtel à la tête de l'ENA, première femme à ce poste.

New York, mercredi 13
Premier face-à-face télévisé entre Hillary Clinton et son rival, Rick Lazio, pour le siège de sénateur de l'Etat. (→ 8.11)

Norvège, mercredi 13
A Trondheim, le PSG rate son entrée en Ligue des champions, battu 3 à 1 par Rosenborg.

Grande-Bretagne, jeudi 14
L'ESB, l'encéphalopathie spongiforme bovine, peut se transmettre par le sang : un mouton a été contaminé par transfusion. (→ 11.10)

Paris, jeudi 14
Sortie du nouvel album de Madonna, *Music*.

Pékin, jeudi 14
Exécution pour corruption de Cheng Keije, ancien vice-président de l'Assemblée nationale populaire.

Londres, vendredi 15
La Royal Air Force reconnaît que 60 % de ses bombes ont manqué leur cible au Kosovo.

Alger, vendredi 15
Un Festival du film français peut se tenir. Roger Hanin est décoré par Bouteflika.

6614,65 — 32,94 $ — € 0,8525 $

Les sanctions contre l'Autriche sont levées

Paris, mardi 12
« Les mesures mises en œuvre par les Quatorze ont été utiles. [...] Elles peuvent maintenant être levées. » C'est en ces termes que vient d'être annoncée, par l'Elysée, la levée des sanctions prises, le 4 février dernier, par l'Union européenne à l'égard de l'Autriche. Les Quatorze sont donc à nouveau Quinze, à la satisfaction du chancelier autrichien, Wolfgang Schlüssel, qui s'est félicité de cet « énorme succès pour le pays ». La quarantaine s'achève sans que la coalition entre les conservateurs et le FPO du populiste Jörg Haider ait éclaté. Une « vigilance particulière » continuera d'être exercée. (→ 13.11)

Wen Ho Lee n'était pas un espion chinois

Nouveau-Mexique, mercredi 13
A Albuquerque, le physicien Wen Ho Lee, 60 ans, est sorti de la prison où il est resté 279 jours en cellule d'isolement. Le juge lui a présenté ses excuses avant de s'en prendre violemment au département de la Justice et au FBI. Ce sont ces deux institutions qui ont « fabriqué » la taupe Wen Ho Lee. Travaillant au laboratoire atomique secret de Los Alamos, voyageant beaucoup, ayant gardé des contacts avec la Chine, cet homme avait le profil de cet espion qui, depuis des années, renseigne Pékin. Et demeure introuvable.

Peine sévère pour Bové : 3 mois de prison

Millau, mercredi 13
Attendu depuis juin, à l'issue d'un procès très médiatisé, le jugement du tribunal correctionnel condamne José Bové à trois mois de prison ferme pour « destruction en réunion et menace ». Le procureur n'avait demandé qu'un mois ferme, couvert par sa détention préventive. Bové, qui va faire appel, estime que si les juges avaient voulu relancer une contestation, ils ne s'y seraient pas pris autrement. Les motivations du jugement ont aussi désagréablement sonné comme une « admonestation de notables à un croquant » : la peine est, est-il écrit, de « nature à lui faire enfin entendre raison ». Pas sûr.

Colère en Europe face au prix du carburant

A Bruxelles, le quartier des institutions européennes est bloqué par les routiers.

Bruxelles, jeudi 14
Le gouvernement belge a accepté de baisser les cotisations sociales des routiers ainsi que les assurances et les taxes de circulation. Ces petites concessions vont permettre la levée des barrages qui paralysent le port d'Anvers, plusieurs centres-villes, dont celui de la capitale, et les axes routiers. En Angleterre, c'est plutôt l'intransigeance de Tony Blair qui a été payante, alors que l'opinion et les tabloïds soutenaient la colère des routiers et des agriculteurs, alliés dans le blocus des raffineries. Les revendications françaises avaient en effet fait tache d'huile en Europe. Et le mouvement s'étend maintenant à la République tchèque, à l'Espagne, à l'Allemagne, à la Pologne... (→ 20)

Attaque de l'armée philippine contre les indépendantistes à Jolo

Philippines, samedi 16
L'armée gouvernementale a lancé une nouvelle offensive contre les groupes rebelles musulmans de Jolo. Les troupes spéciales du président Joseph Estrada rongeaient leur frein depuis qu'étaient entrés en scène les négociateurs civils et le médiateur libyen. Le gros des otages libéré, elles ont pu reprendre l'initiative. La France, par la voix de son président, Jacques Chirac, déplore la décision de Manille. Mais, pour l'exécutif philippin, il s'agit aussi de sortir de ce cercle vicieux : prise d'otages, négociation, rançon, libération, puis à nouveau enlèvements, le tout sous couvert de fausse idéologie. (→ 20)

Près de 4 000 hommes ont été déployés sur l'île, appuyés par trente blindés.

Le Top 90 des pays les plus corrompus

Berlin, samedi 16
Transparency International est une organisation non gouvernementale spécialisée dans l'évaluation de la corruption. Elle publie depuis six ans un classement de 90 pays, notés suivant le degré de corruption et de prévarication de leurs entreprises et de leurs administrations. C'est le Nigeria qui obtient la palme du pays le moins vertueux. En tête se trouve la Finlande, qui occupe la place du Danemark l'an dernier. La France est à la 21e place. Cela s'explique par le fait que les Français sont bien placés, à l'export, sur les marchés du bâtiment et de l'armement, de gros pourvoyeurs de corruption.

Une cassette vidéo fait chuter Fujimori

Lima, samedi 16
Les Péruviens pensaient Fujimori inamovible, c'est dire leur surprise quand le président leur a annoncé des élections générales anticipées auxquelles il ne participera pas. La renonciation au pouvoir d'Alberto Fujimori et la suppression du SIN, les services secrets intérieurs, font suite au scandale provoqué par la diffusion d'une vidéo. Elle montre Vladimiro Montesinos, chef du SIN et véritable éminence grise de la présidence, essayant d'acheter pour 20 000 $ le ralliement d'un sénateur de l'opposition. (→ 22.11)

Les XXIVes Jeux olympiques ouverts

L'aborigène Cathy Freeman a allumé la flamme olympique. Marie-Jo Pérec, sa rivale sur 400 m, a refusé de défiler.

Sydney, vendredi 15
Cette cérémonie d'ouverture fut à l'image du pays d'accueil, souriante et consensuelle, sans excès dans le bon ou le mauvais goût. Effet du rapprochement des deux régimes, les Coréens du Nord et du Sud ont défilé sous la même bannière. Ces 24es Jeux olympiques sont ceux de tous les records avant même d'avoir débuté : 200 pays sont représentés par 10 200 sportifs, et 28 sports sont au programme dans 297 épreuves. Le stade olympique est le plus grand jamais construit : il peut accueillir 110 000 spectateurs. Les droits de télévision se montent à 1,33 milliard de dollars, et l'audience attendue est de 3,7 milliards de téléspectateurs. Plus de 80 % des billets ont déjà été vendus. Après des hésitations, les Australiens se sont pris de passion pour cette aventure. Les volontaires, tous bénévoles, sont 50 000. (→ 17)

Arrestations en série de militants de l'ETA

France, dimanche 17
Des deux côtés des Pyrénées, les polices sont repassées à l'offensive contre l'ETA. Depuis hier, près de 15 personnes ont été arrêtées dans les Landes et au Pays basque, côté français. Le 13, les unités spéciales de la police espagnole interpellaient 19 cadres de la branche politique de l'ETA, en Navarre et dans la région de Bilbao. Avant-hier, le 15, côté français, à Bidart, était arrêté José Ignacio Arregui, 45 ans, que Madrid présente comme le chef militaire de l'ETA. L'Espagne craint toutefois des représailles sanglantes. (→ 22.10)

Evénement de la cérémonie : les Coréens du Nord et du Sud ont défilé ensemble.

Première moisson de médailles françaises

Sydney, dimanche 17
Les Jeux ont bien commencé pour les Français. En deux jours, ils ont obtenu six médailles, dont trois en or décernées à Franck Dumoulin au pistolet à 10 m, à l'équipe cycliste de vitesse par équipe sur piste et à la cycliste Félicia Ballanger, pour le 500 m dames sur piste. L'épéiste Laura Flessel n'a pas pu conserver son titre des JO d'Atlanta ; elle a dû se contenter du bronze. Les Etats-Unis mènent la course en tête, suivis de l'Australie avec 9 médailles : son nageur prodige, Ian Thorpe, a déjà battu deux records du monde. (→ 21)

Septembre

Lu	Ma	Me	Je	Ve	Sa	Di
				1	2	3
4	5	6	7	8	9	10
11	12	13	14	15	16	17
18	19	20	21	22	23	24
25	26	27	28	29	30	

France, mardi 19
La loterie en ligne sur le Web, concurrente de la Française des jeux, fait son premier millionnaire. Un Mosellan de 21 ans a gagné 1 million de francs sur Bananalotto.fr.

Bordeaux, mardi 19
Première victoire judiciaire pour un Français qui affirme être victime du syndrome de la guerre du Golfe. Hervé Desplat obtient une nouvelle expertise médicale de la cour régionale des pensions. (→ 31.10)

Paris, mardi 19
Le Conseil national de la concurrence inflige un milliard de francs d'amendes à un pool de banques françaises pour entente illicite sur des taux de prêts bancaires.

Paris, mercredi 20
Lionel Jospin présente les aménagements budgétaires répondant à la flambée du prix des carburants : la TIPP devient en partie flottante, une baisse de 20 centimes sur le litre d'essence entrera en vigueur le 1er octobre et TotalFinaElf fera l'objet d'une surtaxation. (→ 26)

Paris, vendredi 22
Paris-Bourse, la société responsable de la gestion de la Bourse parisienne, a fusionné avec ses homologues de Bruxelles et d'Amsterdam, dans le cadre du marché Euronext. A cette occasion, le règlement mensuel disparaît.

Yonne, samedi 23
Dans le rallye de l'Yonne, à 25 km de Sens, une voiture percute un poteau électrique qui tombe sur les spectateurs : cinq morts et neuf blessés.

Indianapolis, dimanche 24
Le premier Grand Prix des Etats-Unis de Formule 1 disputé depuis neuf ans, devant 250 000 personnes, voit la victoire de Michael Schumacher devant Rubens Barrichello. (→ 8.10)

DECES

Paris, lundi 18
Gilbert Carpentier, producteur de variétés télévisées (*20.3.1920).

Paris, jeudi 21
Jeanloup Sieff, photographe (*30.11.1933).

6258,58 — 31,25 $ — € 0,8831 $

Les otages de France 2 s'échappent

Jolo, mercredi 20
Roland Madura et Jean-Jacques Le Garrec, les reporters de France 2, sont parvenus à fausser compagnie à leurs ravisseurs. Depuis le week-end dernier, l'offensive de l'armée régulière a obligé les islamistes du groupe Abou Sayyaf à se déplacer sans cesse. Hier, les deux hommes, profitant de l'obscurité et surtout de la cohue, sont sortis de la colonne et se sont cachés dans la jungle. Ils ont été récupérés au petit matin par des soldats gouvernementaux. Ils étaient les derniers Français retenus à Jolo. Après avoir critiqué cette offensive, Paris a félicité le président philippin Joseph Estrada et son armée.

Jean-Jacques Le Garrec et Roland Madura avec le président Joseph Estrada.

Pérec a claqué la porte

Sydney, jeudi 21
Personne n'est encore en mesure d'expliquer pourquoi Marie-José Pérec a levé le camp. Sans prévenir les responsables de l'athlétisme et du comité olympique français, elle a quitté son hôtel pour reprendre un avion vers l'Europe, prétextant une agression dans l'enceinte de l'hôtel. Pression trop forte ? Dérobade ? La double championne d'Atlanta prive les Jeux de son duel annoncé avec Cathy Freeman, l'idole australienne. Ses défenseurs mettent en avant le harcèlement dont elle aurait été la victime de la part des Australiens. Le reste de l'équipe de France, dont elle s'était séparée, en doute. (→ 24)

The Daily Telegraph
Sydney 2000 EVENING EDITION
PEREC FLEES
Marie-Jose runs from Australia
REPORTS, ANALYSIS - SEE PAGES 4, 5, 6
ALL TONIGHT'S EVENTS IN DETAIL
44-PAGE LIFTOUT INSIDE
WHO'S IN WHO'S OUT

Chirac, Blair, Clinton condamnés en Serbie

Belgrade, jeudi 21
Au terme de quatre jours de procès, le verdict est tombé : pas moins de quatorze dirigeants occidentaux ont été condamnés à 20 ans de prison chacun. Parmi eux figurent Jacques Chirac, Madeleine Albright, Bill Clinton, Gerhard Schröder et Tony Blair, accusés d'avoir ordonné les bombardements contre la Serbie au printemps 1999, qui ont provoqué la mort de 546 soldats, 138 policiers et 504 civils. Ce procès intervient alors que l'UE fait savoir que les sanctions contre la Serbie seraient levées si l'opposition remportait les élections générales. (→ 24)

Brèche ouverte dans l'embargo sur l'Irak

Bagdad, vendredi 22
Affrété par une ONG française, un avion parti de Paris s'est posé en Irak. A bord ne se trouvaient pas moins de 80 chirurgiens, médecins et infirmiers, et des artistes qui vont participer au festival de Babylone. C'est le premier appareil partant de France à violer l'embargo aérien qui pèse sur l'Irak. Paris s'est contenté d'informer le comité des sanctions de l'ONU. Les Français estiment, comme les Russes, qu'il n'y a pas réelle violation de l'embargo car le vol était humanitaire. Les Anglo-Saxons, eux, sont furieux.

Le 19, dans le sud-est de la France, de violentes intempéries font 6 morts à Marseille (ci-dessus) et à Montpellier. Dans la cité phocéenne, les rues deviennent des torrents ; à Montpellier, des grues de chantier s'effondrent.

L'affaire Méry explose

Paris, dimanche 24
Tout a débuté jeudi soir quand *le Monde* a publié une transcription de la vidéo-confession de Jean-Claude Méry, un ancien collecteur de fonds pour le RPR, décédé en 1999. Méry y détaillait des pratiques illégales de financement politique et affirmait qu'il était « uniquement aux ordres de Jacques Chirac ». Celui-ci, alors Premier ministre, aurait assisté, en 1986, à la remise d'une valise lourde de 5 millions de francs en espèces. Une accusation gravissime, éclipsée ce dimanche par cet aveu : l'avocat de Méry, Alain Belot, placé en garde à vue, déclare avoir remis la cassette à Dominique Strauss-Kahn. (→ 26)

Pour Jacques Chirac, ces révélations sont « abracadabrantesques ».

« Oui » au quinquennat

France, dimanche 24
Oui : 73,15 % des suffrages exprimés. En apparence, un triomphe pour le quinquennat. En réalité, on en est loin. Car 69,68 % des Français n'ont pas pris part au vote. Plus de deux sur trois ! Même le référendum sur le statut de la Nouvelle-Calédonie, en 1988, avait été plus suivi. Et, sur le peu de votants, près de 2 millions de Français ont voté blanc ou nul. Le quinquennat n'a donc été ratifié que par 18 % des électeurs inscrits... Quoi qu'il en soit, le septennat, âgé de 127 ans, a vécu. Plusieurs autres réformes sont à l'étude : celle de la durée du mandat des sénateurs, par exemple, qui est de neuf ans.

Avec une abstention record : 69,68 %.

Doutes sur la validité de l'élection présidentielle en Yougoslavie

Belgrade, dimanche 24
Les passions s'exacerbent au soir des élections générales, législatives et présidentielle. L'opposition, unie dans la Coalition démocratique, crie victoire. Vojislav Kostunica, son leader, dénonce les irrégularités et les fraudes dont le pouvoir se serait rendu coupable. De leur côté, les partisans de Milosevic accusent ces opposants d'être manipulés par la CIA. Les résultats seront connus lundi ou mardi. Plusieurs instituts de sondage donnent la victoire à la coalition et à Kostunica. Ce juriste, âgé de 55 ans, mêle attachement à la démocratie et fierté nationaliste. Son apparente modération lui vaut le soutien des Européens. (→ 29)

Slobodan Milosevic et sa femme, Mira Markovic : face-à-face avec les urnes.

Le chef spirituel du Tibet visite la France

Hérault, dimanche 24
Tenzin Gyatso a passé cinq jours dans le centre bouddhiste de Lerab Ling sur le plateau du Larzac. Là, devant quelque 8 000 personnes, le 14e dalaï-lama a lancé un message clair dans lequel il se défendait de tout prosélytisme et demandait à son auditoire de suivre la tradition dans laquelle il a été élevé. Il a ainsi rendu hommage au christianisme. A 65 ans, le dalaï-lama, qui en est à son 17e séjour dans l'Hexagone, terre d'élection du bouddhisme tibétain en Europe, sera reçu à l'Assemblée et au Sénat mais pas à l'Elysée, cela afin de ne pas irriter Pékin.

Le 21, le dernier Concorde d'Air France encore à l'étranger est rapatrié, sans passager, après en avoir reçu l'autorisation. Il décolle de New York et se pose à Roissy après un vol de 3 h 23 min sans aucun problème. (→ 27)

Douillet entre dans la légende du judo

Sydney, dimanche 24
Et David Douillet revint ! Après la fuite de Marie-José Pérec, il fallait bien un garçon de cette trempe pour redorer le blason de la délégation française quelque peu déstabilisée. Voilà qui est fait. Il a réussi, avant-hier, à conserver son titre olympique des plus de 100 kg. Le judoka le plus aimé des Français a vaincu en finale le Japonais Shinichi Shinohara, et il devient le sportif le plus titré de son art : deux médailles d'or olympiques, et deux titres mondiaux. Du jamais vu ! La France totalise 24 médailles grâce au fleuret, au kayak, au judo, à l'aviron, au cyclisme sur piste et à la natation. (→ 30)

Le judoka garde son titre d'Atlanta.

Septembre

Lu	Ma	Me	Je	Ve	Sa	Di
				1	2	3
4	5	6	7	8	9	10
11	12	13	14	15	16	17
18	19	20	21	22	23	24
25	26	27	28	29	30	

Tel-Aviv, lundi 25
Première rencontre entre Ehud Barak et Yasser Arafat depuis Camp David, au domicile du Premier ministre. (→30)

Grèce, mardi 26
Le naufrage du ferry *Express Saména* près de l'île de Paros, dans les Cyclades, fait 74 morts. Il y a 453 rescapés. Le capitaine regardait un match de football à la télévision lors du drame.

Berlin, mardi 26
Pour protester contre le prix des carburants, les routiers bloquent les axes majeurs de la capitale et d'autres villes.

Asie du Sud-Est, mardi 26
Les pays riverains du Mékong connaissent les pires crues de ce fleuve depuis 40 ans. Le delta du fleuve, au Viêt-nam, est le plus touché par les inondations. Déforestation et urbanisation sauvage sont en cause.

Pékin, mardi 26
Le régime communiste dénonce l'« impérialisme, le colonialisme et les persécutions contre le peuple chinois » du Vatican, qui veut canoniser le 1er octobre 120 martyrs chrétiens chinois.

France, mercredi 27
Sortie des *Rivières pourpres* de Mathieu Kassovitz, avec Jean Reno, d'après le roman de Jean-Christophe Grangé.

France, mercredi 27
Face à la carte d'abonnement d'UGC, MK2 et Gaumont sortent une carte concurrente, valable dans les deux réseaux.

Paris, mercredi 27
Air France assigne en justice Continental Airlines pour « négligence ». La pièce trouvée sur la piste empruntée par le Concorde à Roissy provenait d'un avion de cette compagnie.

France, jeudi 28
La grève générale d'un jour à la SNCF est très suivie. Les cheminots exigent des augmentations salariales.

France, vendredi 29
Le chômage a repris sa décrue : - 0,8 % en août. Il y a 2 328 800 demandeurs d'emploi.

DECES

Rio de Janeiro, mardi 26
Baden Powell, guitariste de bossa-nova (*6.8.1937).

6266,63 — 29,76 $ — € 0,8829 $

Quand l'affaire Méry devient l'affaire DSK

Paris, mardi 26
Dominique Strauss-Kahn et le Parti socialiste se sont résolus à passer à la contre-attaque. L'ancien ministre des Finances, visé depuis ce matin par une information judiciaire pour « soustraction de preuves », a tenu à rappeler que le fond de l'affaire concernait au premier chef Jacques Chirac. A la suite des perquisitions effectuées hier à son domicile et à son bureau, la cassette est demeurée introuvable. DSK reconnaît l'avoir reçue mais affirme : 1) ne pas l'avoir visionnée ; 2) ne plus savoir où il l'a rangée ! « Je l'ai laissée dans un coin, ça ne m'a pas intéressé. » (→4.10)

Pierre Elliott Trudeau lâche le Canada

Lors d'une visite en France en 1980.

Montréal, jeudi 28
Premier ministre de 1968 à 1984, Pierre Elliott Trudeau (*18.10.1919) a été emporté par un cancer. Cet homme politique eut une popularité digne d'un groupe de rock. Il a aussi suscité une animosité extrême chez les indépendantistes québécois. Son projet fédéral était clair : empêcher le Québec de faire sécession, pour réunir les dix provinces autour d'un pouvoir central fort. Charismatique, séduisant, malin, parfois suffisant et autoritaire, Pierre Elliott Trudeau avait tout du *condottiere*. S'il a tant fasciné les Canadiens, parvenant toujours à les surprendre, c'est qu'il n'a jamais voulu être à l'image de ce pays mesuré et paisible.

Francis le Belge, un parrain à l'ancienne

Paris, mercredi 27
Francis Vanverberghe, dit le Belge, a eu une fin digne d'un film policier français des années 70 : exécuté de huit balles de calibre 11.43, dans un club du 8e arrondissement, alors que des écrans diffusaient les courses à Saint-Cloud. « Rangé des voitures », le Belge vivait officiellement de ses gains au jeu. Ce parrain du milieu français avait 54 ans (*3.3.1946). Le trafic de drogue, le proxénétisme et autres broutilles avaient assuré sa réputation depuis les années 60. Il aimait le jeu, les filles, la nuit, et il sera vengé, comme il se doit.

La Banque mondiale écourte ses débats

Prague, mercredi 27
Les délégués ont démenti les faits. Il semble bien cependant que les 55es assemblées générales annuelles de la Banque mondiale et du FMI se sont finies avec quelques heures d'avance en raison des heurts qui ont opposé les forces de l'ordre aux militants anarchistes et antimondialisation, qui étaient venus du monde entier crier leur colère contre les dégâts d'un capitalisme sans frontières ni garde-fous. La Banque mondiale et le Fonds monétaire international, sensibles aux critiques, ont engagé le dialogue avec les ONG.

Le Danemark dit « non » à l'Euroland

Copenhague, jeudi 28
Le score du « non », 53 %, confirme toutes les enquêtes d'opinion faites ces dernières semaines. Huit ans après avoir pareillement repoussé le traité de Maastricht, les électeurs danois ont rejeté l'entrée de leur pays dans la zone euro, également baptisée Euroland. Ils bénéficient d'une situation économique plus que florissante et ne voient pas en quoi la monnaie européenne et une intégration plus poussée pourraient améliorer leur sort. Ce « non » est un avertissement cinglant lancé à l'*establishment* politique.

Mouvement de désobéissance civile dans toute la Yougoslavie

Belgrade, vendredi 29
Les manifestations s'étendent ; le mouvement de protestation et de désobéissance civile a gagné tout le pays. Grèves sauvages, boutiques et écoles fermées, routes bloquées et usines arrêtées : l'opposition paraît avoir gagné son pari de convaincre le reste du pays de la légitimité de ses actions. La paralysie se répand depuis mardi. Les résultats ont été publiés ce jour-là par la commission électorale. Ils donnaient 48 % à la coalition de l'opposition et 40 % au parti de Milosevic. Cela impliquait donc un second tour, que refusent les partisans de Kostunica. Ceux-ci estiment l'avoir largement emporté dès le premier tour. (→7.10)

Le 27, à Belgrade, 200 000 manifestants réclament le départ de Milosevic.

De sanglants affrontements israélo-palestiniens

La visite d'Ariel Sharon sur l'esplanade des Mosquées, le 28, a tout déclenché.

Le 30, Mohammed al-Dirra, 12 ans, est tué devant les caméras de France 2.

Palestine, samedi 30
Les violences qui, depuis deux jours, ensanglantent la bande de Gaza et la Cisjordanie ont déjà produit leur lot d'images-chocs. Mais une de ces séquences a fait le tour du monde, symbole de la cruauté de la guerre : un père et son fils, coincés près d'un carrefour, se retrouvent pris sous des tirs croisés entre Israéliens et Palestiniens. Ils se protègent tant bien que mal derrière un fût ; le père hurle, les tirs continuent. De l'autre côté de la rue, un caméraman de France 2 filme la scène quand une rafale vient tuer le gamin de 12 ans et blesser son père. Le détonateur de ce qui est désormais qualifié de nouvelle Intifada – et qui a fait une vingtaine de morts et un millier de blessés chez les Palestiniens – a été la visite d'Ariel Sharon, jeudi, sur l'esplanade des Mosquées de la ville de Jérusalem. Le très belliciste chef du Likoud voulait affirmer les droits imprescriptibles d'Israël sur ce lieu. La provocation a embrasé le secteur arabe et, dès le lendemain, le reste des territoires. La frustration des Palestiniens face au gel du processus de paix a transformé la région en une vaste poudrière. (→ 8.10)

Los Angeles devient la capitale des grévistes

Californie, samedi 30
La capitale du rêve sur pellicule et de l'industrie du spectacle est en train de devenir la ville américaine la plus agitée socialement. Depuis quinze jours, la grève des chauffeurs de bus paralyse les transports. Les acteurs continuent leur boycott des tournages de publicités. Les femmes de ménage hispaniques reprennent à peine leur travail, et les employés de mairie menacent de faire grève.

Le 30, après plusieurs mois d'essais, le porte-avions nucléaire *Charles-de-Gaulle* quitte Brest pour rejoindre son nouveau port d'attache, Toulon.

Cathy Freeman a réalisé son rêve en or

Sydney, samedi 30
Sans vraiment le rechercher, mais simplement parce qu'elle est une grande championne, parce qu'elle est australienne, aborigène, fière de ses origines et modeste sur l'étendue de ses talents, Cathy Freeman est devenue l'icône de ces Jeux. Lundi dernier, sa victoire sur le 400 m lui a arraché un immense sourire que toute l'Australie a fait sien. Après avoir récupéré, elle s'est laissée aller aux confidences : « C'est un rêve que je fais depuis que je suis toute petite. [...] là, je me suis bien amusée. » Du côté français, le flot des médailles s'est quelque peu calmé lors de cette seconde semaine mais sans se tarir, loin de là. La dernière en date est la médaille d'or décrochée ce soir par le jeune boxeur Brahim Asloum, âgé de 21 ans, en mi-mouche. C'est la première fois depuis 1936, à Berlin, qu'un Français obtient l'or en boxe. Asloum a explosé de joie, dédiant sa victoire à son père et à la France, avant de s'enrouler dans un drapeau tricolore. A part le fiasco de l'équipe d'athlétisme, les Français ont brillé en cyclisme sur route, en natation synchronisée, en gymnastique, en taekwondo et en tennis. (→ 1.10)

Au 400 m (49 s 11), Cathy reste loin du record de Koch en 1985 (47 s 60).

Octobre

Lu	Ma	Me	Je	Ve	Sa	Di
						1
2	3	4	5	6	7	8
9	10	11	12	13	14	15
16	17	18	19	20	21	22
23	24	25	26	27	28	29
30	31					

Paris, dimanche 1er
Sur Sinndar, le jockey irlandais Johnny Murtagh remporte le 79e Prix de l'Arc de Triomphe.

France, dimanche 1er
Le parc de téléphones mobiles est de 26,2 millions d'appareils.

Washington, mardi 3
Le gouvernement choisit le programme de cryptage élaboré par deux Belges, Joan Daemen et Vincent Rijmen, comme standard des services officiels américains pour la protection des données sensibles.

New Delhi, mardi 3
Visite de Vladimir Poutine, qui signe un accord de « partenariat stratégique » avec l'Inde.

France, mercredi 4
Selon un sondage Sofres-*le Monde*, 80 % des Français estiment que Jacques Chirac doit témoigner devant un juge s'il est convoqué. (→ 24)

Monde, jeudi 5
Sortie mondiale de *The Beatles Anthology*, album de souvenirs des trois survivants du groupe.

Liège, vendredi 6
Ouverture salle Saint-Georges d'une exposition Picasso : 140 œuvres sont présentées.

Madrid, vendredi 6
Francisco Mujica Garmendia, ex-chef de l'ETA, est condamné à 109 ans de prison. (→ 22)

Paris, vendredi 6
BMW présente une nouvelle Mini (à partir de 100 000 F).

Montréal, samedi 7
Finale du 10e concours du meilleur sommelier du monde remportée par un Français, Olivier Poussier, 36 ans.

Pologne, dimanche 8
Président sortant, Aleksander Kwasniewski est réélu dès le premier tour avec 56 %. (→ 15)

DECES

Lodz (Pologne), mardi 3
Wojciech Has, cinéaste et réalisateur du *Manuscrit trouvé à Saragosse* (*1.4.1925).

Barbizon, jeudi 5
Pierre Bordas, fondateur de la maison d'édition qui porte son nom (*5.7.1913).

Toulouse, vendredi 6
José Cabanis, romancier et académicien (*24.3.1922).

6258,41 — 30,14 $

€ 0,8701 $

La Hollande légalise la prostitution

Amsterdam, dimanche 1er
Dans le célèbre quartier rouge, les filles qui se montrent à la foule des passants derrière leurs vitrines vont désormais recevoir non seulement la visite de la police mais aussi celle de l'inspection du travail et du fisc. A partir de ce jour, la prostitution est dépénalisée et légalisée. Les députés ont pris le parti de réglementer le plus vieux métier du monde. Les dix mille filles qui le pratiquent dans le pays, au sein de plus de 700 maisons closes, devront choisir le statut qui leur convient le mieux : salariées ou indépendantes. Et déclarer au fisc la totalité de leurs revenus...

120 martyrs chinois canonisés à Rome

Vatican, dimanche 1er
Le Saint-Père a passé outre le diktat de Pékin. Place Saint-Pierre, devant plus de 80 000 fidèles, il a canonisé 120 martyrs de l'empire du Milieu, qui deviennent les premiers saints chinois de l'histoire de la Chrétienté. Missionnaires et fidèles convertis, ils ont vécu du XVIIe au XIXe siècle. Les plus anciens sont des jésuites, partis évangéliser la Chine impériale. Jean-Paul II a loué ces martyrs : « Ils font honneur au peuple chinois. » L'avis du régime de Pékin est tout autre : il ne voit en eux que des « complices de l'impérialisme colonial ».

Un enfant issu d'une sélection génétique

Chicago, mardi 3
S'il a fallu une conférence de presse pour annoncer la naissance d'Adam Nash, c'est que cet enfant né le 29 août n'est pas comme les autres. Le DPI (diagnostic pré-implantatoire) a permis de sélectionner, parmi des embryons conçus par les Nash, celui dont l'ADN ne contenait pas le gène responsable chez sa sœur d'un grave dysfonctionnement sanguin. Dès sa venue au monde, quelques gouttes de son sang ont été prélevées de son cordon ombilical et transfusées à sa sœur, Molly, qui devrait ainsi être guérie. Le professeur Yuri Verlinsky est ravi de cette première. (→ 15.11)

Bush et Gore s'affrontent à la télévision

Ce premier duel à la télévision n'a pas départagé Al Gore et George W. Bush.

Boston, mardi 3
Le premier des trois débats télévisés organisés entre Al Gore et George W. Bush a été retransmis en direct d'un amphithéâtre de l'université du Massachusetts. C'est en vain que le candidat des Verts, Ralph Nader, très populaire auprès des étudiants, a réclamé d'y participer. Avec ses partisans, ils ont été expulsés *manu militari* du bâtiment. De tels débats ont un objectif très précis : celui de convaincre les 10 à 15 % d'électeurs américains encore indécis. Face à un Gore maîtrisant parfaitement les chiffres et les dossiers, Bush a voulu apparaître comme le représentant du pays réel, celui que Washington ignore et que l'Etat fédéral écrase sous les réglementations. (→ 11)

Le 1er, en France, la société Dog Generation lance « Oh my dog ! », eau de toilette pour chien vendue dans les rayons des grandes marques de parfum.

Clôture des derniers Jeux du millénaire à Sydney

Le 24 septembre, le Français Miguel Martinez reçoit l'or en cross-country VTT, le Belge Filip Meirhaeghe (g.) l'argent, le Suisse Christoph Sauser le bronze.

Le 28 septembre, le Grec Konstantinos Kenteris s'impose dans le 200 m. Il est le premier Européen à remporter un sprint olympique depuis 1980.

En natation, l'Australien Ian Thorpe fait sensation avec 3 médailles d'or.

Sydney, dimanche 1er

La dernière des 38 médailles que les Français rapporteront d'Australie (une de plus qu'à Atlanta) est celle d'argent des basketteurs. Déjouant tous les pronostics, ils sont parvenus en finale mais n'ont jamais vraiment inquiété leurs adversaires. L'équipe américaine était hors de portée. Au classement général des nations, les Etats-Unis arrivent en tête, avec 97 médailles, dont 39 en or, suivis par la Russie (88) et la Chine (59). Le pays organisateur, l'Australie, fait excellente figure avec 58 médailles, une de plus que l'Allemagne. Placée en 6e position, la France rapporte 13 médailles en or, 14 en argent et 11 en bronze. L'organisation de la compétition a été parfaite, malgré les inquiétudes du départ. Le choix de Sydney s'est révélé judicieux : les sites n'étaient pas trop éloignés les uns des autres, aucun débordement n'a été déploré, et les Australiens, dont on craignait qu'ils manquent d'empressement, se sont finalement pris de passion pour l'événement. Ils ont fait preuve d'un sens de l'accueil de grande qualité et ont communié dans une même ferveur, reprenant à leur compte avec fierté le terme, à l'origine péjoratif, de « Aussies » : il est devenu le cri de ralliement de tout un peuple alors qu'il était, hier, le signe d'un mépris britannique. La seule ombre de ce tableau idyllique fut les huit cas de dopage. Président du Comité international olympique, Juan Antonio Samaranch peut donc être satisfait. Et prendre, heureux, sa retraite annoncée. (→ 18)

Le 20 septembre, la Française Félicia Ballanger obtient l'or en vitesse.

L'équipe de France de basket perd en finale (85-75) face aux Etats-Unis.

Après le chant de Nikki Webster, un chasseur F-111 va souffler la flamme.

2000 Sydney

Athlétisme hommes

100 m
1- Maurice Greene USA 9"87
2- Ato Boldon TRI 9"99
3- Obadele Thompson BAR 10"04
200 m
1- Konstantinos Kenteris GRE 20"09
2- Darren Campbell GBR 20"14
3- Ato Boldon TRI 20"20
400 m
1- Michael Johnson USA 43"84
2- Alvin Harrison USA 44"40
3- Gregory Haughton JAM 44"70
800 m
1- Nils Schumann ALL 1'45"08
2- Wilson Kipketer DAN 1'45"14
3- Aissa Djabir Saïd Guerni ALG 1'45"16
1 500 m
1- Noah Kiprono Ngeny KEN 3'32"07
2- Hicham El Guerrouj MAR 3'32"32
3- Bernard Kipchirchir Lagat KEN 3'32"44
5 000 m
1- Millon Wolde ETH 13'35"49
2- Ali Saïdi-Sief ALG 13'36"20
3- Brahim Lahlafi MAR 13'36"47
10 000 m
1- Haïlé Gebreselassié ETH 27'18"20
2- Paul Tergat KEN 27'18"29
3- Assefa Mezgebu ETH 27'19"75
110 m haies
1- Anier Garcia CUB 13"00
2- Terrence Trammell USA 13"16
3- Mark Crear USA 13"22
400 m haies
1- Angelo Taylor USA 47"50
2- Hadi Souan Somayli ARA 47"53
3- Llewellyn Herbert AFS 47"81
3 000 m steeple
1- Reuben Kosgei KEN 8'21"43
2- Wilson Boit Kipketer KEN 8'21"77
3- Ali Ezzine MAR 8'22"15
Hauteur
1- Sergueï Kliugin RUS 2,35 m
2- Javier Sotomayor CUB 2,32 m
3- Abderrahmane Hammad ALG 2,32 m
Longueur
1- Ivan Pedroso CUB 8,55 m
2- Jai Taurima AUS 8,49 m
3- Roman Schurenko UKR 8,31 m
Triple saut
1- Jonathan Edwards GBR 17,71 m
2- Yoel Garcia CUB 17,47 m
3- Denis Kapustin RUS 17,46 m
Perche
1- Nick Hysong USA 5,90 m
2- Lawrence Johnson USA 5,90 m
3- Maksim Tarasov RUS 5,90 m
Poids
1- Arsi Harju FIN 21,29 m
2- Adam Nelson USA 21,21 m
3- John Godina USA 21,20 m
Marteau
1- Szymon Ziolkowski POL 80,02 m
2- Nicola Vizzoni ITA 79,64 m
3- Igor Astapkovich BLR 79,17 m
Disque
1- Virgilijus Alekna LIT 69,30 m
2- Lars Riedel ALL 68,50 m
3- Frantz Kruger AFS 68,19 m
Javelot
1- Jan Zelezny TCH 90,17 m
2- Steve Backley GBR 89,85 m
3- Sergueï Makarov RUS 88,67 m
Décathlon
1- Erki Nool EST 8 641 pts
2- Roman Sebrle TCH 8 606 pts
3- Chris Huffins USA 8 595 pts
Marathon
1- Gezahgne Abera ETH 2 h 10'11"
2- Eric Wainaina KEN 2 h 10'31"
3- Tesfaye Tola ETH 2 h 11'10"
Relais 4 x 100 m
1- Etats-Unis 37"61
(Drummond, Williams III, Lewis, Greene)
2- Brésil 37"90
(Lima, Ribeiro, A. Silva, C. Da Silva)
3- Cuba 38"04
(Cesar, Perez, Garcia, Mayola)
Relais 4 x 400 m
1- Etats-Unis 2'56"35
(A. Harrison, Pettigrew, C. Harrison, Johnson)
2- Nigeria 2'58"68
(Chukwu, Monye, Bada, Udo-Obong)
3- Jamaïque 2'58"78
(Blackwood, Haughton, Williams, McFarlane)
20 km marche
1- Robert Korzeniowski POL 1 h 18'59"
2- Noe Hernandez MEX 1 h 19'03"
3- Vladimir Andreyev RUS 1 h 19'27"
50 km marche
1- Robert Korzeniowski POL 3 h 42'22"
2- Aigars Fadejevs LET 3 h 43'40"
3- Joel Sanchez MEX 3 h 44'36"

Athlétisme femmes

100 m
1- Marion Jones USA 10"75
2- Ekaterina Thanou GRE 11"12
3- Tanya Lawrence JAM 11"18
200 m
1- Marion Jones USA 21"84
2- Pauline Davis-Thompson BAH 22"27
3- Susanthika Jayasinghe SRI 22"28
400 m
1- Cathy Freeman AUS 49"11
2- Lorraine Graham JAM 49"58
3- Katharine Merry GBR 49"72
800 m
1- Maria Mutola MOZ 1'56"15
2- Stephanie Graf AUT 1'56"64
3- Kelly Holmes GBR 1'56"80
1 500 m
1- Nouria Merah-Benida ALG 4'05"10
2- Violeta Szekely ROU 4'05"15
3- Gabriela Szabo ROU 4'05"27
5 000 m
1- Gabriela Szabo ROU 14'40"79
2- Sonia O'Sullivan IRL 14'41"02
3- Gete Wami ETH 14'42"23
10 000 m
1- Derartu Tulu ETH 30'17"49
2- Gete Wami ETH 30'22"48
3- Fernanda Ribeiro POR 30'22"88
100 m haies
1- Olga Shishigina KZK 12"65
2- Glory Alozie NGA 12"68
3- Melissa Morrison USA 12"76
400 m haies
1- Irina Privalova RUS 53"02
2- Deon Hemmings JAM 53"45
3- Nouzha Bidouane MAR 53"57
Hauteur
1- Yelena Yelesina RUS 2,01 m
2- Hestrie Cloete AFS 2,01 m
3- Kajsa Bergqvist SUE
et Oana Manuela Pantelimon ROU 1,99 m
Perche
1- Stacy Dragila USA 4,60 m
2- Tatiana Grigorieva AUS 4,55 m
3- Vala Flosadottir ISL 4,50 m
Longueur
1- Heike Drechsler ALL 6,99 m
2- Fiona May ITA 6,92 m
3- Marion Jones USA 6,92 m
Triple saut
1- Tereza Marinova BUL 15,20 m
2- Tatyana Lebedeva RUS 15,00 m
3- Olena Hovorova UKR 14,96 m
Poids
1- Yanina Korolchik BLR 20,56 m
2- Larisa Peleshenko RUS 19,92 m
3- Astrid Kumbernuss ALL 19,62 m
Disque
1- Ellina Zvereva BLR 68,40 m
2- Anastasia Kelesidou GRE 65,71 m
3- Irina Yatchenko BLR 65,20 m
Marteau
1- Kamila Skolimowska POL 71,16 m
2- Olga Kuzenkova RUS 69,77 m
3- Kirsten Muenchow ALL 69,28 m
Javelot
1- Trine Hattestad NOR 68,91 m
2- Mirella Maniani-Tzelili GRE 67,51 m
3- Osleidys Menendez CUB 66,18 m
Heptathlon
1- Denise Lewis GBR 6 584 pts
2- Yelena Prokhorova RUS 6 531 pts
3- Natalya Sazanovich BLR 6 527 pts
Marathon
1- Naoko Takahashi JAP 2 h 23'14"
2- Lidia Simon ROU 2 h 23'22"
3- Joyce Chepchumba KEN 2 h 24'45"
Relais 4 x 100 m
1- Bahamas 41"95
(Fynes, Sturrup, Davis-Thompson, Ferguson)
2- Jamaïque 42"13
(Lawrence, Campbell, McDonald, Ottey)
3- Etats-Unis 42"20
(Gaines, Edwards, Perry, Jones)
Relais 4 x 400 m
1- Etats-Unis 3'22"62
(Miles-Clark, Hennagan, Jones, Colander-Richardson)
2- Jamaïque 3'23"25
(Richards, Scott-Pomales, Hemmings, Graham)
3- Russie 3'23"46
(Sotnikova, Gontcharenko, Kotlyarova, Privalova)
20 km marche
1- Wang Liping CHN 1 h 29'05"
2- Kjersti Plaetzer NOR 1 h 29'33"
3- Maria Vasco ESP 1 h 30'23"

Aviron hommes

Skiff
1- Rob Waddell NZE 6'48"90
2- Xeno Mueller SUI 6'50"55
3- Marcel Hacker ALL 6'50"83
Deux sans barreur
1- France 6'32"97
(Michel Andrieux, Jean-Christophe Rolland)
2- Etats-Unis (T. Murphy, S. Bea) 6'33"80
3- Australie (M. Long, J. Tomkins) 6'34"26
Deux de couple
1- Slovénie (Luka Spik, Iztok Cop) 6'16"63
2- Norvège (O. Tufte, Raaen Bekken) 6'17"98
3- Italie (G. Calabrese, N. Sartori) 6'20"49
Quatre sans barreur
1- Grande-Bretagne 5'56"24
(Cracknell, Redgrave, Foster, Pinsent)
2- Italie 5'56"62
(Molea, Deirossi, Carboncini, Mornati)
3- Australie 5'57"61
(Stewart, Dodwell, Stewart, Hanson)
Quatre de couple
1- Italie 5'45"56
(Abbagnale, Sartori, Galtarossa, Raineri)
2- Pays-Bas 5'47"91
(Verberne, Lippits, Simon, Bartman)
3- Allemagne 5'48"64
(Geisler, Hajek, Volkert, Williams)
Huit
1- Grande-Bretagne 5'33"08
(Lindsay, Hunt-Davis, Dennis, Attrill, Grubor, West, Scarlett, Trapmore; barreur : Douglas)
2- Australie 5'33"88
(Ryan, Gordon, Porzig, Jahrling, Mckay, Welch, Burke, Fernandez; barreur : Hayman)
3- Croatie 5'34"85
(Francetic, Frankovic, Smoljanovic, N. Skelin, S. Skelin, Culjak, Boraska, Vujevic; barreur : Petrisko)
Deux de couple poids légers
1- Pologne (T. Kucharski, R. Sycz) 6'21"75
2- Italie (E. Luini, L. Pettinari) 6'23"47
3- France (Pascal Touron, Thibaud Chapelle) 6'24"85
Quatre sans barreur poids légers
1- France 6'01"68
(Laurent Porchier, Jean-Christophe Bette, Yves Hocde, Xavier Dorfman)
2- Australie 6'02"09
(Burgess, Edwards, Balmforth, Richards)
3- Danemark 6'03"51
(Madsen, Ebert, Ebbesen, Feddersen)

Aviron femmes

Skiff
1- Ekaterina Karsten BLR 7'28"14
2- Rumyana Neykova BUL 7'28"15
3- Katrin Rutschow-Stomporowski ALL 7'28"99
Deux sans barreuse
1- Roumanie (G. Damian, D. Ignat) 7'11"00
2- Australie (R. Taylor, Kate Slatter) 7'12"56
3- Etats-Unis (M. Ryan, Karen Kraft) 7'13"00
Deux de couple
1- Allemagne (Jana Thieme, Kathrin Boron) 6'55"44
2- Pays-Bas (P. van Dishoeck, E. van Nes) 7'00"36
3- Lituanie (Sakickiene, Poplavskaja) 7'01"71
Quatre de couple
1- Allemagne 6'19"58
(M. Kowalski, Evers, Lutze, K. Kowalski)
2- Grande-Bretagne 6'21"64
(G. Batten, Lindsay, Grainger, M. Batten)
3- Russie 6'21"65
(Dorodnova, Fedotova, Levina, Merk)
Huit
1- Roumanie 6'06"44
(Damian, Susanu, Olteanu, Cochela, Dumitrache, Lipa, Gafencu, Ignat; barreur : Georgescu)
2- Pays-Bas 6'09"39
(Venema, Beek Ter, Penninx, Van Dishoeck, Van Nes, Appeldoorn, Westerhof, Meijer; b.: Quik)
3- Canada 6'11"58
(Mcdermid, Davis, Urbaniak, Luke, Robinson, Korn, Bienenthal, Alexander; barreur : Thompson)
Deux de couple poids légers
1- Roumanie (C. Burcica, Angela Alupei) 7'02"64
2- Allemagne (V. Viehoff, C. Blasberg) 7'02"95
3- Etats-Unis (C. Collins, S. Garner) 7'06"37

Badminton

Simple hommes
1- Ji Xinpeng Ji CHN
2- Hendrawan INS
3- Xuanze Xia CHN
Double hommes
1- Indonésie (Tony Gunawan, Candra Wijaya)
2- Corée du Sud (Lee Dong-soo, Yoo Yong-sung)
3- Corée du Sud (Ha Tae-kwon, Kim Dong-moon)
Simple femmes
1- Gong Zhichao CHN
2- Camilla Martin DAN
3- Ye Zhaoying CHN
Double femmes
1- Chine (Fei Ge, Jun Gu)
2- Chine (Nanyan Huang, Wei Yang)
3- Chine (Yiyuan Qin, Gao Ling)
Double mixte
1- Chine (Zhang Jun, Gao Ling)
2- Indonésie (Tri Kusharyanto, Minarti Timur)
3- Grande-Bretagne (Simon Archer, Joanne Goode)

Base-Ball

1- Etats-Unis 2- Cuba 3- Corée du Sud

Basket-Ball

Hommes
1- Etats-Unis 2- France 3- Lituanie
Femmes
1- Etats-Unis 2- Australie 3- Brésil

Beach-Volley

Hommes
1- Etats-Unis (Dain Blanton, Eric Fonoimoana)
2- Brésil (Ze Marco, Ricardo Santos)
3- Allemagne (Jorg Ahmann, Axel Hager)
Femmes
1- Australie (Natalie Cook, Kerri Pottharst)
2- Brésil (Adriana Behar, Shelda Beze)
3- Brésil (Adriana Samuel, Sandra Pires)

Boxe

48 kg (mi-mouche)
1- Brahim Asloum FRA
2- Rafael Lozano ESP
3- Kim Un-chol CON
+ Maikro Romero CUB
51 kg (mouche)
1- Wijan Ponlid THA
2- Bulat Jumadilov KZK
3- Jérôme Thomas FRA
+ Vladimir Sidorenko UKR
54 kg (coq)
1- Guillermo Rigondeaux CUB
2- Raimkoul Malakhbekov RUS
3- Sergiy Danylchenko UKR
+ Clarence Vinson USA
57 kg (plume)
1- Bekzat Sattarkhanov KZK
2- Ricardo Juarez USA
3- Tahar Tamsamani MAR
+ Kamil Dzamalutdinov RUS
60 kg (légers)
1- Mario Kindelan CUB
2- Andrei Kotelnyk UKR
3- Alexandre Maletine RUS
+ Cristian Bejarano MEX
63,5 kg (super-légers)
1- Mahamadkadiz Abdullaev OUZ
2- Ricardo Williams Jr. USA
3- Diogenes Luna Martinez CUB
+ Mohamed Allalou ALG
67 kg (welters)
1- Oleg Saitov RUS
2- Sergueï Dotsenko UKR
3- Dorel Simion ROU
+ Vitalie Grusac MOL
71 kg (super-welters)
1- Yermakhan Ibraimov KZK
2- Marin Simion ROU
3- Pornchai Thongburan THA
+ Jermain Taylor USA
75 kg (moyens)
1- Jorge Gutierrez CUB
2- Gaidarbek Gaidarbekov RUS
3- Zsolt Erdei HON
+ Vugar Alakparov AZE
81 kg (mi-lourds)
1- Alexander Lebziak RUS
2- Rudolf Kraj TCH
3- Andrei Fetchouk UKR
+ Sergueï Mikhailov OUZ
91 kg (lourds)
1- Felix Savon CUB
2- Soultanakhmed Ibraguimov RUS
3- Sebastian Koeber ALL
+ Vladimir Tchanturia GEO
Plus de 91 kg (super-lourds)
1- Audley Harrison GBR
2- Mukhtarkhan Dildabekov KZK
3- Rustam Saidov OUZ
+ Paolo Vidoz ITA

Canoë-Kayak

Course en ligne hommes
Canoë monoplace 500 m
1- Gyorgy Kolonics HON 2'24"81
2- Maxim Opalev RUS 2'25"80
3- Andreas Dittmer ALL 2'27"59
Canoë monoplace 1 000 m
1- Andreas Dittmer ALL 3'54"37
2- Ledys Frank Balceiro CUB 3'56"07
3- Steve Giles CAN 3'56"43
Canoë biplace 500 m
1- Hongrie (Novak, Pulai) 1'51"28
2- Pologne (Jedraszko, Baraszkiewicz) 1'51"53
3- Roumanie (Pricop, Popescu) 1'54"26
Canoë biplace 1 000 m
1- Roumanie (Pricop, Popescu) 3'37"35
2- Cuba (Rojas, Pereira) 3'38"75
3- Allemagne (Utess, Kober) 3'41"12
Kayak monoplace 500 m
1- Knut Holmann NOR 1'57"84
2- Petar Merkov BUL 1'58"39
3- Michael Kolganov ISR 1'59"56
Kayak monoplace 1 000 m
1- Knut Holmann NOR 3'33"26
2- Petar Merkov BUL 3'34"64
3- Tim Brabants GBR 3'35"05
Kayak biplace 500 m
1- Hongrie (Kammerer, Storcz) 1'47"05
2- Australie (Trim, Collins) 1'47"89
3- Allemagne (Rauke, Wieskoetter) 1'48"77
Kayak biplace 1 000 m
1- Italie (Rossi, Bonomi) 3'14"46
2- Suède (Oscarsson, Nilsson) 3'16"07
3- Hongrie (Bartfai, Vereb) 3'16"35
Kayak quadriplace 1 000 m
1- Hongrie 2'55"18
(Vereckei, Horvath, Kammerer, Storcz)
2- Allemagne (Schäfer, Zabel, Bach, Ulm) 2'55"70
3- Pologne 2'57"19
(Kotowicz, Seroczynski, Bialkowski, Witkowski)

Course en ligne femmes
Kayak monoplace 500 m
1- Josefa Idem Guerrini ITA 2'13"84
2- Caroline Brunet CAN 2'14"64
3- Katrin Borchert AUS 2'15"13
Kayak biplace 500 m
1- Allemagne (Fischer, Wagner) 1'56"99
2- Hongrie (Kovacs, Szabo) 1'58"58
3- Pologne (Pastuszka, Sokolowska) 1'58"78
Kayak quadriplace 500 m
1- Allemagne 1'34"53
(Fischer, Schuck, Mucke, Wagner)
2- Hongrie 1'34"94
(Szabo, Koban, Kovacs, Viski)
3- Roumanie (Limbau, Ionita, Radu, Toma) 1'37"01

Slalom eaux vives hommes
Canoë monoplace
1- Tony Estanguet FRA 231,87 pts
2- Michal Martikan SVQ 233,76 pts
3- Juraj Mincik SVQ 234,22 pts
Canoë biplace
1- Slovaquie 237,74 pts
(Pavel et Peter Hochschorner)
2- Pologne 243,81 pts
(Krzysztof Kolomanski, Michal Staniszewski)
3- République tchèque 249,45 pts
(Marek Jiras, Tomas Mader)
Kayak monoplace
1- Thomas Schmidt ALL 217,25 pts
2- Paul Ratcliffe GBR 223,71 pts
3- Pierpaolo Ferrazzi ITA 225,03 pts

Slalom eaux vives femmes
Kayak monoplace
1- Stepanka Hilgertova TCH 247,04 pts
2- Brigitte Guibal FRA 251,88 pts
3- Anne-Lise Bardet FRA 254,77 pts

Cyclisme hommes

Course sur route individuelle
1- Jan Ullrich ALL 5 h 29'08"
2- Alexandre Vinokourov KZK à 9"
3- Andreas Klöden ALL à 12"
Contre-la-montre sur route
1- Viacheslav Ekimov RUS 57'40
2- Jan Ullrich ALL à 8"
3- Lance Armstrong USA à 34"
Kilomètre sur piste
1- Jason Queally GBR 1'01"609
2- Stefan Nimke ALL 1'02"487
3- Shane Kelly AUS 1'02"818
Vitesse individuelle
1- Marty Nothstein USA
2- Florian Rousseau FRA
3- Jens Fiedler ALL
Vitesse par équipes
1- France (Gané, Rousseau, Tournant) 44"233
2- Grande-Bretagne (Hoy, Maclean, Queally) 44"680
3- Australie (Eadie, Hill, Neiwand) 45"161
Course aux points
1- Juan Llaneras ESP 14 pts
2- Milton Wynants (à 1 tour) URU 18 pts
3- Alexei Markov RUS 16 pts
Poursuite individuelle
1- Robert Bartko ALL 4'18"515
2- Jens Lehmann ALL 4'23"824
3- Brad McGee AUS 4'19"250
[bat Hayles (GBR) pour la troisième place]
Poursuite par équipes
1- Allemagne 3'59"710
(Bartko, Becke, Fulst, Lehmann)
2- Ukraine 4'04"520
(Fedenko, Simonenko, Matveyev, Chernyavskyy)
3- Grande-Bretagne 4'01"979
(Clay, Manning, Wiggins, Hayles)
(bat la France pour la troisième place)
Course à l'américaine
1- Australie (Scott McGrory, Brett Aitken)
2- Belgique (Matthew Gilmore, Etienne de Wilde)
3- Italie (Silvio Martinello, Marco Villa)
Keirin
1- Florian Rousseau FRA
2- Gary Neiwand AUS
3- Jens Fiedler ALL
VTT Cross-Country
1- Miguel Martinez FRA 2 h 09'02"50
2- Filip Meirhaeghe BEL 2 h 10'05"51
3- Christoph Sauser SUI 2 h 11'21"00

Cyclisme femmes

Course sur route individuelle
1- Leontien van Moorsel HOL 3 h 06'31"
2- Hanka Kupfernagel ALL
3- Diana Ziliute LIT
Contre-la-montre sur route
1- Leontien van Moorsel HOL 42'00"
2- Mari Holden USA à 37"
3- Jeannie Longo FRA à 52"
500 m sur piste
1- Félicia Ballanger FRA 34"140
2- Michelle Ferris AUS 34"696
3- Jiang Cuihua CHN 34"768
Vitesse individuelle
1- Félicia Ballanger FRA
2- Oxana Gritchina RUS
3- Iryna Yanovitch UKR
Course aux points
1- Antonella Bellutti ITA 19 pts
2- Leontien van Moorsel HOL 16 pts
3- Olga Slioussareva RUS 15 pts
Poursuite individuelle
1- Leontien van Moorsel HOL 3'33"360
2- Marion Clignet FRA 3'38"751
3- Yvonne McGregor GBR 3'38"850
VTT Cross-Country
1- Paola Pezzo ITA 1 h 49'24"38
2- Barbara Blatter SUI 1 h 49'51"42
3- Margarita Fullana ESP 1 h 49'57"39

Equitation

Concours complet individuel
1- Davis O'Connor (*Custom Made*) USA 34 pts
2- Andrew Hoy (*Swizzle In*) AUS 39,8 pts
3- Mark Todd (*Eyespy II*) NZE 42 pts
Concours complet par équipes
1- Australie 146,80 pts
[Hoy (*Darien Powers*), Dutton (*House Doctor*), Tinney (*Jeepster*), Ryan (*Kibah Sandstone*)]
2- Grande-Bretagne 161 pts
[Brakewell (*Over To You*), Law (*Shear H20*), Funnell (*Supreme Rock*), Stark (*Jaybee*)]
3- Etats-Unis 175,80 pts
[David O'Connor (*Giltedge*), Fout (*Magic Beans*), Karen O'Connor (*Prince Panache*), Wiesman (*Anderoo*)]
Dressage individuel
1- Anky van Grunsven (*Bonfire*) HOL 239,18 pts
2- Isabell Werth (*Gigolo*) ALL 234,19 pts
3- Ulla Salzgeber (*Rusty*) ALL 230,57 pts
Dressage par équipes
1- Allemagne 5 632 pts
[Werth (*Gigolo*), Simons de Ridder (*Chacomo*), Salzgeber (*Rusty*), Capellmann (*Farbenfroh*)]
2- Pays-Bas 5 579 pts
[Van Grunsven (*Bonfire*), Bontje (*Silvano*), Teeuwissen (*Goliath*), Van Baalen (*Ferro*)]
3- Etats-Unis 5 166 pts
[Dover (*Ranier*), Blinks (*Flim Flam*), Seidel (*Foltaire*), Traurig (*Etienne*)]
Saut d'obstacles individuel
1- Jeroen Dubbeldam (*Sjiem*) HOL 4.00 pts
2- Albert Voorn (*Lando*) HOL 4.00 pts
3- Khaled Al Eid (*Khashm Al Aan*) ARA 4.00 pts
Saut d'obstacles par équipes
1- Allemagne 15 pts
[Ehning (*For Pleasure*), Becker (*Cento*), Nieberg (*Esprit*), Beerbaum (*Goldfever*)]
2- Suisse 16 pts
[McNaught (*Dulf*), Fuchs (*Tinka's Boy*), Mändli (*Pozitano*), Melliger (*Calvaro V*)]
3- Brésil 24 pts
[De Azevedo (*Ralph*), Johannpeter (*Calei*), Miranda Neto (*Aspen*), Pessoa (*Baloubet du Rouet*)]

Escrime hommes

Epée individuelle
1- Pavel Kolobkov RUS
2- Hugues Obry FRA
3- Lee Sang-kee COR
Epée par équipes
1- Italie (Rota, Randazzo, Milanoli)
2- France (Di Martino, Obry, Srecki)
3- Cuba (Loyola, Pedroso, Trevejo)
Fleuret individuel
1- Kim Young-ho COR
2- Ralf Bissdorf ALL
3- Dimitri Chevtchenko RUS
Fleuret par équipes
1- France (Guyart, Lhotellier, Ferrari)
2- Chine (Dong Zhaozhi, Wang Haibin, Ye Chong)
3- Italie (Sanzo, Magni, Crosta)
Sabre individuel
1- Mihai Claidiu Covaliu ROU
2- Mathieu Gourdain FRA
3- Wiradech Kothny ALL
Sabre par équipes
1- Russie (Charikov, Pozdniakov, Frossine)
2- France (Touya, Pillet, Gourdain)
3- Allemagne (Weber, Kothny, Bauer)

Escrime femmes

Epée individuelle
1- Timea Nagy HON
2- Gianna Habluetzel-Buerki SUI
3- Laura Flessel-Colovic FRA
Epée par équipes
1- Russie (Logounova, Mazina, Aznavourian)
2- Suisse (Habluetzel-Buerki, Lamon, Romagnoli)
3- Chine (Yang Shaoqi, Li Na, Liang Qin)
Fleuret individuel
1- Valentina Vezzali ITA
2- Rita Koenig ALL
3- Giovanna Trillini ITA
Fleuret par équipes
1- Italie (Trillini, Vezzali, Bianchedi)
2- Pologne Gruchala, Wolnicka, Mroczkiewicz)
3- Allemagne (Koenig, Bau, Weber)

Football

Hommes
1- Cameroun 2- Espagne 3- Chili
Femmes
1- Norvège 2- Etats-Unis 3- Allemagne

Gymnastique hommes

Concours général individuel
1- Alexei Nemov RUS 58,474 pts
2- Yang Wei CHN 58,361 pts
3- Oleksandr Beresh UKR 58,212 pts
Concours général par équipes
1- Chine 231,919 pts
(Yang Wei, Xu Huang, Xiaopeng Li, Junfeng Xiao, Aowei Xing, Lihui Zheng)
2- Ukraine 230,306 pts
(Beresh, Svitlychnyy, Zozulya, Goncharov, Pereshkura, Myezyentsev)
3- Russie 230,019 pts
(Nemov, Bondarenko, Alechine, Podgornyi, Kriloukov, Drevine)
Sol
1- Igors Vihrovs LET 9,812 pts
2- Alexei Nemov RUS 9,800 pts
3- Iordan Iovtchev BUL 9,787 pts
Cheval d'arçons
1- Marius Daniel Urzica ROU 9,862 pts
2- Eric Poujade FRA 9,825 pts
3- Alexei Nemov RUS 9,800 pts
Anneaux
1- Szilveszter Csollany HON 9,850 pts
2- Dimosthenis Tampakos GRE 9,762 pts
3- Iordan Iovtchev BUL 9,737 pts
Saut de cheval
1- Gervasio Deferr ESP 9,712 pts
2- Alexei Bondarenko RUS 9,587 pts
3- Leszek Blanik POL 9,475 pts
Barres parallèles
1- Li Xiaopeng CHN 9,825 pts
2- Lee Joo-hyung COR 9,812 pts
3- Alexei Nemov RUS 9,800 pts
Barres fixes
1- Alexei Nemov RUS 9,787 pts
2- Benjamin Varonian FRA 9,787 pts
3- Lee Joo-hyung COR 9,775 pts

Gymnastique femmes

Concours général individuel
1- Andreea Madalina Raducan ROU 38,893 pts
2- Simona Amanar ROU 38,642 pts
3- Maria Olaru ROU 38,581 pts
Concours général par équipes
1- Roumanie 154,608 pts
(Raducan, Amanar, Olaru, Boboc, Isarescu, Presacan)
2- Russie 154,403 pts
(Khorkina, Lobaznoiuk, Prodounova, Zamolodtchikova, Kolesnikova, Tchepeleva)
3- Chine 154,008 pts
(Yun Yang, Fangxiao Dong, Liu Xuan, Jie Ling, Mandan Huang, Yuanyuan Kui)
Sol
1- Elena Zamolodtchikova RUS 9,850 pts
2- Svetlana Khorkina RUS 9,812 pts
3- Simona Amanar ROU 9,712 pts
Saut de cheval
1- Elena Zamolodtchikova RUS 9,731 pts
2- Andreea Madalina Raducan ROU 9,693 pts
3- Ekaterina Lobaznioük RUS 9,674 pts
Barres asymétriques
1- Svetlana Khorkina RUS 9,862 pts
2- Jie Ling CHN 9,837 pts
3- Yun Yang CHN 9,787 pts
Poutre
1- Liu Xuan CHN 9,825 pts
2- Ekaterina Lobazniouk RUS 9,787 pts
3- Elena Prodounova RUS 9,775 pts
Gymnastique rythmique
Concours individuel
1- Yulia Barsukova RUS 39,632 pts
2- Yulia Raskina BLR 39,548 pts
3- Alina Kabaeva RUS 39,466 pts
Ensembles
1- Russie (Belova, Chalamova, Lavrova, Netessova, Shimanskaïa, Zilber)
2- Bélarus (Ananko, Belan, Glazkova, Ilyenkova, Lazuk, Puzhevitch)
3- Grèce (Aindili, Christodoulou, Georgatou, Karyami, Pantazi, Pollatou)

Haltérophilie hommes

Moins de 56 kg
1- Halil Mutlu TUR 305 kg
2- Wenxiong Wu CHN 287,5 kg
après disqualification pour dopage de Ivan Ivanov BUL (292,5 kg)
3- Xiangxiang CHN 287,5 kg
Moins de 62 kg
1- Nikolay Pechalov CRO 325 kg
2- Leonidas Sampanis GRE 317,5 kg
3- Oleshchuk BLR 317,5 kg
après disqualification pour dopage de Sevdalin Angelov BUL (317,5 kg)
Moins de 69 kg
1- Galabin Boevski BUL 357,5 kg
2- Georgi Markov BUL 352,5 kg
3- Sergei Lavrenov BLR 340 kg
Moins de 77 kg
1- Zhan Xugang CHN 367,5 kg
2- Viktor Mitrou GRE 367,5 kg
3- Arsen Melikyan ARM 365 kg
Moins de 85 kg
1- Pyrros Dimas GRE 390 kg
2- Marc Huster ALL 390 kg
3- George Asanidze GEO 390 kg
Moins de 94 kg
1- Akakios Kakiasvilis GRE 405 kg
2- Szymon Kolecki POL 405 kg

2000 Sydney

3- Alexei Petrov RUS 402,5 kg
Moins de 105 kg
1- Hossein Tavakoli IRA 425 kg
2- Alan Tsagaev BUL 422,5 kg
3- Asaad Said Saif QAT 420 kg
Plus de 105 kg
1- Hossein Rezazadeh IRA 472,5 kg
2- Ronny Weller ALL 467,5 kg
3- Ashot Danielyan ARM 465 kg

Haltérophilie femmes

Moins de 48 kg
1- Tara Nott USA 185 kg
2- Raema Lisa Rumbewas INS 185 kg
3- Sri Indriyani INS 182,5 kg
après disqualification pour dopage de Izabela Dragneva BUL (190 kg)
Moins de 53 kg
1- Yang Xia CHN 225 kg
2- Feng-ying Li TAI 212,5 kg
3- Winarni Binti Slamet INS 202,5 kg
Moins de 58 kg
1- Soraya Jimenez Mendivil MEX 222,5 kg
2- Ri Song Hui CON 220 kg
3- Khassaraporn Suta THA 210 kg
Moins de 63 kg
1- Chen Xiaomin CHN 242,5 kg
2- Valentina Popova RUS 235 kg
3- Ioanna Chatziioannou GRE 222,5 kg
Moins de 69 kg
1- Lin Weining CHN 242,5 kg
2- Erzsebet Markus HON 242,5 kg
3- Karnam Malleswari IND 240 kg
Moins de 75 kg
1- Maria Isabel Urrutia COL 245 kg
2- Ruth Ogbeifo NGA 245 kg
3- Kuo Yi-hang TAI 245 kg
Plus de 75 kg
1- Ding Meiyuan CHN 300 kg
2- Agata Wrobel POL 295 kg
3- Cheryl Haworth USA 270 kg

Handball

Hommes
1- Russie 2- Suède 3- Espagne
Femmes
1- Danemark 2- Hongrie 3- Norvège

Hockey sur gazon

Hommes
1- Pays-Bas 2- Corée du Sud 3- Australie
Femmes
1- Australie 2- Argentine 3- Pays-Bas

Judo hommes

Moins de 60 kg
1- Tadahiro Nomura JAP
2- Jung Bu-kyung COR
3- Manolo Poulot CUB
+ Aidy Smagulov KIR
Moins de 66 kg
1- Huseyin Ozkan TUR
2- Larbi Benboudaoud FRA
3- Girolamo Giovinazzo ITA
+ Giorgi Vazagashvili GEO
Moins de 73 kg
1- Giuseppe Maddaloni ITA
2- Tiago Camilo BRE
3- Anatoly Laryukov BLR
+ Vsevolods Zelonijs LET
Moins de 81 kg
1- Makoto Takimoto JAP
2- Cho In-chul COR
3- Aleksei Budolin EST
+ Nuno Delgado POR
Moins de 90 kg
1- Mark Huizinga HOL
2- Carlos Honorato BRE
3- Frédéric Demontfaucon FRA
+ Ruslan Mashurenko UKR
Moins de 100 kg
1- Kosei Inoue JAP
2- Nicolas Gill CAN
3- Stéphane Traineau FRA
+ Youri Stepkine RUS
Plus de 100 kg
1- David Douillet FRA
2- Shinichi Shinohara JAP
3- Indre Pertelson EST
+ Tamerlan Tmenov RUS

Judo femmes

Moins de 48 kg
1- Ryoko Tamura JAP
2- Lioubov Brouletova RUS
3- Anna-Maria Gradante ALL
+ Ann Simons BEL
Moins de 52 kg
1- Legna Verdecia CUB
2- Noriko Narazaki JAP
3- Sun Hui Kye CON
+ Lyu Yuxiang CHN
Moins de 57 kg
1- Isabel Fernandez ESP
2- Driulys Gonzalez CUB
3- Kie Kusakabe JAP
+ Maria Pekli AUS
Moins de 63 kg
1- Séverine Vandenhende FRA
2- Li Shufang CHN
3- Gella Vandecaveye BEL
+ Jung Sung-sook COR
Moins de 70 kg
1- Sibelis Veranes CUB
2- Kate Howey GBR
3- Cho Min-sun COR
+ Ylenia Scapin ITA
Moins de 78 kg
1- Tang Lin CHN
2- Céline Lebrun FRA
3- Emmanuela Pierantozzi ITA
+ Simona Marcela Richter ROU
Plus de 78 kg
1- Hua Yuan CHN
2- Daima Mayelis Beltran CUB
3- Mayumi Yamashita JAP
+ Kim Seon-young COR

Lutte gréco-romaine

Moins de 54 kg
1- Sim Kwon-ho COR
2- Lazaro Rivas CUB
3- Kang Yong-gyun CON
Moins de 58 kg
1- Armen Nazarian BUL
2- Kim In-sub COR
3- Sheng Zetian CHN
Moins de 63 kg
1- Varteres Samourgachev RUS
2- Juan Luis Maren CUB
3- Akaki Chachua GEO
Moins de 69 kg
1- Filiberto Azcuy CUB
2- Katsuhiko Nagata JAP
3- Alexei Glouchkov RUS
Moins de 76 kg
1- Mourat Kardanov RUS
2- Matt James Lindland USA
3- Marko Yli-Hannukselaa FIN
Moins de 85 kg
1- Hamza Yerlikaya TUR
2- Sandor Bardosi HON
3- Mukhran Vakhtangadze GEO
Moins de 97 kg
1- Mikael Ljundberg SUE
2- Davyd Saldadze UKR
3- Garett Lowney USA
Moins de 130 kg
1- Rulon Gardner USA
2- Alexandre Kareline RUS
3- Dmitry Debelka BLR

Lutte libre

Moins de 54 kg
1- Namig Abdoullaïev AZE
2- Samuel Henson USA
3- Amiran Karntanov GRE
Moins de 58 kg
1- Alireza Dabir IRA
2- Yevgen Buslovych UKR
3- Terry Brands USA
Moins de 63 kg
1- Mourad Oumakhanov RUS
2- Serafim Barzakov BUL
3- Jang Jae-sung COR
Moins de 69 kg
1- Daniel Igali CAN
2- Arsen Gitinov RUS
3- Lincoln McIlravy USA
Moins de 76 kg
1- Alexandre Leipold ALL
2- Brandon Slay USA
3- Moon Eui-jae COR
Moins de 85 kg
1- Adam Saitiev RUS
2- Yoel Romero CUB
3- Mogamed Ibragimov MCD
Moins de 97 kg
1- Saghid Mourtasaliyev RUS
2- Islam Bairamukov KZK
3- Eldar Kurtanidze GEO
Moins de 130 kg
1- David Moussoulbes RUS
2- Artur Taymazov OUZ
3- Alexis Rodriguez CUB

Natation hommes

50 m nage libre
1- Anthony Ervin USA
+ Gary Hall Jr USA 21"98
3- Pieter Van den Hoogenband HOL 22"03
100 m nage libre
1- Pieter Van den Hoogenband HOL 48"30
2- Alexander Popov RUS 48"69
3- Gary Hall Jr USA 48"73
200 m nage libre
1- Pieter Van den Hoogenband HOL 1'45"35
2- Ian Thorpe AUS 1'45"83
3- Massimiliano Rosolino ITA 1'46"65
400 m nage libre
1- Ian Thorpe AUS 3'40"59
2- Massimiliano Rosolino ITA 3'43"40
3- Klete Keller USA 3'47"00
1 500 m nage libre
1- Grant Hackett AUS 14'48"33
2- Kieren Perkins AUS 14'53"59
3- Chris Thompson USA 14'56"81
100 m brasse
1- Domenico Fioravanti ITA 1'00"46
2- Ed Moses USA 1'00"73
3- Roman Sloudnov RUS 1'00"91
200 m brasse
1- Domenico Fioravanti ITA 2'10"87
2- Terence Parkin AFS 2'12"50
3- Davide Rummolo ITA 2'12"73
100 m dos
1- Lenny Krayzelburg USA 53"72
2- Matthew Welsh AUS 54"07
3- Stev Theloke ALL 54"82
200 m dos
1- Lenny Krayzelburg USA 1'56"76
2- Aaron Peirsol USA 1'57"35
3- Matthew Welsh AUS 1'57"59
100 m papillon
1- Lars Froelander SUE 52"00
2- Michael Klim AUS 52"18
3- Geoff Huegill AUS 52"22
200 m papillon
1- Tom Malchow USA 1'55"35
2- Denis Silantiev UKR 1'55"76
3- Justin Norris AUS 1'56"17
200 m 4 nages
1- Massimiliano Rosolino ITA 1'58"98
2- Tom Dolan USA 1'59"77
3- Tom Wilkens USA 2'00"87
400 m 4 nages
1- Tom Dolan USA 4'11"76
2- Erik Vendt USA 4'14"23
3- Curtis Myden CAN 4'15"33
Relais 4 x 100 m nage libre
1- Australie 3'13"67
(Klim, Fydler, Callus, Thorpe)
2- Etats-Unis 3'13"86
(Ervin, Walker, Lezak, Hall)
3- Brésil 3'17"40
(Scherer, Borges, Jayme, Silva Filho)
Relais 4 x 200 m nage libre
1- Australie 7'07"05
(Thorpe, Klim, Pearson, Kirby)
2- Etats-Unis 7'12"64
(Goldblatt, Davis,Rauch, Keller)
3- Pays-Bas 7'12"70
(Zuijdweg, Kenkhuis, Wouda, Van den Hoogenband)
Relais 4 x 100 m 4 nages
1- Etats-Unis 3'33"73
2- Australie 3'35"27
3- Allemagne 3'35"88

Natation femmes

50 m nage libre
1- Inge de Bruijn HOL 24"32
2- Therese Alshammar SUE 24"51
3- Dara Torres USA 24"63
100 m nage libre
1- Inge de Bruijn HOL 53"83
2- Therese Alshammar SUE 54"33
3- Dara Torres et Jenny Thompson USA 54"43
200 m nage libre
1- Susie O'Neill AUS 1'58"24
2- Martina Moravcova SVQ 1'58"32
3- Claudia Poll Ahrens COS 1'58"81
400 m nage libre
1- Brooke Bennett USA 4'05"80
2- Diana Munz USA 4'07"07
3- Claudia Poll Ahrens COS 4'07"83
800 m nage libre
1- Brooke Bennett USA 8'19"67
2- Yana Klochkova UKR 8'22"66
3- Kaitlin Sandeno USA 8'24"29
100 m brasse
1- Megan Quann USA 1'07"05
2- Leisel Jones AUS 1'07"49
3- Penny Heyns AFS 1'07"55
200 m brasse
1- Agnes Kovacs HON 2'24"35
2- Kristy Kowal USA 2'24"56
3- Amanda Beard USA 2'25"35
100 m dos
1- Diana Iuliana Mocanu ROU 1'00"21
2- Mai Nakamura JAP 1'00"55
3- Nina Zhivanevskaya ESP 1'00"89
200 m dos
1- Diana Iuliana Mocanu ROU 2'08"16
2- Roxana Maracineanu FRA 2'10"25
3- Miki Nakao JAP 2'11"05
100 m papillon
1- Inge de Bruijn HOL 56"61
2- Martina Moravcova SVQ 57"97
3- Dara Torres USA 58"20
200 m papillon
1- Misty Hyman USA 2'05"88
2- Susie O'Neill AUS 2'06"58
3- Petria Thomas AUS 2'07"12
200 m 4 nages
1- Yana Klochkova UKR 2'10"68
2- Beatrice Nicoleta Caslaru ROU 2'12"57
3- Cristina Teuscher USA 2'13"32
400 m 4 nages
1- Yana Klochkova UKR 4'33"59
2- Yasuko Tajima JAP 4'35"96
3- Beatrice Nicoleta Caslaru ROU 4'37"18
Relais 4 x 100 m nage libre
1- Etats-Unis 3'36"61
(Van Dyken, Torres, Shealy, Thompson)
2- Pays-Bas 3'39"83
(Van Rooijen, Van Rijn, Henneken, De Bruijn)
3- Suède 3'40"30
(Joehncke, Alshammar, Sjoeberg, Kammerling)
Relais 4 x 200 m nage libre
1- Etats-Unis 7'57"80
(Arsenault, Munz, Benko, Thompson)
2- Australie 7'58"52
(O'Neill, Rooney, Thomson, Thomas)
3- Allemagne 7'58"64
(Van Almsick, Buschschulte, Harstick, Kielgass)
Relais 4 x 100 m 4 nages
1- Etats-Unis 3'58"30
(Bedford, Quann, Thompson, Torres)
2- Australie 4'01"59
(Calub, Jones, Thomas, O'Neill)
3- Japon 4'04"16
(Nakamura, Tanaka, Onishi, Minamoto)

Natation synchronisée

Duo
1- Russie 99,580 pts
(Olga Brusnikina, Maria Kisseleva)
2- Japon 98,650 pts
(Miya Tachibana, Miho Takeda
3- France 97,437 pts
(Virginie Dedieu, Myriam Lignot
Ballet d'équipes
1- Russie 99,146 pts
(Azarova, Brusnikina, Kisseleva,Perchina, Soia, Novokshtchenova, Vasilieva, Vassioukova)
2- Japon 98,860 pts
(Egami, Fujii, Isoda, Jimbo, Tachibana, Takeda, Yoneda, Yoneda)
3- Canada 97,357 pts
(Beaumont, Dias, Chan, Garceau, Letourneau, Normand, Taillon, Tatham)

Plongeon hommes

Tremplin (3 m) individuel
1- Xiong Ni CHN 708,72 pts
2- Fernando Platas-Alvarez MEX 708,42 pts
3- Dimitri Saoutine RUS 703,20 pts
Haut vol (10 m) individuel
1- Tian Liang CHN 724,53 pts
2- Hu Jia CHN 713,55 pts
3- Dimitri Saoutine RUS 679,26 pts
Tremplin (3 m) synchronisé
1- Chine (Xiong Ni, Xiao Hailang) 365,58 pts
2- Russie 329,97 pts
(Dimitri Saoutine, Alexander Dobroskok)
3- Australie (Robert Newbury, Dean Pullar) 322,86 pts
Haut vol (10 m) synchronisé
1- Russie (Igor Loukachine, Dimitri Saoutine) 365,04 pts
2- Chine (Hu Jia, Tian Liang) 358,74 pts
3- Allemagne (Jan Hempel, Heiko Meyer) 338,88 pts

Plongeon femmes

Tremplin (3 m) individuel
1- Fu Mingxia CHN 609,42 pts
2- Guo Jingjing CHN 597,81 pts
3- Doerte Lindner ALL 574,35 pts
Haut vol (10 m) individuel
1- Laura Wilkinson USA 543,750 pts
2- Na Li CHN 542,010 pts
3- Anne Montminy CAN 540,150 pts
Tremplin (3 m) synchronisé
1- Russie (Vera Ilina, Ioula Pakhalina) 332,64 pts
2- Chine (Fu Mingxia, Guo Jingjing) 321,60 pts
3- Ukraine (Ganna Sorokina, Olena Zhupina) 290,34 pts
Haut vol (10 m) synchronisé
1- Chine (Na Li, Sang Xue) 345,12 pts
2- Canada 312,03 pts
(Anne Montminy, Emilie Heymans)
3- Australie 301,50 pts
(Rebecca Gilmore, Loudy Tourky)

Pentathlon moderne

Hommes
1- Dimitri Svatkovski RUS 5 376 pts
2- Gabor Balogh HON 5 353 pts
3- Pavel Dovgal BLR 5 338 pts
Femmes
1- Stephanie Cook GBR 5 318 pts
2- Emily de Riel USA 5 310 pts
3- Kate Allenby GBR 5 273 pts

Softball

1- Etats-Unis 2- Japon 3- Australie

Taekwondo hommes

58 kg
1- Michail Mouroutsos GRE
2- Gabriel Esparza ESP
3- Huang Chih-hsiung TAI
68 kg
1- Steven Lopez USA
2- Sin Joon-sik COR
3- Hadi Saeibonehkohal IRA
80 kg
1- Angel Matos Fuentes CUB
2- Faissal Ebnoutalib ALL
3- Victor Estrada Garibay MEX
Plus de 80 kg
1- Kim Kyong-hun COR
2- Daniel Trenton AUS
3- Pascal Gentil FRA

Taekwondo femmes

49 kg
1- Lauren Burns AUS
2- Urbia Melendez Rodriguez CUB
3- Chi Shu-ju TAI
57 kg
1- Jung Jae-eun COR
2- Hieu Ngan Tran VIE
3- Hamide Bikcin TUR
67 kg
1- Lee Sun-hee COR
2- Trude Gundersen NOR
3- Yoriko Okamoto JAP
Plus de 67 kg
1- Zhong Chen CHN
2- Natalia Ivanova RUS
3- Dominique Bosshart CAN

Tennis

Simple hommes
1- Evgueni Kafelnikov RUS
2- Tommy Haas ALL
3- Arnaud Di Pasquale FRA
Double hommes
1- Canada (Sebastien Lareau, Daniel Nestor)
2- Australie (Todd Woodbridge, Mark Woodforde)
3- Espagne (Alex Corretja, Albert Costa)
Simple femmes
1- Venus Williams USA
2- Elena Dementieva RUS
3- Monica Seles USA
Double femmes
1- Etats-Unis (Serena et Venus Williams)
2- Pays-Bas (Kristie Boogert, Miriam Oremans)
3- Belgique (Els Callens, Dominique Van Roost)

Tennis de table

Simple hommes
1- Kong Linghui CHN
2- Jan-Ove Waldner SUE
3- Liu Guoliang CHN
Double hommes
1- Chine (Wang Liqin, Yan Sen)
2- Chine (Kong Linghui, Liu Guoliang)
3- France (Patrick Chila, Jean-Philippe Gatien)
Simple femmes
1- Wang Nan CHN
2- Li Ju CHN
3- Chen Jing TAI
Double femmes
1- Chine (Wang Nan, Li Ju)
2- Chine (Sun Jin, Yang Ying)
3- Corée du Sud (Kim Moo-kyo, Ryu Ji-hye)

Tir hommes

Pistolet à 10 m
1- Franck Dumoulin FRA 688,9 pts
2- Wang Yifu CHN 686,9 pts
3- Igor Basinsky BLR 682,7 pts
Pistolet libre à 50 m
1- Tanyu Kiriakov BUL 666 pts
2- Igor Basinsky BLR 663,3 pts
3- Martin Tenk TCH 662,5 pts
Pistolet vitesse olympique (25 m)
1- Serguei Alifirenko RUS 687,6 pts
2- Michel Ansermet SUI 686,1 pts
3- Iulian Raicea ROU 684,6 pts
Carabine air comprimé à 10 m
1- Cai Yalin CHN 696,4 pts
2- Artem Khadjibekov RUS 695,1 pts
3- Evguéni Aleinikov RUS 693,8 pts
Carabine cible mobile à 10 m
1- Yang Ling CHN 681,1 pts
2- Oleg Moldovan MOL 681 pts
3- Niu Zhiyuan CHN 677,4 pts
Carabine à 50 m 3 positions
1- Rajmond Debevec SLO 1 275,1 pts
2- Juha Hirvi FIN 1 270,5 pts
3- Harald Stenvaag NOR 1 268,6 pts
Carabine à 50 m position couchée
1- Jonas Edman SUE 701,3 pts
2- Torben Grimmel DAN 700,4 pts
3- Serguei Martynov BLR 700,3 pts
Skeet olympique
1- Mykola Milchev UKR 150 pts
2- Petr Malek TCH 148 pts
3- James Graves USA 147 pts
Fosse olympique
1- Michael Diamond AUS 147 pts
2- Ian Peel GBR 142 pts
3- Giovanni Pellielo ITA 140 pts
Double trap
1- Richard Faulds GBR 187 pts
2- Russell Mark AUS 187 pts
3- Fehaid Al Deehani KOW 186 pts

Tir femmes

Pistolet à 10 m
1- Tao Luna CHN 488,2 pts
2- Jasna Sekaric YUG 486,5 pts
3- Annemarie Forder AUS 484 pts
Pistolet à 25 m
1- Maria Grozdeva BUL 690,3 pts
2- Tao Luna CHN 689,8 pts
3- Lolita Evglevskaya BLR 686 pts
Carabine à 10 m
1- Nancy Johnson USA 497,7 pts
2- Kang Cho-hyun COR 497,5 pts
3- Gao Jing CHN 497,2 pts
Carabine à 50 m 3 positions
1- Renata Mauer-Rozanska POL 684,6 pts
2- Tatiana Goldobina RUS 680,9 pts
3- Maria Feklistova RUS 679,9 pts
Skeet olympique
1- Zemfira Meftakhetdinova AZE 98 pts
2- Svetlana Demina RUS 95 pts
3- Diana Igaly HON 93 pts
Fosse olympique
1- Daina Gudzineviciute LIT 93 pts
2- Delphine Racinet FRA 92 pts
3- E Gao CHN 90 pts
Double trap
1- Pia Hansen SUE 148 pts
2- Deborah Gelisio ITA 144 pts
3- Kimberly Rhode USA 139 pts

Tir à l'arc

Individuel hommes
1- Simon Fairweather AUS
2- Victor Wunderle USA
3- Wietse Van Alten HOL
Par équipes hommes
1- Corée du Sud 2- Italie 3- Etats-Unis
Individuel femmes
1- Yun Mi-jin COR
2- Kim Nam-soon COR
3- Kim Soo-nyung COR
Par équipes femmes
1- Corée du Sud
(Kim Nam-soon, Kim Soo-nyung, Yun Mi-jin)
2- Ukraine (Burdeyna, Sadovnycha, Serdyuk)
3- Allemagne (Mensing, Pfohl, Sachse)

Trampoline

Hommes
1- Alexandre Moskalenko RUS 41,7 pts
2- Ji Wallace AUS 39,3 pts
3- Mathieu Turgeon CAN 39,1 pts
Femmes
1- Irina Karavaeva RUS 38,90 pts
2- Oxana Tsyhuleva UKR 37,70 pts
3- Karen Cockburn CAN 37,40 pts

Triathlon

Hommes
1- Simon Whitfield CAN 1 h 48'24"02
2- Stephan Vuckovic ALL 1 h 48'37"58
3- Jan Rehula TCH 1 h 48'46"64
Femmes
1- Brigitte McMahon SUI 2 h 00'40"52
2- Michellie Jones AUS 2 h 00'42"55
3- Magali Messmer SUI 2 h 01'08"83

Voile hommes

Planche à voile (Mistral)
1- Christoph Sieber AUT 38 pts
2- Carlos Espinola ARG 43 pts
3- Aaron McIntosh NZE 48 pts
Finn
1- Iain Percy GBR 35 pts
2- Luca Devoti ITA 46 pts
3- Fredrik Loof SUE 47 pts
Laser
1- Ben Ainslie GBR 45 pts
2- Robert Scheidt BRE 46 pts
3- Michael Blackburn AUS 62 pts
49er
1- Finlande 55 pts
(Thomas Johanson, Jyrki Jarvi)
2- Grande-Bretagne 60 pts
(Ian Barker, Simon Hiscocks)
3- Etats-Unis 64 pts
(Jonathan McKee, Charlie McKee)
470
1- Australie 38 pts
(Tom King, Mark Turnbull)
2- Etats-Unis 42 pts
(Paul Foerster, Robert Merrick)
3- Argentine 57 pts
(Javier Conte, Juan de la Fuente)
Soling
1- Danemark 2- Allemagne 3- Norvège
Star
1- Etats-Unis 34 pts
(Mark Reynolds, Magnus Liljedahl)
2- Grande-Bretagne 35 pts
(Ian Walker, Mark Covell)
3- Brésil 39 pts
(Torben Grael, Marcelo Ferreira)
Tornado
1- Autriche (R. Hagara, H.-P. Steinacher)
2- Australie (Darren Bundock, John Forbes)
3- Allemagne (R. Gaebler, Rene Schwall)

Voile femmes

Planche à voile (Mistral)
1- Alessandra Sensini ITA 15 pts
2- Amelie Lux ALL 15 pts
3- Barbara Kendall NZE 19 pts
Europe
1- Shirley Robertson GBR 37 pts
2- Margriet Matthysse HOL 39 pts
3- Serena Amato ARG 51 pts
470
1- Australie (Jenny Armstrong, Belinda Stowell) 33 pts
2- Etats-Unis (Jennifer Isler, Pease Glaser) 47 pts
3- Ukraine (Ruslana Taran, Olena Pakholchyk) 48 pts

Volley-Ball

Hommes
1- Yougoslavie 2- Russie 3- Italie
Femmes
1- Cuba 2- Russie 3- Brésil

Water-Polo

Hommes
1- Hongrie 2- Russie 3- Yougoslavie
Femmes
1- Australie 2- Etats-Unis 3- Russie

TABLEAU FINAL DES MÉDAILLES

PAYS	OR	AR	BR	Total
Etats-Unis	39	25	33	97
Russie	32	28	28	88
Chine	28	16	15	59
Australie	16	25	17	58
Allemagne	14	17	26	57
France	***13***	***14***	***11***	***38***
Italie	13	8	13	34
Pays-Bas	12	9	4	25
Cuba	11	11	7	29
Grande-Bretagne	11	10	7	28
Roumanie	11	6	9	26
Corée du Sud	8	9	11	28
Hongrie	8	6	3	17
Pologne	6	5	3	14
Japon	5	8	5	18
Bulgarie	5	6	2	13
Grèce	4	6	3	13
Suède	4	5	3	12
Norvège	4	3	3	10
Ethiopie	4	1	3	8
Ukraine	3	10	10	23
Kazakhstan	3	4	0	7
Bélarus	3	3	11	17
Canada	3	3	8	14
Espagne	3	3	5	11
Iran	3	0	1	4
Turquie	3	0	1	4
Rép. tchèque	2	3	3	8
Kenya	2	3	2	7
Danemark	2	3	1	6
Finlande	2	1	1	4
Autriche	2	1	0	3
Lituanie	2	0	3	5
Azerbaïdjan	2	0	1	3
Slovénie	2	0	0	2
Suisse	1	6	2	9
Indonésie	1	3	2	6
Slovaquie	1	3	1	5
Mexique	1	2	3	6
Algérie	1	1	3	5
Ouzbékistan	1	1	2	4
Lettonie	1	1	1	3
Yougoslavie	1	1	1	3
Bahamas	1	1	0	2
Nouvelle-Zélande	1	0	3	4
Estonie	1	0	2	3
Thaïlande	1	0	2	3
Croatie	1	0	1	2
Cameroun	1	0	0	1
Colombie	1	0	0	1
Mozambique	1	0	0	1
Brésil	0	6	6	12
Jamaïque	0	4	3	7
Nigeria	0	3	0	3
Afrique du Sud	0	2	3	5
Belgique	***0***	***2***	***3***	***5***
Argentine	0	2	2	4
Maroc	0	1	4	5
Taiwan	0	1	4	5
Corée du Nord	0	1	3	4
Arabie Saoudite	0	1	1	2
Moldavie	0	1	1	2
Trinidad/Tobago	0	1	1	2
Eire	0	1	0	1
Uruguay	0	1	0	1
Viêt-nam	0	1	0	1
Géorgie	0	0	6	6
Costa Rica	0	0	2	2
Portugal	0	0	2	2
Arménie	0	0	1	1
Barbade	0	0	1	1
Chili	0	0	1	1
Inde	0	0	1	1
Islande	0	0	1	1
Israël	0	0	1	1
Kirghizistan	0	0	1	1
Koweit	0	0	1	1
Macédoine	0	0	1	1
Qatar	0	0	1	1
Sri Lanka	0	0	1	1
TOTAL	**301**	**299**	**328**	**928**

La Côte d'Ivoire vit sous état d'urgence

Abidjan, jeudi 5
Le général Robert Gueï a décrété le couvre-feu et l'état d'urgence dès ce soir, dans le but d'éviter les troubles qui pourraient se produire demain lorsque la Cour suprême annoncera les candidats retenus pour l'élection présidentielle. Il est peu probable qu'Alassane Ouattara y figure, or ses partisans sont les plus remuants. Gueï se méfie également de l'armée : loin d'être monolithique, celle-ci voit ses unités déchirées par des clivages ethniques et religieux mais aussi, désormais, par des lignes de fracture politiques. Tout chef de junte qu'il est, Gueï sait qu'il est isolé. (→ 9)

Contraception et IVG : une refonte globale

Paris, jeudi 5
L'Assemblée nationale a adopté en première lecture la proposition de loi sur la pilule du lendemain. Elle autorise sa délivrance aux mineures par les infirmeries scolaires et ce en dehors de tout contrôle parental et de toute prescription médicale. Ce texte fait partie de la refonte de la législation sur la contraception et l'IVG, l'interruption volontaire de grossesse, que conduisent Ségolène Royal et Martine Aubry. Hier, cette dernière a présenté lors du Conseil des ministres un projet de loi faisant passer de dix à douze semaines le délai légal pour avorter. (→ 6.12)

Une clinique pour les fous du portable

Danemark, jeudi 5
Une clinique d'Odense soigne les utilisateurs compulsifs du téléphone portable, et plus spécialement tous les adeptes du SMS (Short Message Service). Il s'agit d'un traitement psychiatrique léger, pris en charge par l'Etat, pour des personnes qui passent des heures par jour rivées à un appareil devenu indispensable pour le plus grand malheur de leurs finances. L'établissement, situé dans l'île de Fionie, s'était spécialisé au début dans une dépendance connue de longue date : celle des accros des jeux vidéo. Il a ensuite apporté de l'aide aux maniaques d'Internet.

Les phares habités se raréfient en mer

Bretagne, vendredi 6
A 40 km au nord de Tréguier, dans la Manche, les Roches-Douvres est le phare le plus éloigné des côtes en Europe. Il vient de perdre ses deux derniers gardiens permanents. Tous les mécanismes de lumière ont été automatisés et sont télécommandés désormais depuis des balises-relais sur la côte. Ce phare, haut de 60 m et visible à 28 milles nautiques, avait été construit en 1867 à Paris pour l'Exposition universelle. Remonté sur les Roches, il avait été détruit en 1944 et reconstruit. Il ne reste plus, au large des côtes françaises, que quatre phares habités.

Peine de dix-huit ans pour l'abbé Bissey

Caen, vendredi 6
Les jurés des assises du Calvados ont condamné l'abbé Bissey à 18 ans de réclusion, bien plus que ce que l'avocat général avait requis. Il a été reconnu coupable du viol d'un jeune garçon et d'atteintes sexuelles et de corruption de mineurs à l'encontre de dix autres adolescents. Ce n'est pas tant la culpabilité de René Bissey, âgé de 56 ans, établie par ses aveux et les témoignages pénibles des victimes, qui fut discutée que les silences de sa hiérarchie. L'évêque de Caen, son supérieur, est d'ailleurs poursuivi pour non-dénonciation de crimes. (→ 30.11)

Le grand-duc Jean de Luxembourg abdique au profit de son fils

Henri, 45 ans, avec son épouse Maria-Teresa, une Suissesse d'origine cubaine.

Luxembourg, samedi 7
Malgré la retenue protocolaire, la liesse populaire était au rendez-vous pour saluer l'arrivée sur le trône du grand-duc Henri. A 45 ans, celui-ci succède à son père, Jean, 79 ans, qui régna 36 ans et qui lui lègue un pays stable et riche. Après la signature de l'acte d'abdication et la prestation de serment du sixième souverain de cette dynastie, toute la famille grand-ducale s'est retrouvée au balcon du palais avant la messe d'action de grâce. Henri, dans son discours du trône, a vanté le modèle d'intégration et la prospérité de son pays, où le chômage est inexistant. Puis il a reçu des journalistes, ce à quoi son père s'était toujours refusé.

Le 7, à Londres, le mythique stade de Wembley accueille un dernier match de football : Angleterre-Allemagne (0-1). Il doit être détruit en novembre puis remplacé, en 2003, par un English National Stadium ultramoderne.

Le 8, à Suzuka, Michael Schumacher est sacré champion du monde pour la troisième fois grâce à sa victoire dans le Grand Prix de Formule 1 du Japon. Il offre à Ferrari son premier titre de pilote depuis 21 ans. (→ 22)

La pression populaire a eu raison de Milosevic

Le jeudi 5, après l'annonce de l'annulation du premier tour de l'élection par la Cour constitutionnelle, le Parlement est envahi par les partisans de l'opposition.

Belgrade, samedi 7
Vojislav Kostunica a prêté serment devant le Parlement fédéral avant d'être officiellement investi de la présidence yougoslave. Il a aussitôt souhaité la normalisation complète des relations avec le Monténégro et avec l'Union européenne et a avoué, ému : « Je ne m'attendais pas à me trouver aussi vite devant vous, et je ne présenterai mon programme que dans quelques jours. » Le nouveau président, auquel la Constitution ne donne que peu de pouvoirs, va faire face à une situation délicate. Sur le plan économique, le pays est ruiné par le régime communiste et par la guerre que lui a imposée Milosevic. Il lui faut aussi régler le problème de la place de la Serbie au sein de la fédération. Les grandes capitales occidentales ont salué depuis deux jours la victoire de Kostunica. Hier, ce fut au tour de Milosevic, suspecté un temps d'avoir fui à l'étranger, de faire sa réapparition à la télévision pour reconnaître sa défaite. Cela a scellé la fin d'une révolution de rue, lancée la veille, et qui avait vu les manifestants de l'opposition s'en prendre au pouvoir en place et le renverser. Après la décision de la Cour constitutionnelle d'annuler le premier tour de la présidentielle, les manifestants, qui étaient venus de toute la Serbie, ont attaqué le siège de la télévision et le Parlement. Au milieu des affrontements, la police et les militaires annoncèrent leur ralliement à Kostunica. (→ 22)

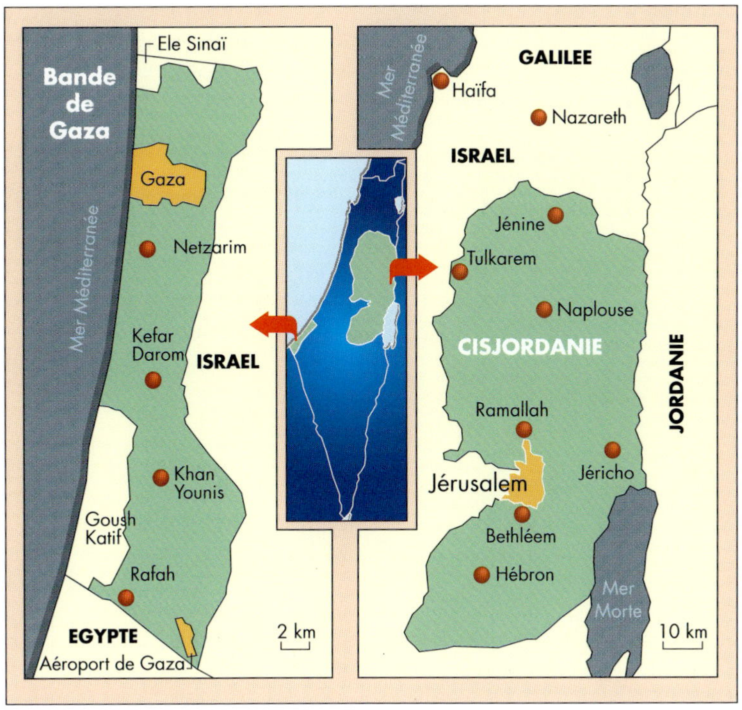

Affrontements quotidiens en Palestine

Israël, dimanche 8
A la veille du Grand Pardon (Yom Kippour), Ehud Barak a lancé un ultimatum à Yasser Arafat. Si les combats n'ont pas cessé d'ici à lundi soir, Israël passera du maintien de l'ordre à des opérations de guerre. C'est pour répondre à une opinion publique chauffée à blanc par cette nouvelle Intifada que le Premier ministre a adopté un ton aussi martial. Depuis huit jours, les affrontements ont déjà fait plus de quatre-vingts morts palestiniens. Après l'échec des négociations quadripartites de Paris, le 4 et le 5, pour ramener le calme, l'embrasement est général. Et les fronts se sont multipliés : les Arabes israéliens ont manifesté très violemment contre les méthodes de Tsahal. Enfin trois soldats israéliens ont été enlevés par le Hezbollah sur la frontière libanaise. (→ 13)

Le 7, à Naplouse, des Palestiniens ont détruit le tombeau de Joseph, un lieu saint du judaïsme.

Octobre

Lu	Ma	Me	Je	Ve	Sa	Di
						1
2	3	4	5	6	7	8
9	10	11	12	13	14	15
16	17	18	19	20	21	22
23	24	25	26	27	28	29
30	31					

France, lundi 9
Audience record pour France 2 avec 42,6 % de parts de marché pour *la Bicyclette bleue*, d'après le roman de Régine Desforges, avec Lætitia Casta.

Paris, lundi 9
L'ambassade de Côte d'Ivoire est saccagée par des opposants : les chefs de l'opposition n'ont pas eu le droit de se présenter à la présidentielle. (→ 31)

Paris, mardi 10
Le Trésor et le ministère de la Justice dénoncent le laxisme bancaire de Monaco.

Trappes, mardi 10
Une synagogue est ravagée par un incendie, acte antisémite lié à la tension au Proche-Orient.

Etats-Unis, mercredi 11
Deuxième débat télévisé Bush-Gore : échanges courtois avec un petit avantage à Bush. (→ 17)

Paris, jeudi 12
Les locaux du PCF, place du Colonel-Fabien, sont loués 300 000 F au couturier Prada pour un défilé de prêt-à-porter.

Yémen, jeudi 12
Attentat à la bombe contre le destroyer américain *USS Cole* dans le port d'Aden : 5 morts.

Paris, jeudi 12
Le Comité national de l'euro annonce que le franc cessera d'avoir cours légal le dimanche 17 février 2002 à minuit.

Bretagne, vendredi 13
Redoutant la pollution, plus de la moitié des Bretons ne boivent plus d'eau du robinet.

Etats-Unis, dimanche 15
Chevron rachète Texaco et devient ainsi le quatrième groupe pétrolier mondial.

Pologne, dimanche 15
Après son échec cinglant à la présidentielle du 8 (0,8 % des voix), Lech Walesa annonce son retrait de la vie politique.

DECES

Etats-Unis, vendredi 13
Gus Hall, secrétaire général du Parti communiste américain de 1959 à 1987, candidat quatre fois à la présidence (*Arvo Gus Halberg/8.10.1910).

Los Angeles, vendredi 13
Jean Peters, actrice, épouse de Howard Hughes (*15.10.1926).

6064,21 — 34,45 $ — € 0,8550 $

Poussée du Vlaams Blok aux élections municipales en Belgique

Anvers, lundi 9
Les partis traditionnels s'engagent à ne pas se coaliser avec le Vlaams Blok. Cette déclaration solennelle, qui va instaurer un cordon sanitaire autour du Vlaams Blok, est prise au lendemain d'élections municipales qui ont vu l'extrême droite flamande arriver en tête dans plusieurs villes, dont Anvers, où un électeur sur trois a opté pour elle. Le parti progresse également à Malines et à Gand, où il recueille 20 %. Ce résultat, qui a choqué la classe politique, échappe aux schémas explicatifs habituels. Le taux d'étrangers est plus bas ici que dans la Wallonie, où l'extrême droite s'est affaissée. A noter, les 17 % des écologistes à Bruxelles.

A Anvers, le parti d'extrême droite flamand a remporté 33 % des voix.

La démocratie reste un projet au Sri Lanka

Le même jour, Sirimavo Bandaranaike (dr.), première femme au monde élue Premier ministre (1960), décède, et le parti de Chandrika Kumaratunga (g.), sa fille et présidente du Sri Lanka, obtient la majorité relative aux législatives.

Colombo, mardi 10
Après une campagne électorale très meurtrière, les élections législatives sont loin d'avoir clarifié la situation politique du Sri Lanka. L'Alliance du peuple, le parti de la présidente Kumaratunga, manque la majorité absolue de six sièges. Cela implique une future coalition, et la formation musulmane est déjà l'objet de toutes les sollicitudes. Cette journée a vu disparaître Sirimavo Bandaranaike (*17.4.1916). Figure tutélaire et en même temps contestée, à la tête du gouvernement il y a encore deux mois, la mère de la présidente a été victime d'une crise cardiaque peu de temps après avoir voté.

Interdiction de manger les intestins de bovin

Paris, mercredi 11
Les boyaux de bovins font partie des « matériaux à risque spécifiés », les MRS, que l'Afssa (Agence française de sécurité sanitaire) recommande de ne plus utiliser. Le gouvernement a suivi la consigne à la lettre et en interdit l'usage et la consommation. Appelés baudruches, ces intestins de bovins servent d'enveloppes dans la fabrication des andouillettes et des andouilles. Ils seront remplacés par du porc. L'Afssa rappelle aussi que les techniques permettant de rendre ces boyaux inoffensifs ne sont pas au point. Le caractère infectieux des intestins avait été mis en évidence dès le début des années 90. (→ 22)

Enquête en France sur le réseau Echelon

Paris, mercredi 11
Le réseau d'écoutes Echelon, qui a été créé en 1947 et dont l'existence vient à peine d'être reconnue par Washington, fait l'objet du premier rapport d'enquête parlementaire en France. Son rapporteur, le député du Var Arthur Paecht, y affirme que les Etats-Unis et leurs alliés anglo-saxons espionnent sans le moindre scrupule les communications des pays de l'Union européenne, alliés militaires mais rivaux économiques. Thomson CSF, Siemens et Airbus figurent parmi les sociétés victimes de cette concurrence déloyale.

Les commandos de marine se féminisent

Paris, jeudi 12
Un bastion masculin vient de sauter : Alain Richard a signé un arrêté qui sera publié la semaine prochaine au *Journal officiel* et qui autorise les femmes à faire acte de candidature aux commandos de marine. Elles vont pouvoir arborer le béret vert ! Dans un premier temps, le ministère de la Défense avait affirmé que la Légion étrangère s'ouvrirait aussi aux femmes. Les képis blancs sont aussitôt montés au créneau... et le ministre a reculé. Le recrutement étranger va rester masculin. En revanche, les postes de sous-officiers et d'officiers sont déjà mixtes.

Le Nobel à Kim Dae-jung

Oslo, vendredi 13
Kim Dae-jung, président sud-coréen élu en décembre 1997, a reçu le prix Nobel de la paix pour sa politique de rapprochement avec la Corée du Nord. Les prix ont commencé à être décernés le 9 à Stockholm avec le Nobel de médecine pour les deux Américains Paul Greengard et Eric Kandel et pour Arvid Carlsson, un Suédois. Le Nobel de physique a été attribué, le 10, à Herbert Kroemer et Jack Kilby, américains, et à un Russe, Jaurès Alferov. En chimie, le même jour, le prix est revenu aux Américains Alan Heeger et Alan MacDiarmid et au Japonais Hideki Shirakawa. Celui d'économie a été délivré, le 11, aux Américains James Heckman et Daniel McFaddende, et, le 12, le Nobel de littérature est allé à un Chinois naturalisé français et vivant à Bagnolet, Gao Xingjian.

Le prix est attribué au président sud-coréen pour sa politique de dégel.

Guerre larvée en Israël

Cisjordanie, vendredi 13
C'est une accalmie toute relative qui s'est installée dans les territoires. Hier, une nouvelle image-choc a fait le tour du monde, symbole terrible des haines qui opposent les deux camps. Après le lynchage par une foule de Palestiniens déchaînés de deux soldats israéliens, un homme est apparu à la fenêtre de l'endroit où a eu lieu le drame, montrant ses deux mains couvertes de sang sous les acclamations des siens. Selon les Israéliens, les victimes seraient des réservistes égarés près de Ramallah, alors que les Palestiniens prétendent qu'ils étaient des agents infiltrés. En représailles, des hélicoptères ont tiré des missiles contre des bâtiments de la police palestinienne. Mardi, Ehud Barak avait reporté son ultimatum. Il promet ce soir qu'« Israël exercera sa vengeance ». (→ 22)

Les affontements les plus violents ont lieu à Ramallah, près de Jérusalem.

Les petits pays de l'Europe tiennent à leur représentativité

Biarritz, samedi 14
Qualifié d'informel parce qu'il ne fait que préparer celui de Nice, le sommet européen a reçu la visite du nouveau président serbe Vojislav Kostunica. Il est venu s'assurer du soutien des Quinze dans ses projets de reconstruction démocratique et économique de la Serbie. Le débat entre les pays de l'UE a donné lieu à des échanges « francs et directs » entre les « grandes » et les « petites » nations. Les petits pays se méfient de la réforme institutionnelle qui se prépare et craignent une réduction de leur influence au sein de la future Commission, celle qui résultera de l'élargissement de l'Union. (→ 11.12)

Le nouveau président yougoslave, Vojislav Kostunica, invité par les Quinze.

Déroute des Français en cyclisme sur route

Plouay, dimanche 15
Après le forfait de Jan Ullrich et de Lance Armstrong, la voie semblait ouverte à Laurent Jalabert : il avait fait du maillot arc-en-ciel l'objectif de sa saison. Mais « Jaja » n'a pas terminé la course. Mal remis d'une gastro-entérite, il a abandonné deux tours avant la fin. C'est un coureur letton, Romans Vainsteins, qui a su attendre son heure pour remporter au sprint le titre envié de champion du monde de cyclisme sur route. Il a devancé le Polonais Zbigniew Spruch sur le fil et l'Espagnol Oscar Freire, le tenant du titre. (→ 29)

Le 15, à Paris, le Mondial de l'automobile s'achève. Record d'affluence battu : 1 401 765 visiteurs. Ci-dessus, la Renault Laguna II (disponible en janvier 2001) équipée d'appuie-tête avec des écrans vidéo reliés à Internet.

Des flots de boue déferlent sur la Suisse

Valais, dimanche 15
Associée à un temps tiède et chargée d'humidité, une dépression a buté contre les versants alpins en milieu de semaine. Le résultat ne s'est pas fait attendre. En Suisse, mais aussi en Italie, en Lombardie et dans le Piémont, ainsi qu'en France, des pluies torrentielles ont provoqué plusieurs glissements de terrain et des inondations. Les secouristes ont décompté 11 morts et recherchent 13 disparus dans le village valaisan de Gondo, près du Tessin. (→ 18)

Le village de Gondo, coupé en deux.

Octobre

Lu	Ma	Me	Je	Ve	Sa	Di
						1
2	3	4	5	6	7	8
9	10	11	12	13	14	15
16	17	18	19	20	21	22
23	24	25	26	27	28	29
30	31					

France, lundi 16
Lionel Jospin et Ernest-Antoine Seillière trouvent un accord sur la réforme de l'Unedic.

France, mardi 17
A 83 ans, Henri Salvador sort un très bel album de chansons douces : *Chambre avec vue*.

Etats-Unis, mardi 17
Dernier débat télévisé entre Bush et Gore, à l'avantage de ce dernier. (→ 9.11)

France, mardi 17
L'affaire Grégory Villemin est close : l'ADN de la salive du corbeau n'est pas interprétable.

Belgique, mardi 17
Le gouvernement accorde une autonomie fiscale aux régions, qui pourront baisser les impôts.

Paris, mardi 17
Le géant italien Rizzoli Corriere della Serra (RCS) prend le contrôle de la maison d'édition Flammarion.

Grande-Bretagne, mardi 17
Déraillement du train rapide Londres-Leeds : 4 morts.

Paris, mercredi 18
Isabelle Adjani revient sur scène au Théâtre Marigny dans *la Dame aux camélias*.

La Haye, jeudi 19
Le Tribunal pénal international confirme la peine de prison à perpétuité de Jean Kambanda, Premier ministre rwandais au moment du génocide.

Lyon, vendredi 20
Le professeur Dubernard annonce que le premier greffé de la main, Clint Hallam, veut maintenant se faire amputer.

Marseille, vendredi 20
Une bombe placée dans une voiture est désamorcée près d'un commissariat. La piste corse est vraisemblable.

Espagne, dimanche 22
Un gardien de prison est abattu à Vitoria. Un médecin militaire a déjà été tué le 16 à Séville. Des témoins ont permis que les meurtriers soient arrêtés. (→ 26)

Belfort, dimanche 22
Jean-Pierre Chevènement est réélu député (65,98 % des voix).

DECES

Los Angeles, mercredi 18
Julie London, actrice et chanteuse de jazz (*26.9.1926).

6149,44 — 31,06 $

€ 0,8420 $

Martine Aubry quitte l'équipe Jospin pour se consacrer à Lille

Paris, mercredi 18
Son départ était annoncé depuis des semaines, il est aujourd'hui effectif : Martine Aubry quitte le ministère de l'Emploi et de la Solidarité. Elle est remplacée par Elisabeth Guigou. Celle-ci voit Marylise Lebranchu lui succéder au poste de ministre de la Justice, et François Patriat devient secrétaire d'Etat au Commerce. La fille de Jacques Delors va pouvoir se consacrer pleinement à son projet de prendre la succession de Pierre Mauroy à la mairie de Lille. Martine Aubry ne délaissera pas pour autant la politique nationale. Elle fait partie de ceux qui, si Lionel Jospin était élu à l'Elysée en 2002, peuvent rêver de l'Hôtel Matignon. (→ 22)

Martine Aubry laisse les Affaires sociales à Elisabeth Guigou (ici en août 1998).

Epidémie de fièvre Ebola en Ouganda

Ouganda, mercredi 18
Dans la province de Gulu, à 300 km au nord de Kampala, la capitale, l'épidémie de fièvre Ebola a déjà fait 41 morts, sur les 94 personnes qui ont été infectées. Ce virus provoque une fièvre hémorragique dont l'issue est souvent fatale. Il n'existe pas de vaccin ni de traitement connu. Des experts internationaux ont été envoyés sur les lieux, avec mission de mettre en place un cordon sanitaire efficace. Les écoles ont été fermées. Mais leur travail est ardu : la guérilla menée par l'Armée de résistance du Seigneur les oblige à ne se déplacer que sous escorte militaire. (→ 30.11)

La faune a prospéré grâce aux tempêtes

France, jeudi 19
L'Office national des forêts et les organisations de chasse sont tous formels : la grande faune et le gibier en général ont profité des tempêtes de décembre dernier. Les effectifs des hardes de cerfs et de chevreuils sont en nette augmentation. Comme toutes les périodes de chasse ont été réduites et que l'accès aux massifs boisés était rendu plus difficile, les prélèvements ont été plus faibles. Les animaux ont peu souffert des chutes d'arbres, contrairement aux craintes des forestiers. L'ONF n'a constaté la mort que de 38 animaux, essentiellement des pigeons ramiers.

Une très vieille bactérie « réveillée »

Pennsylvanie, jeudi 19
Une équipe de l'université de West Chester a ranimé une bactérie vieille de 250 millions d'années. Baptisé du nom de Bacillus 2-9-3, l'organisme avait été piégé dans une cavité de quelques microlitres à l'intérieur d'un cristal de sel découvert à plus de 500 mètres de profondeur dans le sous-sol du Nouveau-Mexique. La bactérie était endormie sous forme de spore. Les chercheurs ont extrait l'organisme de son inclusion pour le mettre en culture, et il a repris sa croissance. En attendant l'analyse de son ADN, la bactérie a déjà été classée dans le genre Virgibacillus.

La justice condamne le tourisme sexuel

Paris, vendredi 20
Sept années de prison pour s'être offert comme objet de plaisir une fillette thaïlandaise de 11 ans : le verdict prononcé contre un homme de 48 ans clôt le premier procès en assises pour tourisme sexuel jamais ouvert en France. Grâce à la vidéo tournée par un comparse suisse qui l'a ensuite dénoncé, le Français a pu être retrouvé, ainsi que la jeune fille, aujourd'hui âgée de 18 ans. Il a tout avoué, y compris avoir soudoyé la tante de sa victime. Pour prix de son silence, celle-ci a touché 125 francs. Et il a donné 25 francs à l'enfant...

Le 18, en Italie, la situation redevient quasi normale, sauf en aval de la plaine du Pô. Les pluies diluviennes qui se sont abattues sur les Alpes ces derniers jours ont fait 30 morts (dont 7 en Suisse). Il y a 17 disparus.

Kostunica apprend à se faire respecter

Belgrade, dimanche 22

Si Vojislav Kostunica s'est rendu en Bosnie, c'est d'abord pour assister à une cérémonie religieuse organisée en hommage à un poète nationaliste, au cœur de la partie serbe de cette république. Il aura fallu l'insistance des représentants internationaux en poste à Sarajevo pour qu'il accepte de faire une halte sur l'aéroport de la capitale bosniaque. Les membres de la présidence collégiale se sont entretenus un court moment avec lui. Les réactions contrastées disent toute la difficulté à jauger l'homme : les Sarajéviens ont crié à l'insulte, les Serbes à la trahison et seuls les Occidentaux y ont vu, pour le saluer, un geste d'apaisement. Lundi 16, ses partisans ont réussi à imposer un gouvernement transitoire en Serbie. Le lendemain, Kostunica renouait le dialogue avec le Monténégro, en se rendant sur place. Peu à peu, sa coalition prend les commandes des institutions. (→ 1.11)

La colère palestinienne ne faiblit pas

Palestine, dimanche 22

Les affrontements ont encore fait quatre morts ce week-end du côté palestinien. Ehud Barak a répété qu'il conditionnait la reprise des pourparlers à l'arrêt des violences. Mais les Israéliens savent aussi que Yasser Arafat a peu de prise sur les jeunes militants ou combattants de son camp. Au Caire, la réunion de la Ligue arabe s'est achevée sur une condamnation d'Israël, mais elle fut moins virulente que les Palestiniens le souhaitaient : seul l'Irak appela à la guerre sainte contre l'Etat hébreu. De plus en plus souvent, comme à Naplouse jeudi, des colons israéliens rejoignent les soldats de Tsahal pour tirer sur les combattants et sur les lanceurs de pierres palestiniens. Sur les bords de la mer Rouge, mardi, le sommet de Charm el-Cheikh n'a pas été un succès. Clinton a eu du mal à cacher de son habituel sourire la faiblesse du résultat obtenu : un simple cessez-le-feu entre les parties, et la création, avec l'ONU, d'une mission d'information dont le but est de déterminer les responsabilités dans les événements actuels, et « de prévenir leur répétition ». Israël a tout de même réouvert l'aéroport de Gaza. Passage obligé, la poignée de mains entre Yasser Arafat et Ehud Barak a paru quelque peu forcée. Le bilan actuel de la nouvelle Intifada s'élève déjà à 135 morts. (→ 27)

Barak et Clinton en pleine discussion, mais seulement bipartite, en Egypte.

Les farines animales sont encore tolérées !

Eure, dimanche 22

Un négociant en bovins et son fils sont les premiers incarcérés de la nouvelle crise de la vache folle. La justice les soupçonne d'avoir écoulé en toute connaissance de cause un lot de bêtes dont l'une était atteinte manifestement de l'ESB. Trois jours plus tôt, *Libération* avait révélé que la DGCCRF (Direction générale de la consommation, de la concurrence et de la répression des fraudes) avait toléré depuis deux ans dans tous les aliments pour bétail importés 0,3 % de farines animales, potentiellement infectantes. La DGCCRF plaide la « marge d'erreur » et reconnaît que, « en deçà de ce seuil », les dossiers ne sont pas transmis à la justice. Le fabricant est juste « averti ». (→ 30)

Jospin retrouve la confiance des Français

France, dimanche 22

Le sondage réalisé par l'Ifop pour *le Journal du dimanche* montre une très impressionnante remontée de la cote de popularité de Lionel Jospin. Elle grimpe de 35 % à 52 %, effaçant presque sa chute du mois dernier, consécutive au conflit des routiers et à la polémique sur le dossier de la Corse. Jacques Chirac est passé de 51 % à 55 % de satisfaits. Jeudi, le Premier ministre était intervenu sur TF1. Durant 45 minutes, il avait montré un nouveau visage, différent de l'« austère » dont les Français ont l'habitude, quittant l'« armure » qui lui est attribuée à tort, et appelant les ministres par leur prénom, avec un hommage appuyé à « Laurent ». Les Français semblent apprécier.

Le 18, à Sydney, ouverture des XIes Jeux paralympiques durant lesquels 4 000 athlètes de 121 nations vont se disputer 582 médailles dans dix-huit disciplines jusqu'au 29 octobre. Ci-dessus, André Auberger, le président de la fédération française Handisport, lors du relais de la flamme olympique.

Le 22, à Sepang, Michael Schumacher gagne le Grand Prix de Formule 1 de Malaisie et offre ainsi le titre des constructeurs à l'écurie Ferrari, devant McLaren dont les pilotes Mika Hakkinen et David Coulthard occupent respectivement les 2e et 3e places au classement final des pilotes.

Octobre

Lu	Ma	Me	Je	Ve	Sa	Di
						1
2	3	4	5	6	7	8
9	10	11	12	13	14	15
16	17	18	19	20	21	22
23	24	25	26	27	28	29
30	31					

Londres, lundi 23
Michael Martin est le premier catholique élu président du Parlement britannique depuis le schisme anglican de 1534.

Strasbourg, lundi 23
Après trois ans de procédure, suite à l'affaire de Mantes-la-Jolie, Le Pen perd son dernier mandat, de député européen.

Los Angeles, lundi 23
Fin de la grève des acteurs lancée en mai sur les droits des multidiffusions.

Strasbourg, jeudi 26
Le prix Sakharov du Parlement européen est remis au collectif espagnol « Basta ya ! » contre la violence au Pays basque. (→ 30)

Saint-Omer, vendredi 27
Réclusion criminelle à vie pour les frères Jourdain, reconnus coupables du viol et du meurtre de quatre jeunes filles.

Israël-Palestine, vendredi 27
Cyberguérilla entre les deux camps : les hackers piratent les sites de l'ennemi. (→ 31)

Manchester, vendredi 27
Le cycliste Chris Boardman bat le record de l'heure établi par Eddy Merckx : 49,431 km.

Australie, dimanche 29
Olivier Jacque est le premier Français champion du monde de moto (250 cm^3) depuis 1984.

Bagdad, dimanche 29
L'Irak annonce qu'il libellera ses ventes de pétrole en euros à partir du 1er novembre.

Madrid, lundi 30
Un juge militaire est assassiné par l'ETA. (→ 23.11)

Paris, mardi 31
Le général Michel Roquejoffre confirme l'ordre donné aux militaires français déployés dans le Golfe de prendre un antidote contre d'éventuelles attaques chimiques. (→ 2.11)

Bruxelles, mardi 31
Sur l'aéroport de Zaventem, trois hommes cagoulés et armés s'emparent d'au moins dix kilos de diamants bruts et taillés au moment de leur transfert à bord d'un Airbus A319 de Lufthansa par des employés de la Brinks.

Paris, mardi 31
Non-lieu total confirmé pour les photographes supectés d'avoir causé la mort de Lady Di.

6268,93 — 31,51 $ — € 0,8403 $

La cassette Méry n'est pas truquée

Paris, mardi 24
Les experts sont formels : la cassette vidéo que Jean-Claude Méry avait enregistrée est authentique. Elle ne porte trace d'aucun artifice, d'aucun trucage ou montage sonore et visuel. Ce constat donne enfin la possibilité aux juges de s'intéresser au contenu de cette cassette dont l'original est toujours introuvable. L'instruction devra déterminer notamment si les marchés de rénovation des lycées d'Ile-de-France ont bien été truqués au profit des partis politiques. Et, dans l'affirmative, sur l'ordre de qui. France 3 diffusera jeudi des extraits des accusations de Méry.

Neandertal n'est pas ancêtre de l'homme

Leipzig, mercredi 25
Les dernières analyses des ADN de Néandertaliens confirment ce que des études de 1997 avaient laissé pressentir. Il n'y a aucune séquence démontrant une parenté entre les humains modernes et l'homme de Neandertal. Celui-ci s'est éteint sans descendance. Les restes analysés provenaient de trois crânes trouvés dans le Caucase, en Allemagne et en Croatie. Ils montrent, en revanche, une proximité génétique très forte, ce qui tendrait à prouver que les Néandertaliens ont vécu en groupes dispersés mais homogènes. Mais ils ne surent pas se perpétuer.

L'euro à son plus bas niveau : 0,8246 $

Francfort, mercredi 25
Dans une belle unanimité, toutes les places européennes ont joué l'euro à la baisse face au dollar. La devise commune valait, en fin de séance, 0,8246 $. Après les déclarations de Wim Duisenberg, le président de la Banque centrale européenne (BCE), le 17 dans le *Times*, les marchés ne croient plus à une intervention des autorités monétaires européennes et américaines afin de faire remonter l'euro. A l'intérieur de l'Euroland, cela ne change rien. La Commission reste très optimiste sur la poursuite de la croissance et sur la baisse du chômage dans toute la zone.

Vingt-trois hommes du *Koursk* avaient survécu après l'accident

Moscou, jeudi 26
Avant que la tempête n'interrompe leurs recherches, hier, les plongeurs russes avaient pu sortir et remonter trois corps des entrailles du *Koursk*. L'Amirauté a rendu publique une partie de la note griffonnée, trouvée dans la poche du lieutenant Dimitri Kolesnikov, 27 ans, et remise à sa veuve. Il y a écrit que 23 marins sur 118 ont survécu et se sont retrouvés coincés dans le compartiment 9 du sous-marin, pendant 100 minutes au moins après l'accident. Ceux-ci ont tenté de quitter le submersible, ce qui pourrait expliquer les coups qui avaient été perçus après le naufrage. Vladimir Poutine demande que les corps soient tous remontés. (→ 2.11)

Une note du lieutenant Dimitri Kolesnikov fait état d'une survie de 100 min.

Le PCF sauvé par un vice de procédure

Paris, jeudi 26
Il faudra attendre encore longtemps pour savoir si le Gifco, un bureau d'études, est ou non la « pompe à finances » du PCF. A deux jours de la fin du procès des responsables du Gifco et du Parti communiste, au premier rang desquels Robert Hue, la cour d'appel a accédé à la requête des avocats de la défense : elle récuse Sophie Portier, présidente de la 11e chambre correctionnelle, en raison d'un « doute sur son impartialité ». Elle avait, dans l'affaire Urba, émis une « opinion » sur le Gifco. Tout le procès sera à refaire.

Le 24, à Paris, Charles Aznavour, 76 ans, fait sa réapparition pour un nouveau récital au palais des Congrès, jusqu'au 17 décembre.

Combat ouvert entre Séguin et Tiberi

Paris, jeudi 26
Edouard Balladur était là, Françoise de Panafieu aussi. Et même Jacques Toubon. Nul ne manquait à l'appel pour le premier meeting électoral de Philippe Séguin au stade Charléty. Le candidat à la mairie de Paris a impressionné ses supporters avant-hier en annonçant qu'il ne figurerait qu'en quatrième position sur la liste du 18e arrondissement, un bastion de la gauche tenu par le ministre de l'Intérieur. Ce même mardi, le RPR a exclu de ses rangs Jean Tiberi, qui a tenu comme si de rien n'était un meeting à la Mutualité. De ces deux hommes, un, peut-être, survivra.

Ingrid Caven accède au prix Goncourt grâce à Jean-Jacques Schuhl

Ahmadou Kourouma reçoit le Renaudot et Jean-Jacques Schuhl le Goncourt.

Paris, lundi 30
Chanteuse à la voix mélancolique et désenchantée, figure décadente des films de Rainer Werner Fassbinder, l'actrice allemande Ingrid Caven est un peu la personnification de cette fin de siècle. Fascinante, troublante, elle est à la fois l'héroïne et le titre d'*Ingrid Caven* (Gallimard), roman biographique qui a valu le Goncourt à Jean-Jacques Schuhl. De leur côté, les jurés du Renaudot ont couronné *Allah n'est pas obligé* (Seuil), dû à l'Ivoirien Ahmadou Kourouma : un récit d'une actualité plus brûlante. Vendredi 27, le grand prix du roman de l'Académie française est revenu à Pascal Quignard pour *Terrasse à Rome* (Gallimard). (→ 6.11)

Le tour du monde de Horn sur l'équateur

Gabon, vendredi 27
Accueilli par sa femme à Nyonye, sur la côte atlantique, Mike Horn a bouclé le plus incroyable et le plus parfait des tours du monde. Durant 17 mois, ce Sud-Africain vivant en Suisse a suivi l'équateur, terminant logiquement à son point de départ : l'Atlantique, l'Amazone, les Andes, le Pacifique, Bornéo, Sumatra, pour finir par l'océan Indien et l'Afrique équatoriale, la région des Grands Lacs et la forêt profonde. Il n'a usé d'aucun véhicule à moteur et s'est déplacé à pied, en pirogue, en voilier et à VTT. A 34 ans, il a réalisé un magnifique rêve d'enfant.

L'Europe dans la psychose de la vache folle

Paris, lundi 30
« Les tests actuels ne permettent pas lorsqu'ils sont négatifs de certifier qu'un animal est sain. » La phrase, terrible, émane de Martin Hirsch, le directeur de l'Agence française de sécurité sanitaire (Afssa). Que faut-il faire ? L'interdiction des farines carnées paraît la seule solution, ce à quoi le ministre de l'Agriculture se dit prêt, tout en annonçant la mise en place de tests plus sensibles pour dépister l'ESB. Les ventes de viande bovine sont en chute. Les images de l'agonie d'un malade contaminé ont affolé toute l'Europe. (→ 2.11)

Fin de la musique gratuite sur Internet

Etats-Unis, mardi 31
L'accord signé par Bertelsmann et Napster préfigure peut-être l'avenir de l'industrie musicale. Napster est ce site web, poursuivi en justice par toutes les maisons de disque, qui proposait – il faut désormais parler à l'imparfait – de télécharger des chansons compressées au format MP3, gratuitement. C'est ce dernier adverbe qui a valu à Napster une cascade de procès. Le site met fin au rêve de la gratuité universelle : contre un abonnement de 5 $ par mois, les 40 millions d'usagers dont il se prévaut auront accès aux titres du catalogue Bertelsmann.

Les Tricolores se rattrapent sur piste

Manchester, dimanche 29
Le procès Festina qui se déroule à Lille a éclipsé les championnats du monde de cyclisme sur piste. C'est un peu dommage car, à Manchester, les Français ont fait honneur à leurs récents triomphes olympiques. Bilan flatteur : quatre médailles d'or, une d'argent et une de bronze. Florian Rousseau a enrichi son palmarès en remportant avec Arnaud Tournant et Laurent Gané l'épreuve de vitesse olympique. Une 12e médaille d'or à 26 ans ! En keirin, Frédéric Magné signe sa dernière victoire : il décide de raccrocher à 31 ans. (→ 31)

Victoire du parti de Rugova au Kosovo

Pristina, lundi 30
Les élections municipales de samedi dernier avaient valeur de test pour l'administration internationale du Kosovo. Elles se sont déroulées sans incidents majeurs malgré le boycott de la population serbe et le refus de Belgrade de leur reconnaître une quelconque validité. Les résultats enfin connus donnent la victoire au parti modéré d'Ibrahim Rugova, la Ligue démocratique du Kosovo ou LDK, avec 58,13 % des suffrages. Le PDK, la continuation civile de l'UCK, arrive en deuxième position avec 26,9 %. Belgrade ne s'y est pas trompé : le véritable enjeu du vote est l'indépendance. (→ 25.11)

Le football européen en pleine mutation

Bruxelles, mardi 31
Suivant en cela des propositions que vient de leur faire la Fifa, les experts de la Commission européenne ont l'intention de modifier les bases de l'économie du football. Au nom de la libre concurrence et de la libre circulation des travailleurs, il s'agit de supprimer les indemnités que les clubs se versent, les contrats léonins imposés aux joueurs, les ruptures de contrat abusives, l'opacité générale qui régit les échanges de joueurs. Ces derniers, mieux protégés, seront libres de choisir leur club et de le quitter quand bon leur semble. ▷

Naufrage de l'*Ievoli Sun*

Le cargo équipé pour le transport de produits chimiques battait pavillon italien.

Manche, mardi 31
Un peu moins de onze mois après le naufrage de l'*Erika* au large de Belle-Ile, l'*Ievoli Sun*, un chimiquier italien, a sombré près de l'île anglo-normande d'Aurigny, au nord de la pointe de la Hague. L'équipage a été hélitreuillé et le bâtiment, remorqué hier par l'*Abeille-Flandres*, a coulé ce matin. Il repose par 70 mètres de fond, le remorquage ayant surtout évité qu'il ne tombe dans la fosse des Casquets, déjà remplie d'épaves très dangereuses. Ses soutes contiennent 6 000 tonnes de produits chimiques, parmi lesquelles 4 000 de styrène, la seule partie réellement toxique de sa cargaison. Le mauvais entretien du navire était connu. La société Rina l'avait pourtant homologué. (→ 2.11)

Gueï est renversé à Abidjan

Le 25 au matin, les partisans de Gbagbo ont pris le contrôle de la capitale.

Côte d'Ivoire, mardi 31
Malgré le retour d'un pouvoir civil, les exactions de la police n'ont pas cessé. Encouragée par le discours xénophobe de l'ancienne junte, elle s'en est pris, ces derniers jours, aux nordistes, musulmans et partisans supposés d'Alassane Ouattara. Ces chasses à l'homme ont déjà fait des dizaines de morts. Après le scrutin présidentiel du 22, qui avait vu la nette victoire de Laurent Gbagbo, le leader socialiste, le général Robert Gueï refusait d'admettre sa défaite. Sa tentative d'annuler le scrutin a conduit, le 25, au soulèvement des partisans de Gbagbo, rejoints par l'armée, et à l'effondrement de la junte. Le même jour, Gbagbo s'est proclamé président. (→ 13.11)

Premier procès du dopage dans le cyclisme

Lille, mardi 31
Depuis que le procès Festina s'est ouvert le 23, suite au scandale qui avait secoué le Tour de France en 1998, Daniel Delegove, président du tribunal correctionnel de Lille, n'en croit pas ses oreilles : il est parvenu à briser le mur du silence qui s'élève dans le cyclisme dès que l'on parle de dopage. Richard Virenque, seul coureur accusé, a fini par craquer et avouer qu'il s'était dopé... Entendus comme témoins, d'autres coureurs, Luc Leblanc notamment, n'ont pas hésité à impliquer les dirigeants du cyclisme. Mais Hein Verbruggen, le président de l'UCI (Union cycliste internationale), reste serein. (→ 7.11)

Israël maintient la pression en Palestine

Cisjordanie, mardi 31
Les hélicoptères de Tsahal ont une nouvelle fois bombardé des édifices abritant des services du Fatah ou du Tanzim, sa branche combattante : un acte de dissuasion pour montrer aux lanceurs de pierres que l'initiative de la frappe est toujours du côté des Israéliens. Les tirs entre colonies juives et villages palestiniens n'ont fait qu'empirer. Ehud Barak reste très isolé. Ses appels à un cabinet d'union nationale avec le Likoud n'ont pas convaincu Ariel Sharon. Celui-ci est déterminé à « tout faire pour renverser » ce gouvernement qu'il croit prêt à accepter la création d'un Etat palestinien. (→ 4.11)

Le 31, en France, la fête de Halloween obtient un succès de plus en plus grand auprès des enfants. Mais l'Eglise catholique s'insurge contre une telle concurrence, d'origine païenne, à la veille de la Toussaint.

Le 31, à Taiwan, un B-747 de la compagnie Singapore Airlines s'écrase au décollage sur l'aéroport de Taipei, lors d'une tempête. Le pilote aurait emprunté par erreur une piste en travaux. Bilan : 81 morts et 75 blessés.

Lu	Ma	Me	Je	Ve	Sa	Di
		1	2	3	4	5
6	7	8	9	10	11	12
13	14	15	16	17	18	19
20	21	22	23	24	25	26
27	28	29	30			

New York, mercredi 1er
Sur proposition de l'UE, l'ONU réintègre en son sein la Yougoslavie, dont le siège était vacant depuis 1992. (→ 3)

Chine, mercredi 1er
Début du recensement de la population, qui nécessite 6 millions d'agents recenseurs.

Paris, jeudi 2
Le ministère de la Défense admet que, durant la guerre du Golfe, les soldats ont pris un médicament contre les risques chimiques, la pyridostygmine.

La Manche, jeudi 2
Les analyses du styrène s'échappant du *Ievoli Sun* sont « rassurantes ». Greenpeace propose néanmoins son aide à la Marine nationale.

Saint-Pétersbourg, jeudi 2
Funérailles du lieutenant Dimitri Kolesnikov, dont le corps a été remonté du *Koursk*. Les plongées dans le sous-marin auraient aussi pour but de récupérer des codes secrets et des appareils de chiffrage.

France, vendredi 3
Les Français ont déjà créé 1 499 000 pages personnelles sur Internet.

Belgrade, vendredi 3
Le président yougoslave Vojislav Kostunica passe un accord avec les composantes de la coalition d'opposition pour former un gouvernement. Le nouveau Premier ministre est Zoran Djindjic. (→ 25)

France, samedi 3
La Française des jeux lance un nouveau jeu à 10 francs, XIII, à l'occasion de la parution du 14e album de la bande dessinée, *XIII, secret défense*.

Saint-Denis, samedi 4
En rugby, les Wallabies australiens battent les Français par 18 à 13 au Stade de France. (→ 18)

Tel-Aviv, samedi 4
175 000 personnes se réunissent à la mémoire d'Yitzhak Rabin, assassiné il y a cinq ans. (→ 12)

Mexico, dimanche 5
Jeannie Longo (42 ans depuis le 31 octobre) bat le record du monde de l'heure sur un vélo aux nouvelles normes de l'UCI, l'Union cycliste internationale : 44,767 km. (→ 7.12)

6398,92 — 30,99 $ — € 0,8665 $

Air France bannit les fumeurs sur ses vols

Paris, mercredi 1er
A l'exemple des compagnies anglo-saxonnes, Air France a décidé de bannir définitivement le tabac de ses vols, qu'ils soient domestiques ou internationaux. Cette politique anti-tabac avait été engagée dès 1990, sous la pression de la clientèle américaine. La compagnie Air France, néanmoins soucieuse d'éviter des confrontations houleuses entre des fumeurs exaspérés et ses équipages, va faire distribuer des comprimés de substitut à la nicotine lors des vols long-courriers : la sensation du tabac sans les nuisances.

Le bœuf est retiré des cantines à Paris

Paris, jeudi 2
Six maires d'arrondissement rayent le bœuf du menu de leurs cantines scolaires. A ceux qui les accusent de céder à la psychose, ils répondent prudence et crise de confiance. Ils ont aussi à faire face aux inquiétudes des parents d'élèves. A l'Hôtel de Ville, rien n'a encore été décidé. Le service de l'hygiène attend l'avis des vétérinaires. Du côté des gourmets, un morceau de choix est menacé : la côte de bœuf à l'os. Elle devra être proposée sans son os car la découpe le met en contact avec la moelle et les vertèbres. (→ 8)

Des indemnités pour être né handicapé ?

Paris, vendredi 3
Nicolas Perruche est né il y a dix-sept ans, sourd, pratiquement muet, et débile profond, en raison d'une rubéole mal diagnostiquée chez sa mère. La faute médicale a déjà été reconnue formellement. Au nom de Nicolas, ses parents vont plus loin et réclament une indemnité pour le préjudice... d'être né. La question posée aux magistrats de la Cour de cassation relève autant du juridique que de l'éthique. Doit-on considérer que « certaines vies ne valent pas la peine d'être vécues ? » s'est demandé l'avocat général. (→ 17)

Un équipage permanent sur la Station spatiale internationale

Vers 11 heures, Youri Guidzenko, Sergueï Krikaliov et William Shepherd se sont installés dans la nouvelle ISS.

Espace, jeudi 2
C'est le centre de contrôle russe qui a réceptionné la première liaison de l'équipage de l'ISS quelques instants après l'entrée des trois astronautes dans le module Zvezda, en fin de matinée. Ce trio américano-russe, parti de Baïkonour dans un vaisseau Soyouz, va constituer le premier équipage permanent de la Station spatiale internationale. Ils doivent rester quatre mois dans un espace de 13 m de long formé par les trois modules déjà lancés. Ils vont activer et vérifier les systèmes électriques et de survie, et assembler ce qui sera livré par des navettes et des cargos automatiques Progress. (→ 3.12)

Le 2, à Londres, Garry Kasparov est détrôné par Vladimir Kramnik, 25 ans, du titre mondial d'échecs.

Le 5, en Grande-Bretagne, le sud et le centre du pays sont victimes de graves inondations, particulièrement dans le Yorkshire. A York, la rivière Ouse, qui coupe la ville en deux, a atteint son plus haut niveau depuis 1625.

Novembre

Lu	Ma	Me	Je	Ve	Sa	Di
		1	2	3	4	5
6	7	8	9	10	11	12
13	14	15	16	17	18	19
20	21	22	23	24	25	26
27	28	29	30			

Yougoslavie, lundi 6
Kostunica accepte l'ouverture d'un bureau du Tribunal pénal international à Belgrade.

Paris, lundi 6
Le prix Femina est décerné à Camille Laurens pour *Dans ces bras-là* (POL) et le prix Médicis à Yann Apperry pour *Diabolus in musica* (Grasset). (→ 14)

Paris, mardi 7
Jacques Chirac réclame, à la télévision, l'interdiction sans délai des farines animales et un dépistage systématique. (→ 8)

Mer de Barents, mardi 7
Seuls 12 corps ont été remontés du *Koursk*. Les opérations de récupération, trop difficiles et trop coûteuses, sont arrêtées.

Afrique du Sud, mardi 7
La télévision diffuse une vidéo qui montre des policiers blancs entraînant leurs chiens d'attaque sur des suspects noirs.

Paris, mercredi 8
François Santoni, ancien responsable d'A Cuncolta, accuse Charles Pieri d'avoir ordonné depuis sa cellule le meurtre de Jean-Michel Rossi.

Paris, mercredi 8
Après l'Assemblée, le Sénat reconnaît le génocide arménien : la Turquie manifeste sa colère.

Europe, mercredi 8
Madrid interdit d'importer du bœuf français. A Bruxelles, plusieurs cantines interdisent la viande bovine. (→ 14)

Berlin, mercredi 8
Le gouvernement de Gerhard Schröder demande à la cour constitutionnelle de Karlsruhe l'interdiction du Parti national-démocrate (NPD, néonazi).

Océan Atlantique, vendredi 10
L'hélice babord du porte-avions *Charles-de-Gaulle* se casse. Il doit rentrer à Toulon. (→ 6.12)

DECES

Belgique, mercredi 8
Dupa, dessinateur de bandes dessinées, père de Cubitus (*Luc Dupanloup/*12.2.1945).

Neuilly-sur-Seine, dimanche 12
Franck Pourcel, chef d'orchestre (*14.8.1913).

Israël, dimanche 12
Leah Rabin, veuve d'Yitzhak Rabin (*8.4.1928).

6147,49 — 31,63 $ — € 0,8629 $

Mary sacrifiée pour sauver sa sœur Jodie

Manchester, mardi 7
Au lendemain d'une opération qui a duré vingt heures – quinze avaient été prévues –, Mary et Jodie, deux sœurs siamoises, ont été séparées. Mary est morte, et l'état de Jodie est satisfaisant. Les médecins n'avaient pas d'autre choix que de séparer les sœurs pour que l'une survive. Elles étaient nées en août, réunies par leur abdomen. Mary, aux poumons, au cœur et au cerveau atrophiés, n'était restée en vie que grâce aux organes vitaux de sa sœur. Sans opération, elles étaient condamnées toutes les deux, ce à quoi les parents s'étaient préparés : catholiques, ils refusaient que la mort soit donnée à Mary. La justice les a contraints à l'accepter.

Bientôt des étrangers dans l'armée belge ?

Bruxelles, mardi 7
Le ministre de la Défense, André Flahaut, doit résoudre un problème aigu de recrutement. Les candidats flamands au métier de soldat ne se bousculent pas alors que l'armée belge doit garder une proportion de six Flamands pour quatre Wallons. La solution serait de supprimer ces quotas, mais les néerlandophones ne veulent pas en entendre parler. Il reste donc une solution : engager des étrangers, citoyens de l'Europe ou pas. André Flahaut a précisé que cela pourrait donner un avant-goût de la « future armée européenne ».

Mme Clinton élue sénateur de New York

New York, mercredi 8
Les élections au Sénat et au Congrès ont fait une heureuse dans le camp des démocrates. Hillary Clinton est élue sénateur de l'Etat de New York avec 56 % des suffrages. C'est un fait singulier à double titre : elle est la première *First Lady* à remporter une élection, et la première femme à occuper ce poste. Et cela malgré une campagne très agressive de son adversaire républicain, Rick Lazio. Nombreux sont ceux qui lui prêtent déjà une plus haute ambition, celle de postuler dans quatre ou huit ans à la Maison Blanche. (→ 9)

Le Vendée Globe lève enfin ses voiles

Quelque 15 000 personnes ont assisté à la sortie du chenal des concurrents.

Les Sables-d'Olonne, jeudi 9
Le départ du Vendée Globe, reporté depuis dimanche en raison des vents violents qui soufflaient sur la façade atlantique, a enfin eu lieu. Philippe Jeantot, l'organisateur d'une course rebaptisée « l'Everest des marins », a mis l'accent sur la sécurité. En 1997, la troisième édition avait été marquée par des chavirages en série et une disparition. Les vingt-quatre concurrents, dont douze Français, vont être seuls dans des conditions climatiques extrêmes, pendant 110 à 150 jours, pour couvrir quelque 46 300 km (25 000 milles, selon la route idéale) avec les creux de 10 m, les vents des 50es et 60es, trois caps à doubler (Bonne-Espérance, Horn, Leeuwin) et les icebergs.

Le 6, l'écrivain Roger Peyrefitte (*17.8.1907) décède à Paris. Il fit scandale en 1944 avec le roman *les Amitiés particulières*.

Le 7, à Paris, Zizi Jeanmaire revient sur scène à 76 ans pour un tour de chant réglé par Roland Petit, dans l'amphithéâtre de l'Opéra-Bastille.

Bill Clinton sans successeur à la Maison Blanche

Floride, jeudi 9
Deux jours déjà que l'élection a eu lieu et l'Amérique ne sait toujours pas qui sera son prochain président. Au suffrage universel direct, c'est Al Gore qui serait élu : le démocrate a obtenu environ 200 000 voix de plus dans tout le pays. Mais il ne totalise que 260 grands électeurs, et George W. Bush 253. Or la majorité requise pour l'emporter est de 270. C'est la Floride, avec 25 mandats, qui fera la différence. Dans la folle nuit de mardi à mercredi, la Floride fut tour à tour acquise à Gore, puis à Bush. Au petit matin, l'écart se révélait tellement mince – 1 784 voix sur six millions de votants – en faveur du républicain Bush que les lois de la Floride imposaient un recomptage. Le nouveau décompte réalisé dans plusieurs des comtés litigieux a déjà abouti et il montre toujours un écart identique. Très combatif, Al Gore a déclaré qu'il récusait ce premier décompte. Il manque les voix des expatriés votant par procuration et celles des militaires. Par ailleurs, les bataillons de spécialistes électoraux et d'avocats dépêchés sur place par les démocrates ont noté une série d'irrégularités graves : c'est même la conception des bulletins de vote à Palm Beach qui est au centre de la polémique. La disposition des trous à percer aurait induit en erreur les électeurs. Plusieurs milliers auraient voté pour l'extrémiste Pat Buchanan en croyant voter pour Gore. (→ 17)

Chaban monte sur la dernière marche

Paris, vendredi 10
Charmeur, habile, élégant, Jacques Chaban-Delmas (*7.3.1915) avait quelque chose de *l'Homme pressé*, de Paul Morand. Une énergie et une volonté de séduire élevées au rang de vertus cardinales. Résistant et gaulliste de la première heure, cet homme conquit en 1947 la mairie de Bordeaux pour la garder jusqu'en 1995. Il avait été Premier ministre de Georges Pompidou de 1969 à 1972, mais son projet de « nouvelle société », d'inspiration libérale et sociale, trop prématuré, lui vaudra d'être lâché par son camp.

Jacques Chaban-Delmas (juin 1971).

155 skieurs brûlés vifs dans le funiculaire autrichien de Kaprun

L'entrée du tunnel reliant la station de Kaprun au glacier de Kitzsteinhorn.

Salzbourg, samedi 11
Au sud de la ville natale de Mozart, dans la province du même nom, la petite station de Kaprun a été le cadre d'une catastrophe. L'incendie d'un funiculaire a coûté la vie à 155 personnes. Celui-ci emmenait des skieurs sur un glacier. Après une rampe à l'air libre, le train a pénétré dans un tunnel de 3 300 m de long. Il s'est arrêté 600 m après l'entrée, en feu. Le long conduit a fait office de cheminée. Les deux wagons se sont embrasés en quelques secondes et seuls douze skieurs ont échappé aux flammes en s'enfuyant vers le bas. La température dans le tunnel a atteint 1 500 °C.

Yasser Arafat appelle à la guerre sainte

Doha, dimanche 12
Devant le neuvième sommet de la Conférence islamique qui se tient dans la capitale du Qatar, Yasser Arafat en a appelé à la guerre sainte, dans un discours, fait rare chez lui, ponctué de références à l'islam. Le week-end a été très meurtrier dans les territoires occupés. Les tirs et bombardements israéliens ont fait huit nouveaux morts dans les rangs palestiniens. Mais ce qui a provoqué la colère du leader du Fatah, c'est l'élimination, jeudi, de l'un de ses lieutenants, Hussein Abayat, alors que lui-même était en train d'être reçu par Bill Clinton à Washington et qu'Ehud Barak, la veille, en avait appelé à une « paix des braves ». Une salve de roquettes, tirée par un hélicoptère israélien, a pulvérisé la voiture d'Abayat. Barak continue d'évoquer des négociations, mais son armée use désormais de chars et de canons en réplique à la colère des Palestiniens. (→ 16)

Le 9, une statue de De Gaulle est inaugurée à proximité de l'Elysée.

Novembre

Lu	Ma	Me	Je	Ve	Sa	Di
		1	2	3	4	5
6	7	8	9	10	11	12
13	14	15	16	17	18	19
20	21	22	23	24	25	26
27	28	29	30			

Vienne, lundi 13
La diète régionale lève l'immunité parlementaire de deux de ses membres, des élus du FPO, accusés d'avoir obtenu des informations confidentielles par des policiers.

Côte d'Ivoire, lundi 13
L'Etat lance une opération de réconciliation nationale. Le président Gbagbo et le général Gueï se sont rencontrés à Yamoussoukro. (→ 10.12)

New York, lundi 13
Le Nasdaq chute de 20,6 %. Il repasse sous les 3 000 points.

Paris, mercredi 15
Le professeur René Frydman annonce la naissance du premier bébé français dont l'embryon a été sélectionné avant d'être implanté. Le but : éviter des naissances avec des maladies génétiques. (→ 29)

Egypte, mercredi 15
Victoire du parti de Moubarak aux élections législatives, qui sont toutefois marquées par un retour des Frères musulmans.

Palestine, jeudi 16
Le Hamas veut durcir l'Intifada et multiplier les attentats. (→ 24)

Paris, jeudi 16
Nouvel épisode dans l'affaire Elf-Thomson-frégates : l'ancien président de Elf, Loïk Le Floch-Prigent, est mis en examen.

Paris, vendredi 17
La Cour de cassation dit que Nicolas Perruche, handicapé à la naissance, devra être dédommagé pour être né.

Paris, vendredi 17
La SNCF promet des TGV de nuit à l'été 2001.

Berlin, samedi 18
Soixante ans après avoir été chassé de la ville par les nazis, le collectionneur juif Heinz Berggruen vend sa collection d'art contemporain à la ville pour 200 millions de dollars. Elle en vaut quatre fois plus.

Alost (Belgique), dimanche 19
Les équipes de France de judo féminine et masculine font un doublé en gagnant chacune le titre de champion d'Europe.

DECES

Brive-la-Gaillarde, vendredi 17
Louis Néel, prix Nobel de physique 1970 (*22.11.1904).

6161,92 — 32,89 $ — € 0,8525 $

Les farines carnées mises hors la loi

Paris, mardi 14
Une semaine après l'intervention de Jacques Chirac sur le sujet, Lionel Jospin s'est résolu à agir plus vite qu'il ne le souhaitait. Il a annoncé l'interdiction complète des farines animales. Les bovins étant, en théorie, déjà privés de ces farines, cette interdiction concerne désormais les autres bétails et même les poissons d'élevage. Le plan d'urgence a aussi prévu des aides spéciales pour les éleveurs, l'intensification des tests et des recherches sur l'ESB, et la mise au ban de certaines découpes de la viande. Deux questions ne sont pas résolues : comment financer ce plan, et où entreposer les farines avant de les détruire par combustion. (→ 20)

740 000 t de farines vont être détruites. Ici le dépôt de Plouisy (Côtes-d'Armor).

Estrada accusé d'être soudoyé par la mafia

Manille, mardi 14
Dans la capitale comme dans toutes les villes des Philippines, une grève générale et des manifestations ont paralysé l'activité. Mêlant ouvriers et hommes d'affaires, les défilés ont réclamé la démission du président Estrada. Votée hier par les députés et engagée devant le Sénat, qui se mue en tribunal pour l'occasion, la procédure de destitution n'empêche pas Joseph Estrada, 63 ans, de rester au pouvoir pendant la durée de son procès. Il est accusé d'avoir perçu près de 8 millions de francs de la mafia des jeux clandestins. (→ 7.12)

Lang doit recruter 185 000 professeurs

Paris, mercredi 15
Le ministre de l'Education, Jack Lang, présente un plan pluriannuel d'embauches. Dans les cinq années à venir, l'Education nationale doit trouver quelque 185 000 nouveaux enseignants. Pour l'essentiel, il va s'agir d'anticiper et de remplacer les départs à la retraite mais, pour 5 % de ces postes, ce sont des créations nettes d'emplois. Ce chiffre énorme met bien en relief les difficultés de l'Etat à gérer finement, sur la durée, les effectifs de ses fonctionnaires, oscillant toujours entre contrainte budgétaire et décision politique.

Internet dangereux pour les enfants ?

France, jeudi 16
Un sondage réalisé par Ipsos pour le quotidien *Libération* indique que 62 % des parents sont inquiets des utilisations que les enfants peuvent faire d'Internet. S'ils pensent qu'il est nécessaire de les guider dans leur « surf » sur le réseau, ils s'estiment souvent déjà dépassés. Faut-il alors interdire le Web, y placer des filtres ou imposer des censures ? Parmi les dangers recensés figurent bien sûr la pornographie, l'ultra-violence et la propagande idéologique. Seuls 11 % des parents laissent naviguer leurs enfants en totale liberté. (→ 24)

Le 14, à Paris, le prix Interallié va à Patrick Poivre d'Arvor pour son roman *l'Irrésolu* (A. Michel). Après des discussions acharnées, le jury l'a préféré à *99 francs*, de Frédéric Beigbeder (Grasset).

Le 14, l'Américaine Britney Spears donne un unique concert parisien au Zénith. Elle connaît un succès mondial : deux de ses disques se sont vendus à 35 millions d'exemplaires (ici lors d'un concert à Munich le 26 octobre).

Le suspense continue sur les résultats de l'élection américaine

Floride, vendredi 17
L'imbroglio électoral est loin d'être résolu dans le *Sunshine State* (l'Etat du soleil). Dans son dernier arrêt, la Cour suprême de Floride, sise dans la capitale, Tallahassee, s'est gardée de trancher le nœud gordien, mais elle a donné un nouveau répit de plusieurs jours au camp démocrate. Elle a interdit à Katherine Harris, secrétaire d'Etat républicaine de la Floride, de proclamer les résultats « officiels et certifiés » dès demain en milieu de journée. Au contraire, de nouvelles audiences, prévues le 20, doivent se pencher sur la validité de certains recomptages manuels. Les recomptages, mécaniques à ce moment-là, avaient commencé lundi dans le comté de Palm Beach. Il y avait 425 000 bulletins à examiner et à comptabiliser. Achevés le mardi, ils donnèrent 300 voix d'avance à George W. Bush. Les démocrates ont alors fait reconnaître que les machines à dépouiller avaient une marge d'erreur qui excédait ces 300 voix de beaucoup. Aussi ont-ils exigé un dépouillement manuel de tous les bulletins. Les ténors du barreau n'en ont pas fini de plaider. (→26)

A Palm Beach, en Floride, 425 000 bulletins vont être recomptés à la main.

L'Europe accuse les USA de « déloyauté »

Genève, vendredi 17
Une nouvelle fois, les Etats-Unis et l'Union européenne, les deux plus grandes puissances commerciales du globe, sont en conflit. Ce litige dépasse largement en importance juridique et financière ceux qui ont concerné la banane et la viande aux hormones. Bruxelles réclame, par le biais de l'Organisation mondiale du commerce, l'OMC, 4 milliards de dollars de dommages à Washington pour ses « pratiques commerciales déloyales ». Une loi, déjà dénoncée par la commission d'arbitrage de l'OMC, permet aux grandes sociétés américaines de faire transiter par des paradis fiscaux les bénéfices que ces dernières tirent de toutes leurs exportations. Elles profitent alors de taux d'imposition réduits (autour de 12 % contre 57 % aux Etats-Unis). Ce système, le FSC (Foreign Sales Corporation), mis en place en 1984, s'apparente clairement à une aide cachée à l'exportation. Au lieu de prendre des mesures de rétorsion unilatérales, l'Europe s'en remet à l'OMC pour éviter l'escalade.

Revanche du XV français sur les All Blacks

Marseille, samedi 18
Les rugbymen français, un peu plus d'un an après la Coupe du monde, ont battu les All Blacks. Le beau score – 42 à 33 – se veut surtout la revanche du match perdu au Stade de France samedi dernier, contre ces mêmes Néo-Zélandais, 26 à 39. Au Stade-Vélodrome, moins habitué au ballon ovale qu'au ballon rond mais néanmoins survolté, les Bleus et les Blacks ont marqué trois essais chacun. Les pénalités et les drops ont fait la différence.

Après l'essai d'Olivier Magne, à la 8e minute, la France mène déjà 12 à 0.

Liesse populaire au Viêt-nam pour Clinton

Hô Chi Minh-Ville, dimanche 19
Bill Clinton quitte l'ancienne Saigon avec le sentiment d'avoir tourné une page, celle de la guerre du Viêt-nam. Partout, face à la foule des rues et face aux étudiants, il a pu mesurer sa popularité malgré le faible écho que le pouvoir avait donné à cette visite, la première d'un Président américain. Il a évoqué le partenariat qui doit unir les anciens ennemis et a pris le risque d'agacer le chef du PC vietnamien, Lê Kha Phieu, en évoquant la libéralisation du régime.

Bill Clinton est d'autant plus apprécié qu'il n'a pas combattu au Viêt-nam.

Novembre

Lu	Ma	Me	Je	Ve	Sa	Di
		1	2	3	4	5
6	7	8	9	10	11	12
13	14	15	16	17	18	19
20	21	22	23	24	25	26
27	28	29	30			

Paris, lundi 20
La justice confirme la condamnation de Yahoo pour la vente d'objets nazis. Ses sites d'enchères devront être filtrés.

Haute-Savoie, lundi 20
Vingt mois après le drame du tunnel du Mont-Blanc, des dirigeants de la société exploitante sont mis en examen.

Orléans, mardi 21
Ouverture à la circulation du pont de l'Europe, dessiné par l'architecte espagnol Santiago Calatrava, le 100e ouvrage d'art sur la Loire. Orléans est aussi la première ville moyenne à se doter d'un tramway. (→ 8.12)

Paris, mercredi 21
Le groupe LVMH de Bernard Arnault rachète la Samaritaine. Hermès lance de son côté une OPA amicale sur la Rolls des appareils photo, la marque allemande Leica.

France, mercredi 22
Le PCF réclame la création d'une commission d'enquête sur la torture durant la guerre d'Algérie.

Paris, mercredi 22
Le Conseil d'Etat autorise la mise en culture de trois variétés de maïs transgénique.

France, jeudi 23
La grève des avocats contre la faible rémunération de l'aide juridictionnelle s'étend.

Nanterre, jeudi 23
La cour d'assises condamne Magali Guillemot, ingénieur, à quinze ans de prison pour le meurtre de son bébé, Lubin. Son mari est acquitté. (→ 19.12)

France, vendredi 24
Sony lance sa nouvelle console de jeux, la PlayStation 2.

Roumanie, dimanche 26
L'ex-président Ion Iliescu arrive en tête du premier tour de l'élection présidentielle devant le leader nationaliste Corneliu Vadim Tudor. (→ 10.12)

Grenoble, dimanche 26
En clôture du congrès du PS, Lionel Jospin se prononce pour l'élection présidentielle avant les législatives en 2002.

DECES

France, mercredi 22
Christian Marquand, comédien (*15.3.1927).

6145,65 — 33,31 $ — € 0,8397 $

Toutes les vaches ne sont pas folles, un boucher le prouve

Ribérac, lundi 20
Bernard Rovère, boucher à Ribérac, en Dordogne, a eu l'idée qu'il fallait, au moment où il le fallait. La preuve : les télévisions étaient toutes là, et le car qu'il avait affrété était plein. Cet après-midi, ce sont les clients qui ont regardé paître les vaches. De chez Mlle Lissandreau, étable inchangée depuis le XIXe siècle, à chez Sudret, bien plus moderne, le commerçant a entraîné son aimable clientèle chez les éleveurs où il se fournit, histoire de montrer comment on nourrit des bêtes : au foin, à la farine de maïs et au colza. « Maintenant, racontez ce que vous avez vu » a conclu Rovère. Et mangez-en tous ! (→ 24)

Le principe de précaution n'est pas suffisant, il faut rassurer les clients.

Fujimori destitué par le Congrès au Pérou

Lima, mardi 21
Le départ d'Alberto Fujimori pour le Japon, une fuite déguisée que ses propres partisans ont dénoncée, lui vaut d'être destitué. Le Parlement, plutôt que d'examiner la démission que Fujimori avait présentée depuis la capitale nippone, a préféré voter une destitution qui prive l'ancien président de ses droits civiques et l'empêche de se représenter. Après dix ans d'un pouvoir qui avait viré à la dictature, les révélations sur les méthodes de corruption des services secrets ont eu raison de l'autocrate. Valentin Paniagua, le président du Congrès et opposant modéré, est devenu le président par intérim.

Emil Zátopek détenait dix-huit records

Au stade de Colombes (30 mai 1954).

Prague, mardi 21
Selon le Français Alain Mimoun, son adversaire aux Jeux de Londres en 1948, il n'y avait pas le moindre déshonneur à être battu par Emil Zátopek. L'athlète tchécoslovaque, triple champion olympique aux Jeux d'Helsinki (5 000 m, 10 000 m et marathon) avait le palmarès d'un prodige : dix-huit records mondiaux et quatre titres olympiques. Son credo était clair : s'entraîner jusqu'à en meurtrir son corps, jusqu'à la souffrance extrême. Colonel dans l'armée, il s'opposera, en 1968, à l'écrasement par les Soviétiques du Printemps de Prague. Cela lui vaut alors brimades et déchéance. Emil Zátopek (*19.11.1922), réhabilité, s'est éteint à l'hôpital de Stresovice.

Théodore Monod ne reverra plus le désert

Versailles, mercredi 22
Théodore Monod (*9.4.1902) avait découvert le désert mauritanien en 1922, lors d'un voyage d'études. La fascination qui va naître de cette rencontre ne le quittera plus. Cet homme était un encyclopédiste, un savant humaniste, anthropologue, géologue, biologiste et philosophe. Marcheur infatigable, il avait su mettre ses convictions humanistes au service de la défense des droits de l'homme, des démunis, des sans-logis. C'est bien malgré lui qu'en ces temps de redécouverte du désert et de sa mystique, des films lui avaient été consacrés. Sa disparition a fini par arrêter sa marche obstinée.

Le biologiste et philosophe en 1997.

Barcelone voit défiler un million d'anti-ETA

Barcelone, jeudi 23
En début de soirée, ils sont près d'un million à avoir manifesté dans les rues. Anonymes et politiciens, ils étaient venus dire leur colère et leur dégoût après l'assassinat, mardi 21, d'Ernest Lluch. Ancien ministre de la Santé du premier gouvernement socialiste en 1982, emprisonné sous Franco, Lluch a été abattu sur un parking de deux balles dans la tête. Ce *modus operandi* et la qualité de la cible désignent bien sûr l'ETA. Son bras politique a pourtant rejeté la responsabilité de cette 21e mort sur les Etats français et espagnol.

Découverte de cas d'ESB en Allemagne

Berlin, vendredi 24
Les autorités prétendaient il y a peu que l'Allemagne était l'un des rares pays, grands éleveurs de bovins, à être encore épargnés par l'ESB. Le réveil est brutal : les deux premiers cas ont été officiellement détectés, l'un dans le Schleswig-Holstein, le second aux Açores, sur une vache née en Saxe et récemment exportée. Motivé par ce qui s'est passé chez ses voisins français, le chancelier Schröder promet une réaction forte pour éviter psychose et doutes. Et il annonce une interdiction totale des farines animales. (→ 4.12)

Médiation de Poutine dans le sanglant conflit israélo-palestinien

Le 20, représailles israéliennes après un attentat contre un bus scolaire.

Moscou, vendredi 24
Si personne ne croit véritablement aux chances de l'initiative – dont le contenu est resté dans le vague – du président russe en faveur de la paix, la rencontre entre Yasser Arafat et Vladimir Poutine a au moins permis au leader palestinien d'avoir Ehud Barak au bout du fil. Un tel coup de téléphone semble dérisoire après une semaine très meurtrière. Lundi, un attentat contre un bus israélien a fait deux morts et a provoqué une réplique très brutale de Tsahal qui a bombardé des édifices de l'Autorité palestinienne. Deux jours plus tard, quatre dirigeants du Fatah étaient tués dans une embuscade. (→ 9.12)

Echec à La Haye de la conférence sur le réchauffement climatique

Pays-Bas, samedi 25
Les délégations des 181 pays réunis depuis le 13 pour le sommet sur le réchauffement climatique ne sont pas parvenues à se mettre d'accord. Cette conférence devait prolonger, sous forme de traité international, les engagements pris à Kyoto en 1997 sur la réduction des émissions de gaz à effet de serre. La ligne de fracture a opposé l'Europe et les Etats-Unis. Ceux-ci ont multiplié les mécanismes dilatoires (comme cette possibilité de racheter des permis d'émission de produits polluants) qui empêchent une véritable baisse des émissions. Pour l'UE, l'urgence est déjà là – tous les climatologues ont confirmé le réchauffement – et il faut agir. Mais tous ensemble.

Les opposants ont eu beau jeu face au non-accord des 181 pays participants.

Peugeot champion du monde en rallye

Cardiff, dimanche 26
La marque sochalienne effectue un retour en fanfare dans le monde des rallyes. Pour cette première saison complète en quatorze ans, Peugeot réalise le doublé. Déjà assurée du titre mondial des contructeurs après la manche australienne, le 13, elle a obtenu le titre individuel. Second du rallye de Grande-Bretagne, dernier de la saison, derrière le Britannique Richard Burns, Marcus Grönholm, la révélation finlandaise, a décroché le titre envié de champion du monde des rallyes 2000, au volant d'une 206 WRC. En digne héritière de la 205, celle-ci a fait merveille sur les routes du pays de Galles.

Milosevic continue son combat politique

Belgrade, samedi 25
Après l'euphorie née de la victoire de Kostunica, la réalité a repris ses droits. Slobodan Milosevic, loin de se résigner à laisser la Yougoslavie mener son destin sans sa présence, vient d'être réélu à la tête du SPS, le Parti socialiste de Serbie, alors que Jacques Chirac rendait visite au contingent français au Kosovo et que des accrochages opposaient des soldats serbes à des unités kosovars. Hier à Zagreb, la capitale croate, un sommet a réuni l'UE et les pays des Balkans pour des « retrouvailles démocratiques ». (→ 24.12)

Bush est donné vainqueur, mais Gore veut toujours y croire

Fait rarissime, la politique trouble Thanksgiving : Gore ira au bout des recours.

Floride, dimanche 26
La Cour suprême de l'Etat déclare George W. Bush vainqueur, mais il n'a que 537 voix d'avance sur son adversaire. Le camp républicain, dont la virulence des attaques contre Al Gore a surpris, annonce que la future administration est en cours de préparation. Du côté démocrate, Gore n'a pas cessé de répéter qu'il épuiserait tous les recours avant de se soumettre et que seul un arrêt de la Cour suprême fédérale, saisie, est à même de le faire plier. L'examen des bulletins a confirmé que certains d'entre eux, mal perforés, avaient été totalisés au profit d'un candidat qui n'était pas le bon. (→ 10.12)

Novembre

Lu	Ma	Me	Je	Ve	Sa	Di
		1	2	3	4	5
6	7	8	9	10	11	12
13	14	15	16	17	18	19
20	21	22	23	24	25	26
27	28	29	30			

Luxembourg, lundi 27
A la demande de l'UE, le Luxembourg accepte une imposition minimale de 15 % de l'épargne des non-résidents. Mais cette disposition ne sera applicable que lorsque les Etats-Unis, la Grande-Bretagne et les autres paradis fiscaux auront accepté de s'y soumettre.

Nanterre, mardi 28
Dans l'affaire du financement du RPR, Louise-Yvonne Casetta est relaxée. (→ 30)

Paris, mardi 28
Lionel Jospin annonce une révision des lois de bioéthique plus audacieuse que prévu : il ne s'oppose pas au clonage à des fins thérapeutiques.

Haïti, mercredi 29
Jean-Bertrand Aristide est proclamé vainqueur de la présidentielle du dimanche 26, boycottée par l'opposition, avec 91,69 % des suffrages.

Paris, mercredi 29
Au nom de l'harmonisation européenne, l'Assemblée nationale vote, dans le cadre de la loi sur l'égalité professionnelle entre hommes et femmes, un amendement autorisant le travail de nuit pour les femmes, interdit depuis la fin du XIXe siècle.

Paris, mercredi 29
Adoption en première lecture par les députés d'un texte autorisant les femmes à se faire stériliser.

Etats-Unis, jeudi 30
Nature révèle que deux équipes, à Bethesda, dans le Maryland, et à Atlanta, ont pu vacciner des macaques contre le virus Ebola. Ces singes sont les cobayes animaux les plus proches de l'homme pour ce type de virus.

Europe, jeudi 30
Bruges, en Belgique, et le Val de Loire entrent au patrimoine mondial de l'Unesco.

Paris, jeudi 30
Ancien directeur de cabinet de Jacques Chirac, Michel Roussin est en garde à vue dans le cadre de l'enquête sur les finances du RPR. (→ 5.12)

DECES

Paris, lundi 27
Jacques Sallebert, pionnier de la télévision (*20.10.1920).

5928,50 — 31,75 $

€ 0,8791 $

La justice française sait avouer ses torts

Rennes, lundi 27
Voilà un fait trop rare pour qu'il soit passé sous silence. Un juge français s'est explicitement blâmé pour avoir bâclé un dossier, provoquant une « faute lourde » de la part du service public de la justice à l'encontre de deux justiciables. L'affaire est vieille de quinze ans. Une erreur manifeste sur l'état de leur local, confirmée en appel contre toute vraisemblance, a conduit en quelques mois un couple de restaurateurs à la faillite. Ruinés, Jacques et Nelly Esnault ont bataillé toutes ces années pour que l'Etat soit reconnu responsable de leurs malheurs. C'est chose faite. Ils ont obtenu 1,2 million de francs.

Harry Potter fait le bonheur de Gallimard

450 000 exemplaires : un événement.

France, mardi 28
Comme Sony pour la PlayStation 2 il y a quatre jours, Gallimard Jeunesse a transformé la sortie du tome 4 des aventures d'Harry Potter en événement. Une vaste opération de marketing a donc été mise en œuvre : plus personne n'ignore que *Harry Potter et la coupe de feu* sera mis en vente à minuit ce soir dans toutes les grandes librairies de France et de Navarre. *Harry Potter*, créé par Joanne Kathleen Rowling, écrivain écossais de 34 ans, est devenu en quelques années un succès mondial : 66 millions de livres ont été vendus, dont 1 250 000 en France. Voilà un phénomène qui a le mérite d'avoir redonné le goût de lire à des millions d'enfants (et d'adultes).

Première en médecine : la greffe de neurones dans le cerveau

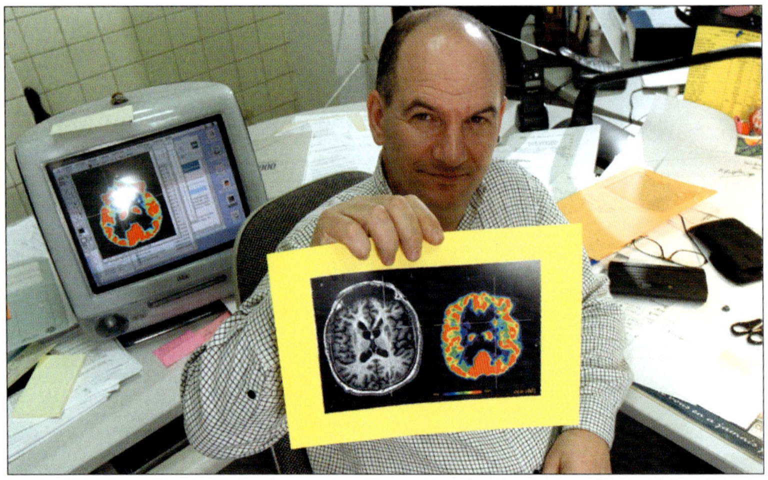

Marc Peschanski, neurobiologiste et directeur d'une unité à Henri-Mondor.

Paris, mercredi 29
Une équipe de l'Inserm révèle la mise au point du premier traitement contre la chorée de Huntington : une thérapie cellulaire fondée sur des greffes de neurones fœtaux. A l'issue de quatre années de tests, il apparaît que des greffes neuronales ont pu arrêter puis renverser l'évolution de cette maladie dégénérative, qui se poursuit par une démence avant une mort certaine. Les neurones fœtaux greffés dans le cerveau des malades ont su développer des connexions en réseau avec les cellules voisines. C'est un immense espoir pour toutes les familles des personnes atteintes, car le syndrome est héréditaire.

Loi sur l'euthanasie aux Pays-Bas

La Haye, mardi 28
Après une décennie de débats, plus ouverts que nulle part ailleurs, les députés néerlandais ont adopté la loi dépénalisant l'euthanasie. Fidèles à leur tradition progressiste et libérale sur les enjeux moraux, les Pays-Bas sont le premier pays à voter un tel arsenal juridique. Enfin encadrée après des années de flou juridique et de tolérance ambiguë, la décision d'euthanasie est conditionnée par trois critères : le geste létal sera fait par un médecin, en cas de maladie incurable, et à la demande répétée du malade.

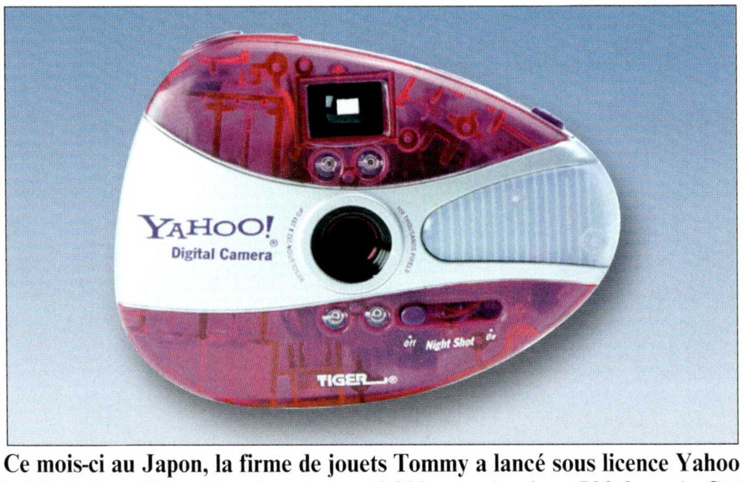

Ce mois-ci au Japon, la firme de jouets Tommy a lancé sous licence Yahoo le Me:2plum (dire mitoupleum) pour 9 800 yens (environ 700 francs). Cet appareil digital a une capacité de dix-huit prises de vue en basse définition. Livré avec un câble, il permet d'envoyer directement les photos par e-mail.

Décembre

Lu	Ma	Me	Je	Ve	Sa	Di
				1	2	3
4	5	6	7	8	9	10
11	12	13	14	15	16	17
18	19	20	21	22	23	24
25	26	27	28	29	30	31

Espace, dimanche 3
Les astronautes de la navette *Endeavour* fixent sur la Station spatiale internationale les panneaux solaires permettant son alimentation électrique.

Bruxelles, lundi 4
Les ministres des Quinze interdisent pour six mois toutes les farines animales. (→ 11)

Paris, mardi 5
RTL annonce l'arrêt de son émission phare, *les Grosses Têtes*, créée en 1976.

Paris, mercredi 6
Vote de la loi réformant l'IVG : le délai passe à douze semaines.

Paris, mercredi 6
Thomson-CSF change de nom : la société s'appellera Thalès.

Turquie, mercredi 6
Le FMI et la Banque mondiale accordent une aide spéciale de 20 milliards de dollars au pays, en proie à une crise financière.

Paris, mercredi 6
Sortie du nouveau film de Woody Allen, *Escroc mais pas trop*, avec Tracey Ullmann.

Mexico, jeudi 7
Jeannie Longo bat son record de l'heure à vélo : 45,094 km.

Manille, jeudi 7
La procédure de destitution du président Estrada est ouverte devant le Sénat.

Kosovo, vendredi 8
Le ministre danois de la Défense, Hans Haekkerup, est nommé administrateur de l'ONU. Il remplacera Bernard Kouchner en janvier.

Tokyo, vendredi 8
Carrefour ouvre son premier hypermarché au Japon.

France, samedi 9
Record battu pour le 14e Téléthon : 501 749 612 F.

Villeurbanne, samedi 9
Au championnat du monde de boxe des lourds-légers, Fabrice Tiozzo, tenant du titre, est envoyé au tapis par son challenger, l'Américain Virgil Hill. C'est son premier KO.

Monaco, samedi 9
Miss Picardie, Elodie Gossuin (1,78 m), est élue Miss France.

Roumanie, dimanche 10
Ion Iliescu est élu président avec 67 % des voix.

5939,32 — 27,08 $ — € 0,8873 $

L'offre de paix à la guérilla du Chiapas

Mexico, vendredi 1er
Dans son discours d'investiture, le nouveau président mexicain a voulu prouver qu'il était l'homme d'action que son parcours de grand manager laissait prévoir. Vincente Fox, las de voir la situation pourrir au Chiapas, tend la main à la guérilla zapatiste : il promet de faire voter les accords de San Andres, signés en 1996 mais jamais appliqués. Simultanément, sur place, l'armée engage le retrait de ses unités les plus avancées. Le sous-commandant Marcos, à la tête de 3 000 combattants depuis 1994, est prêt lui aussi à poser les armes.

La chute sans fin des nouvelles valeurs

New York, vendredi 1er
En huit mois, l'indice de la nouvelle économie, le Nasdaq, a perdu 50 % de sa valeur et 36 % par rapport au 1er janvier 2000. En Europe comme aux Etats-Unis, l'euphorie boursière est bien terminée. Elle était née des spéculations autour des *start up* et du *e-business*. Le retour à la raison a fait disparaître 3 000 milliards de dollars de capitalisation depuis le mois de mars. Si, en Europe, cette correction n'a guère influé sur les perspectives de croissance, le poids des nouvelles technologies est tel aux Etats-Unis que les analystes ont évoqué une possible récession.

Les robes noires en colère dans la capitale

Ils manifestent pour la réforme et la revalorisation de l'aide juridictionnelle.

Paris, vendredi 1er
Près de 5 000 robes noires ont défilé de l'Opéra à la place Vendôme, où se trouve le ministère de la Justice. Tous les barreaux de France étaient représentés. L'objectif des avocats : obtenir une revalorisation de l'aide juridictionnelle. L'AJ permet aux prévenus impécunieux de recourir à un avocat commis d'office payé, fort mal, par l'Etat : 600 F par exemple pour un procès en correctionnelle, une somme bien inférieure aux frais engagés. Certains affirment que des dossiers compliqués ne rapportent que 4 francs de l'heure ! (→ 19)

Un séjour en prison pour Michel Roussin

Paris, mardi 5
La chambre d'accusation de la cour d'appel ordonne la remise en liberté de Michel Roussin. Il doit verser une caution de 300 000 francs. Cet ancien chef de cabinet de Jacques Chirac à la mairie de Paris ainsi qu'à Matignon avait été placé en garde à vue le 30 novembre. Puis il avait été écroué le lendemain à la Santé. Les juges le soupçonnent d'être mêlé à l'affaire des marchés truqués de la région Ile-de-France. Cité par Jean-Claude Méry, Roussin serait un des hommes clés du système d'ententes illicites par lequel plusieurs partis, dont le RPR et le PS, auraient été financés. Muet devant les juges, il a été mis en examen pour « complicité et recel de corruption ». (→ 14)

Le 1er, à Londres, Priyanka Chopra est couronnée Miss Monde. Elle est la seconde Indienne élue cette année, après Miss Univers au mois de mai.

Le 3, le PSG change d'entraîneur après la déroute de la veille contre Sedan (5-1) : Philippe Bergeroo est remplacé par Luis Fernandez.

L'étrange avarie du « Charles-de-Gaulle »

Nantes, mercredi 6
C'est le syndicat des arsenaux qui a brisé la loi du silence en affirmant que « tout le monde savait que les hélices du *Charles-de-Gaulle* étaient défectueuses ». Ces propos ne font qu'alourdir un peu plus le dossier des hélices. Fin novembre, l'avarie qui obligea le bâtiment à regagner Toulon était décrite par l'état-major comme une « cassure franche » due à une malfaçon dans la fonte de ces pièces de 19 tonnes et de 6 mètres de diamètre. Le 1er décembre, une enquête fut ouverte. Or la fonderie d'où sortaient les hélices a été visée par un incendie criminel. (→ 15)

Un procès pour espionnage à Moscou digne de la guerre froide

L'homme d'affaires américain Edmund Pope, condamné à vingt ans de camp.

Moscou, mercredi 6
Ancien officier de renseignement de l'US Navy, l'homme d'affaires américain Edmund Pope a écopé de vingt ans de camp à régime sévère pour espionnage. C'est une sentence de mort pour cet homme, atteint d'un cancer des os, qui a nié toute culpabilité. Les débats ont tourné autour de la notion de secret d'Etat : Pope a tenté d'acheter des données concernant une torpille fabriquée par une firme à laquelle sa propre société était liée. Or l'accusation ne tient pas : tout était disponible de la manière la plus légale. Aurait-il été condamné pour être échangé ? Les Américains détiennent encore des « taupes » russes. (→ 14)

Les antimondialisation font l'ouverture du sommet de l'Europe

Nice, jeudi 7
Après une imposante manifestation des syndicalistes européens hier, ce fut au tour des plus radicaux des militants antimondialisation de se faire entendre et de descendre dans la rue. Le défilé, très vite phagocyté par les anarchistes et les casseurs, a dégénéré en affrontements avec les forces de l'ordre. Ironie du sort, les gaz lacrymogènes tirés contre ces activistes pour les disperser se sont infiltrés dans la ventilation du palais des Congrès. C'est donc avec les yeux quelque peu irrités que Jacques Chirac et Lionel Jospin ont accueilli les délégations de ce sommet, par tous qualifié de crucial. (→ 11)

Les 3 000 manifestants n'ont pas pu empêcher l'ouverture de la conférence.

L'hymne soviétique revient en musique

Russie, vendredi 8
L'emphase musicale de leur ancien hymne rappelle aux Russes l'époque où leur pays était puissant et partout respecté. Son triomphalisme était autant celui des victoires militaires que des podiums olympiques. Boris Eltsine l'avait supprimé en 1994. La Douma, en accord avec Vladimir Poutine, a rétabli pour hymne l'air choisi par Staline en 1943, mais sans les paroles, qui restent à écrire, car le texte soviétique chantait la gloire du communisme. L'emblème russe redevient l'aigle bicéphale tsariste et celui de l'armée, le drapeau rouge.

Retour en force du tramway sur le macadam des grandes villes

La première ligne de tramway de Montpellier (15,2 km), ouverte le 30 juin.

Nancy, vendredi 8
La communauté urbaine a inauguré sa première ligne de tramway. Elle est d'un genre nouveau : ses rames sont sur pneus et guidées par un rail central. D'autres lignes suivront. Le coût de cette nouvelle génération de transports urbains collectifs est plus faible que celui d'une ligne classique sur rail. Les travaux sont plus légers. D'où l'engouement de municipalités désireuses de désengorger le centre des villes. Le tramway permet aussi d'affirmer la modernité d'une cité, avec des rames dont la ligne et les intérieurs – clairs et accueillants – sont confiés à des agences de design. Le tram de Lyon, qui sera inauguré le 18, en est un autre exemple.

Les tramways en France

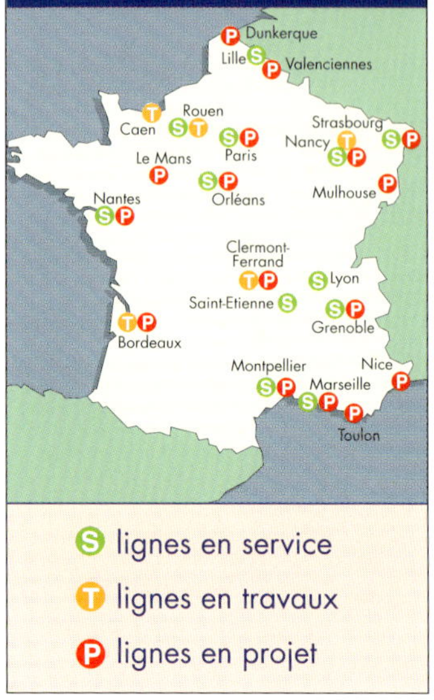

Mais qui protège la fuite d'Alfred Sirven ?

Paris, vendredi 8
La presse – plus particulièrement *le Figaro* et *l'Express* – s'interroge sur les complicités et les réseaux qui ont permis à l'homme clef de l'affaire Elf d'échapper depuis de longs mois à la traque de la police. Française ou philippine, une « taupe » semble chaque fois renseigner Alfred Sirven sur l'imminence d'une descente ou d'une arrestation. Plus troublant, cet homme, qui prétend avoir dans ses dossiers de quoi « faire sauter vingt fois la République », dispose grâce à des « amis » d'un vrai-faux passeport français, établi au nom d'un artisan parisien décédé.

Coup de théâtre : Barak démissionne

Par ce geste, le Premier ministre cherche à affaiblir son rival Netanyahou.

Israël, samedi 9
En chute libre dans les sondages, privé de majorité depuis juillet et confronté à une seconde Intifada qui semble sans issue, Ehud Barak démissionne du poste de Premier ministre. La Knesset devra désigner un nouveau chef de gouvernement dans les 60 jours. Ce faisant, Barak tente un coup de poker : il empêche Benyamin Netanyahou, son rival le plus dangereux, de se présenter, car il faut être député pour briguer le poste s'il n'y a pas eu dissolution. Or Netanyahou n'est plus député, et il est peu probable que la Knesset amende la Constitution ainsi qu'il le réclame. (→ 24)

A l'Espagne la Coupe Davis et à Kuerten la place de numéro 1

Barcelone, dimanche 10
Après deux échecs en 1965 et 1967, l'Espagne a remporté la troisième finale de la Coupe Davis qu'elle est parvenue à disputer. Le jeune Juan Carlos Ferrero, 20 ans, a donné le saladier d'argent à son pays, battant l'Australien Lleyton Hewitt dans le troisième simple en quatre sets. Alex Corretja, Juan C. Ferrero, Alberto Costa et Juan Bacells ont déchaîné un public dont le chauvinisme a pu énerver les Australiens. A Lisbonne, il y a une semaine, en battant Andre Agassi en finale de la Master Cup, le Brésilien Gustavo Kuerten a ravi la première place du tennis mondial au Russe Marat Safin.

Alex Corretja avec le roi Juan Carlos après la victoire contre l'Australie.

Toujours pas d'élu à la Maison Blanche

Floride, dimanche 10
Les citoyens américains ne savent toujours pas qui sera leur prochain président même si la balance penche de plus en plus vers le républicain George W. Bush. La Cour suprême fédérale a gelé la décision de celle de Floride qui avait autorisé, le 8, le décompte manuel des bulletins du comté de Miami-Dade et de tous les comtés qui le souhaitaient, en raison d'un nombre curieusement élevé de votes blancs. Le recomptage a donc été suspendu *sine die* dans l'attente de la décision sans appel des neuf juges de Washington. (→ 13)

Le 8, jour du 20e anniversaire de la mort de John Lennon, Fidel Castro inaugure à La Havane une sculpture du chanteur. Dans les années 60, les Beatles étaient interdits sur les ondes cubaines pour « faiblesse idéologique ».

Gbagbo se maintient malgré les violences

Côte d'Ivoire, dimanche 10
Les élections législatives ont pu se dérouler dans un calme relatif après une semaine de violences qui ont fait une trentaine de morts. Le parti du président Laurent Gbagbo, le Front populaire ivoirien, obtient 91 sièges sur 225. Ce scrutin à haut risque a été boycotté dans le nord du pays. Là, l'exaspération et un sentiment de révolte dominent tous les esprits. La Cour suprême a en effet décidé, le 1er, d'invalider la candidature du leader du RDR, Rassemblement des républicains, Alassane Ouattara. Et les Nordistes, musulmans, se disent rejetés et méprisés par Abidjan.

Décembre

Lu	Ma	Me	Je	Ve	Sa	Di
				1	2	3
4	5	6	7	8	9	10
11	12	13	14	15	16	17
18	19	20	21	22	23	24
25	26	27	28	29	30	31

France, lundi 11
L'Agence française de sécurité alimentaire estime que, en moyenne, 2,1 bovins sur 1 000 sont atteints par l'ESB.

Japon, lundi 11
Selon un sondage, les nouilles instantanées sont la « meilleure invention japonaise du siècle ».

Etats-Unis, lundi 11
Mise en service commerciale du TGV construit par Alstom et Bombardier, reliant Boston à Washington : l'Acela Express.

Chili, lundi 11
La cour d'appel de Santiago annule l'assignation à résidence de Pinochet prononcée le 1er par le juge Juan Guzman.

Lyon, lundi 11
Inauguration par Jack Lang et Raymond Barre des locaux de l'Ecole normale supérieure.

Japon, mardi 12
Alberto Fujimori est naturalisé japonais, ce qui le met à l'abri d'une extradition vers le Pérou.

Paris, mercredi 13
Le prix Louis-Delluc revient au film *Merci pour le chocolat*, de Claude Chabrol.

Paris, jeudi 14
La romancière Florence Delay, 59 ans, est la quatrième femme élue à l'Académie française.

Auxerre, jeudi 14
Après 20 ans de silence, Emile Louis, chauffeur de car, avoue les meurtres de 7 handicapées disparues dans l'Yonne. (→ 18)

Moscou, jeudi 14
Vladimir Poutine gracie l'Américain Edmund Pope.

Toulon, vendredi 15
Il s'avère que trois autres hélices géantes du *Charles-de-Gaulle* (une en place et deux de secours) présentent le même défaut que celle qui s'est cassée.

Toulouse, vendredi 15
Le seuil des 50 Airbus A3XX commandés est atteint avec l'achat ferme de 6 appareils par Virgin Atlantic. (→ 19)

DECES

Paris, vendredi 15
Jacques Goddet, fondateur de *l'Equipe* (*21.6.1905).

Paris, dimanche 17
Gérard Blain, comédien et réalisateur (*23.10.1930).

5839,54 — 25,80 $ — € 0,8947 $

L'Allemagne sort renforcée face à la France du sommet de Nice

Nice, lundi 11
« Laborieux », « limité »... tous les qualificatifs employés pour parler du compromis de Nice disent bien que l'accord arraché la nuit dernière après quatre jours et quatre nuits de négociations n'a satisfait personne. Jacques Chirac, qui préside l'UE, a bataillé pour maintenir la parité des voix entre la France et l'Allemagne dans le Conseil des ministres. Mais cette égalité est factice : Berlin aura plus d'eurodéputés et sa puissance démographique a été reconnue. Le traité de Nice devra être ratifié par les parlements nationaux pour la fin 2002. Puis l'UE pourra s'élargir, et la Constitution être élaborée. (→ 31)

Jacques Chirac, soutenu par Lionel Jospin, voulait qu'un accord soit signé.

Naissance d'un géant de la communication

Paris, lundi 11
Vivendi Universal a fait son entrée en Bourse. Après ceux de Seagram et de Vivendi, le 5, les actionnaires de Canal + avaient accepté la fusion le vendredi 8. La première cotation scelle la naissance officielle de ce qui est d'ores et déjà le deuxième groupe mondial de communication, détenu à 59 % par Vivendi. Canal + contrôle 12 % et Seagram 29 %. Jean-Marie Messier, le P-dg, et Edgar Bronfman Jr., vice-président, vont régner sur un empire aussi bien télévisuel (47 millions d'abonnés et 30 000 heures de programmes), musical (Philips, Polygram) que cinématographique, téléphonique, éditorial (avec Havas) et sur Internet. Ils maîtrisent les contenus et les modes de diffusion.

VIVENDI UNIVERSAL

Goussinski est arrêté sur la Costa del Sol

Espagne, mardi 12
Vladimir Goussinski, le patron du groupe de presse russe Media Most, a été arrêté à la suite d'un mandat d'arrêt international transmis par Interpol et lancé par Moscou il y a trois semaines. Il serait impliqué dans des affaires de privatisation frauduleuses et est inculpé par le parquet russe pour « escroquerie à grande échelle ». La Russie a fait savoir qu'elle allait demander son extradition. Une bataille juridique s'annonce. L'oligarque peut jouer sur sa double nationalité, israélienne et russe. (→ 22)

Le 11, à Rome, la Fifa sacre Pelé (Edson Arantes do Nascimento) « footballeur du siècle ». Zidane, lui, est le joueur de l'année.

Le 12, à Detroit, General Motors, bien que bénéficiaire, annonce 26 000 suppressions d'emplois dans le monde (10 % des effectifs) et la disparition de la prestigieuse marque Oldsmobile, la plus ancienne firme d'automobiles américaine et le premier constructeur de voitures à essence de l'histoire.

Bush est président grâce à une voix

Washington, mercredi 13
Dans un discours que d'aucuns ont considéré comme le meilleur de sa campagne, Al Gore a reconnu sa défaite et a souhaité bonne chance à son rival, George Walker Bush. Ce dernier a été en effet désigné comme le 43e Président des Etats-Unis. Par cinq voix contre quatre, après deux jours de délibération, les juges de la Cour suprême ont donné *de facto* la victoire au candidat républicain en arrêtant le décompte des voix en Floride. Il restait quelque 45 000 bulletins litigieux à examiner ; cela ne se fera pas. George Bush décroche les grands électeurs floridiens et, avec eux, la Maison Blanche. Bush dispose de 271 grands électeurs, et Gore (qui devance Bush sur tout le pays de 337 576 voix) de 267. Bush se veut un rassembleur. Il a appelé depuis Austin (Texas) à l'« unité de l'Amérique » et affirme « avoir été élu pour servir la nation, et non un parti ». Al Gore avait déjà demandé à tous ses concitoyens d'« honorer le président élu ». (→ 18)

Chirac s'explique sur les affaires en cours

France, jeudi 14
Ceux qui s'attendaient à ce que le président de la République batte sa coulpe connaissaient en vérité bien mal Jacques Chirac. Sur TF1, face à Patrick Poivre d'Arvor, l'ancien maire de Paris et ancien président du RPR s'est montré offensif. Tout ce dont on l'accuse est faux. Tout ce que des journaux, avides selon lui de sensationnalisme, ont prétendu ne relève que du mensonge. Pressé par ses proches de s'expliquer, depuis les révélations de la cassette Méry qui le mettaient en cause – et depuis les mises en examen visant d'anciens trésoriers et dirigeants du RPR –, le chef de l'Etat a dénoncé la « justice-spectacle ». Après avoir évoqué la cohabitation, la Corse, l'inversion du calendrier électoral, il s'est posé en « victime permanente » et surtout intouchable : garant des institutions, il ne peut aller voir aucun juge. « Il n'y a pas de crise morale ou de crise politique en France », s'est exclamé le chef de l'Etat. (→ 18)

Tchernobyl ferme 14 ans après l'accident

Kiev, vendredi 15
A 13 h 17, le président ukrainien Leonid Koutchma a donné l'ordre d'arrêter le dernier réacteur de la centrale encore en fonctionnement. A 120 km au nord de la capitale, l'ingénieur Sergueï Bachtovy a alors enclenché pour la dernière fois le système d'arrêt d'urgence, plus de quatorze ans après la catastrophe du 26 avril 1986. Les conséquences de cet accident ne sont toujours pas connues avec précision, mais une épidémie de cancers de la thyroïde a été observée chez les enfants avec environ 1 400 cas diagnostiqués sur les zones contaminées. Aujourd'hui, douze réacteurs du même type que ceux de Tchernobyl (RBMK 1 000) sont encore en service.

Le temps trop doux fait déborder les eaux

France, dimanche 17
Les habitants de Morlaix, Quimper, Quimperlé ou Pont-Aven réparent peu à peu les dégâts. Mercredi, ils ont connu des crues exceptionnelles, suite aux précipitations de la veille qui ont déversé 65 litres d'eau par mètre carré, soit la moitié des pluies d'un mois de décembre en une seule journée... En Bretagne, les dégâts sont considérables, mais le même phénomène est aussi observé à Nice ou à Boulogne. Les températures, elles, ont atteint des records : 21 °C à Grenoble, 19 ° à Poitiers, et 17 ° à Paris le 8 décembre. Cela s'explique par l'absence d'anticyclones alors que les dépressions se succèdent. Le gouvernement a débloqué une aide d'urgence pour le Finistère.

Le 15, à Paris, le premier livre électronique (e-book) français, le Cybook, est annoncé pour le mois de janvier par la société Cytale (5 700 F). Le 12, à Strasbourg, le cartable électronique conçu par Nathan était mis à l'essai dans une classe ; pour un kilo, il contient plusieurs livres scolaires.

Le 13, dans le Finistère, plusieurs villes sont inondées, notamment Quimperlé.

Décembre

Lu	Ma	Me	Je	Ve	Sa	Di
				1	2	3
4	5	6	7	8	9	10
11	12	13	14	15	16	17
18	19	20	21	22	23	24
25	26	27	28	29	30	31

Paris, lundi 18
Philippe Séguin retire à Jacques Toubon la tête de liste dans le 13e arrondissement pour cause de mise en examen.

France, lundi 18
Lancement de TF6, chaîne câblée unissant TF1 et M6.

Etats-Unis, lundi 18
Vote sans surprise des grands électeurs : 271 voix sont allées à George W. Bush, qui a choisi Colin Powell comme secrétaire d'Etat (Affaires étrangères).

Paris, lundi 18
L'attaquant portugais Luis Figo est désigné Ballon d'or 2000 par *France Football.*

Espagne, mardi 19
Scandale : l'équipe de basket des Jeux paralympiques de Sydney doit rendre sa médaille d'or. Plusieurs joueurs avaient simulé un handicap mental.

Pays-Bas, mardi 19
Autorisation définitive par le Sénat du mariage homosexuel suivi de l'adoption d'enfants.

Paris, mardi 19
Un accord est trouvé entre les avocats et la chancellerie : l'aide juridictionnelle est revalorisée.

Barcelone, mercredi 20
Un policier municipal est abattu après avoir surpris un commando de l'ETA. C'est la 23e victime depuis la fin de la trêve, en décembre 1999.

Bruxelles, jeudi 21
Les ministres des Transports de l'UE renforcent les règles sur la sécurité maritime avec un accroissement des contrôles.

Paris, jeudi 21
Le quotidien *France-Soir* est vendu pour 1 F par Georges Ghosn au groupe de presse italien Poligrafici Editoriale.

Madrid, vendredi 22
Le juge Baltasar Garzon libère Vladimir Goussinski. Il est placé en résidence surveillée.

La Défense, dimanche 24
Fermeture du Dôme Imax, la plus grande salle de cinéma de ce type en France, en raison d'une fréquentation trop faible.

DECES

Paris, samedi 23
Louis Leprince-Ringuet, physicien (*27.3.1901).

5783,73 — 23,89 $

€ 0,9231 $

Enfin sur la piste des disparues de l'Yonne

Yonne, lundi 18
Sur les indications d'Emile Louis, les gendarmes ont fini par retrouver un premier squelette de l'une de ses sept victimes. Des expertises vont permettre d'identifier le corps. Si les restes de toutes les jeunes filles qu'il a tuées sont retrouvés, va se poser la question de la prescription de ses crimes, le délai étant de vingt ans après le dernier acte de procédure. Or les disparitions ont eu lieu entre 1977 et 1979. Mais, si les résultats des fouilles sont incomplets, il ne pourra y avoir de prescription pour des disparitions. L'idée qu'il puisse rester libre révolte les familles.

La maman de Lubin est remise en liberté

Versailles, mardi 19
Condamnée à quinze ans de prison le mois dernier par les assises pour la mort de son bébé âgé de 2 mois, Magali Guillemot, 33 ans, bénéficie d'une première judiciaire. Elle a pu recouvrer la liberté. Devant les juges de la chambre d'accusation de la cour d'appel, Paul Lombard, son avocat, a obtenu une application anticipée de la nouvelle loi sur la présomption d'innocence qui entre en vigueur au 1er janvier. Celle-ci transforme le pourvoi en cassation, déjà déposé, en appel. Il n'y a pas jugement définitif, elle était donc en détention provisoire. Sans trouble à l'ordre public, elle est libre.

Trottinettes et DVD pour le Père Noël

France, mercredi 20
Les grands magasins font le plein : ils annoncent des hausses de 12 % à 15 % de leur chiffre d'affaires. Le boom des achats de Noël gagne tous les secteurs, avec en tête le luxe, les loisirs et les voyages. Les sites de vente en ligne ont aussi profité de la manne. Deux produits caracolent en tête, symboles de cette frénésie de consommation : les trottinettes et le DVD. Les Galeries Lafayette ont écoulé 30 000 de celles-là depuis un mois et demi, et 12 millions de DVD ont déjà été achetés en 2000.

L'avion géant d'Airbus s'appellera A380

Les dirigeants d'EADS (de g. à dr.) : Rainer Hertricht, Mike Turner, Philippe Camus, Manfred Bischoff, Noël Forgeard et Jean-Luc Lagardère.

Toulouse, mardi 19
Fort de ses 53 commandes fermes, Airbus lance officiellement la phase industrielle de l'A380, nom définitif de l'A3XX, qui devrait aboutir à un premier vol en 2004 et des livraisons en 2006. Ce paquebot des airs sera le plus gros porteur jamais construit de l'aviation civile. Avec son double pont, il pourra transporter de 550 à 650 passagers sur 14 000 km. C'est aussi le programme civil le plus cher de l'aéronautique. Il est évalué pour l'instant à 12,2 milliards d'euros, pris en charge par les actionnaires mais aussi par les gouvernements européens, ce qui suscite déjà des protestations de Boeing.

Le président d'abord, les députés ensuite

Paris, mercredi 20
Trois cents députés, dont vingt-cinq du groupe UDF, ont voté en faveur de la proposition de loi organique rallongeant le mandat de l'actuelle Assemblée. Le scrutin présidentiel du printemps 2002 aura donc lieu avant les élections législatives. La proposition de loi défendue par le PS reprenait une idée de François Bayrou, le président de l'UDF, dont la volonté de se porter candidat à l'Elysée n'est plus un secret. Même si l'inversion est fidèle à l'esprit de la Ve République, le RPR l'a rejetée, faisant bloc derrière Jacques Chirac, qui préférait affronter en premier le scrutin législatif. Les 25 voix UDF ont permis à Lionel Jospin de pallier l'opposition du PCF et des Verts.

Le 18, au Mexique, le Popocatépetl, situé à 60 km de Mexico, se réveille. Il entre en éruption. Des dizaines de milliers de personnes sont évacuées.

Jean-Christophe Mitterrand dort en prison

Au sommet de La Baule en 1990.

Paris, jeudi 21
Le fils aîné de l'ancien président de la République a été mis en examen et écroué à la Santé. Les juges qui enquêtent sur la société Brenco, au cœur d'un vaste trafic d'armes avec l'Angola, le soupçonnent d'avoir reçu une commission de 10 millions de francs. Ancien responsable de la cellule Afrique de l'Elysée de 1986 à 1992, Jean-Christophe Mitterrand a su s'insérer dans les lucratifs et très actifs réseaux franco-africains, des réseaux qui ignorent les lignes de partage partisanes. Pierre Falcone, le président de Brenco, incarcéré depuis début décembre, fréquentait aussi l'écrivain Paul-Loup Sulitzer, également mis en examen. (→ 27)

Durant les pourparlers, l'Intifada continue

Yasser Arafat à la messe de minuit à l'église Sainte-Catherine de Bethléem.

Israël, dimanche 24
C'est un optimisme mesuré dont fait preuve l'équipe de Bill Clinton alors que les négociateurs palestiniens et israéliens sont rentrés chez eux pour soumettre les dernières propositions à leurs leaders. Les affrontements ne cessent pas sur le terrain. En plus de douze semaines, le bilan s'élève à 350 tués, parmi lesquels plus de 300 Palestiniens. Sur la scène politique israélienne, les coups de théâtre se succèdent. Benyamin Netanyahou a renoncé, mardi, à briguer le poste de Premier ministre après le refus de la Knesset de se dissoudre. Jeudi, Shimon Peres retirait sa candidature sous la pression de Barak. (→ 31)

Virenque est relaxé au procès Festina

Lille, vendredi 22
Dans son jugement de 108 pages, le tribunal correctionnel est clément à l'égard des dopés et des dopeurs, et sévère pour les instances sportives. Richard Virenque se voit relaxé de l'inculpation d'incitation, et Bruno Roussel, ancien directeur sportif de Festina, est condamné à un an de prison avec sursis et 50 000 francs d'amende. Par contre, l'UCI (Union cycliste internationale) est déboutée, car elle est restée passive durant des années tout en ayant connaissance du dopage. Hein Verbruggen, son président, est accusé d'avoir connu « l'étendue de la diffusion rapide » des hormones telle l'EPO. (→ 29)

L'ordre règne dans les prisons turques

Istanbul, vendredi 22
La prison d'Umramiye est tombée. C'était la dernière à résister depuis l'assaut lancé mardi matin par les forces de sécurité contre pas moins de vingt prisons. Le but était, selon Ankara, de restaurer « l'autorité de l'Etat contre les terroristes ». Près de 300 détenus politiques avaient lancé, soixante jours auparavant, un mouvement de grève de la faim qui devait aller « jusqu'à la mort » pour exiger l'abolition des tortures et la suppression des cellules d'isolement. Largement soutenus par l'opinion, ces assauts ont fait 27 morts, alors que d'autres grèves de la faim ont commencé ailleurs. (→ 28)

La Serbie est sous le contrôle de Kostunica

Belgrade, dimanche 24
Les institutions de la république de Yougoslavie réservent bien moins de pouvoirs aux instances fédérales qu'au gouvernement serbe. Vojislav Kostunica contrôle désormais les deux niveaux de prérogatives. Hier, la coalition qui le soutient, la DOS (Opposition démocratique serbe), a remporté les législatives en obtenant 178 sièges sur les 250 du Parlement de Serbie. Allié mais aussi rival de Kostunica, Zoran Djindjic devient l'homme fort du pays. Chef du Parti démocrate, principale formation de la DOS, il restera Premier ministre de Serbie. Il va lui falloir se défaire des derniers dirigeants proches de Slobodan Milosevic, puis redresser une économie exsangue. (→ 31)

Le 19, en Grande-Bretagne, la décision est prise de retirer des panneaux les publicités pour le parfum Opium, jugées dégradantes pour les femmes.

Le 22, en Ecosse, la chanteuse américaine Madonna épouse le réalisateur anglais Guy Ritchie, au lendemain du baptême de leur fils Rocco (photo).

Décembre

Lu	Ma	Me	Je	Ve	Sa	Di
				1	2	3
4	5	6	7	8	9	10
11	12	13	14	15	16	17
18	19	20	21	22	23	24
25	26	27	28	29	30	31

France, lundi 25
Les médecins et gynécologues engagent une semaine de grève contre la maîtrise comptable des dépenses de santé.

Océan Atlantique, mardi 26
Le sous-marin de l'Ifremer *Victor-6000* bat un record de plongée en parcourant 11 km à 5 000 m de profondeur.

France, mardi 26
Publication au *JO* du décret supprimant la fiche d'état civil.

Paris, mardi 26
Guy Georges, tueur présumé de l'Est parisien, tente de s'évader de la prison de la Santé.

Paris, mercredi 27
Rejet de la demande de mise en liberté de J.-C. Mitterrand.

Etats-Unis, jeudi 28
La tempête de neige qui frappe le sud-est du pays a déjà fait 18 morts depuis lundi.

Tasmanie, jeudi 28
Victoire de *Nicorette*, barré par le Suédois Ludde Ingvall, dans la classique Sydney-Hobart.

Turquie, jeudi 28
20 000 détenus ont été libérés depuis samedi dans le cadre d'une loi d'amnistie.

Moscou, jeudi 28
La Russie signe avec l'Inde un contrat de vente d'armes record de 24 milliards de francs, pour la production sous licence de 140 chasseurs SU-30MKI.

Monde, vendredi 29
Vente record du dernier disque *best-of* des Beatles : 4,6 millions.

Berne, vendredi 29
Richard Virenque est suspendu neuf mois pour dopage par la Fédération suisse de cyclisme.

Yougoslavie, dimanche 31
Le président Kostunica met à la retraite 14 généraux nommés par Slobodan Milosevic.

Monde, dimanche 31
Climat : l'année 2000 aura été la plus chaude du siècle.

Monde, dimanche 31
Record battu pour le transport aérien : 1,6 milliard de passagers en l'an 2000.

DECES

Connecticut, mardi 26
Jason Robards, comédien (*26.7.1922).

5926,42 — 23,85 $ — € 0,9382 $

Trois cent neuf Chinois périssent dans une discothèque en feu

Henan, lundi 25
A Luoyang, à l'ouest de Zhengzhou, le soir de Noël a tourné au drame : 309 personnes sont mortes dans une boîte de nuit. La plupart ont péri asphyxiées par la fumée. Aux étages inférieurs, des ouvriers travaillaient jour et nuit pour qu'un supermarché soit achevé dans les délais. Ce sont des travaux de soudure qui auraient déclenché le feu. Beaucoup d'issues de secours étaient bloquées par des cartons. La population met en cause l'incurie des autorités locales. Elles avaient fermé les yeux – grâce à des pots-de-vin apparemment – sur les nombreuses irrégularités touchant à la sécurité de la discothèque et du chantier. La semaine dernière, une inspection avait révélé l'absence de tout système d'alarme.

Le dernier étage du centre commercial avait été transformé en discothèque.

Les braqueurs d'un fourgon sont arrêtés

Essonne, mercredi 27
C'est un beau succès pour le SRPJ et la BRB, la Brigade de répression du banditisme. Seize heures après le braquage d'un fourgon blindé de la Brink's, porte de Gentilly, hier, les policiers sont parvenus à arrêter six des auteurs de l'attaque dans deux maisons d'Athis-Mons et de Paray-Vieille-Poste. Plusieurs complices sont toujours en fuite. En plus des 34 millions de francs, la police a saisi des armes de guerre et des explosifs. Les nombreux témoignages et une parfaite connaissance du Milieu ont permis ce coup de filet.

Licenciements dans le secteur du Net

Etats-Unis, mercredi 27
Le temps paraît bien lointain où les sociétés de l'Internet se disputaient leurs employés par des surenchères salariales. Au cours des six premiers mois de l'année, ce secteur avait été le principal gisement de créations d'emplois. Il a connu au cours du second semestre une explosion des licenciements : 36 177 employés ont été remerciés, dont 10 459 ce mois-ci. Ce renversement plus que brutal se double, à travers le monde, d'une salubre cure de désenchantement. Les discours extasiés sur le Net ne sont plus de mise.

L'ADN au service de la vérité pour Omar

Toulon, mercredi 27
L'affaire Omar Raddad rebondit. Les premières expertises avaient pu démontrer que la fameuse phrase « Omar m'a tuer » avait été écrite sur les murs de la cave avec le sang de la victime, Ghislaine Marchal. Le laboratoire de la police scientifique a révélé qu'il a découvert de l'ADN masculin mélangé au sang de Mme Marchal. C'est celui de l'assassin. L'avocat Jacques Vergès, qui avait exigé cette analyse, attend que cet ADN mystérieux soit vite comparé à celui d'Omar pour que son client soit enfin innocenté.

Le 26, à Londres, John Le Carré, l'auteur de romans d'espionnage, avoue dans le *Times* et à la BBC qu'il a bien été espion. Diplomate, il travaillait en fait pour l'Intelligence Service depuis ses études à Berne, en Suisse.

Le 26, à Paris, *France Football* consacre Michel Platini meilleur footballeur français du siècle.

Jacques Laurent fut le dernier hussard

Paris, vendredi 29

Il récusait ce terme, accolé au nom de tout jeune écrivain français de l'après-guerre un tant soit peu de droite, individualiste et évidemment dandy. Jacques Laurent (*5.1.1919) fut tout cela et bien plus encore, car il adorait travestir sa vie. Il eut deux carrières littéraires. L'une fut celle du succès, sous le masque de Cecil Saint-Laurent, avec *Caroline chérie* (1958) ou *Prénom Clotilde*. L'autre, plus ambitieuse, débuta en 1949, avec *les Corps tranquilles*, et culmina avec *les Bêtises*, prix Goncourt en 1971. Séducteur nonchalant, grand amoureux des femmes, cet écrivain était un désabusé souriant, reçu à l'Académie française en 1986.

Une année boursière plus que décevante

Paris, dimanche 31

Sur les 38 principales Bourses de la planète, seules six terminent l'année en hausse sur douze mois. Jusqu'en mars, toutes les promesses avaient été tenues. Le krach de la nouvelle économie a fait s'affaisser l'édifice. Si Shanghai termine avec une hausse de 136,6 % sur un an, Paris a perdu 2,9 %, le Dow Jones 5 %, le Nasdaq 36,1 % et Séoul 50,9 % ! Les profits n'ont pas manqué pour autant, car les fluctuations les favorisent.

La paix en suspens au Proche-Orient

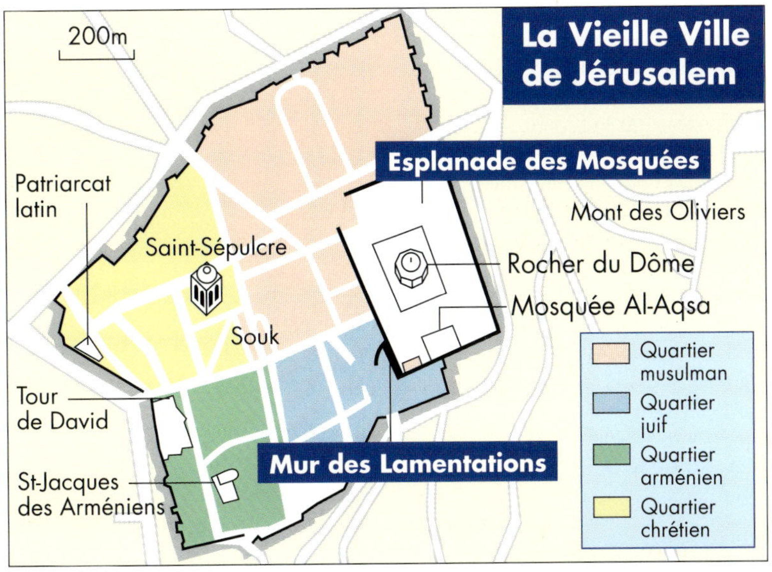

La souveraineté palestinienne sur l'esplanade des Mosquées est un dilemme.

Jérusalem, dimanche 31

L'année civile s'est achevée dans la violence. Ce matin, un attentat près d'une colonie de peuplement a tué le fils et la belle-fille du rabbin Meir Kahane, le fondateur (assassiné en 1990) du Kach, un parti israélien antiarabe. Peu après, un dirigeant du Fatah, responsable de la Santé pour l'Autorité palestinienne, est tombé sous les balles de soldats de Tsahal. Entre le début du shabat, la fin des fêtes juives de Hanouka, la fin du ramadan avec l'Aïd, les fêtes chrétiennes de Noël, la situation est restée tendue dans les territoires, et le bouclage israélien n'a pas réussi à empêcher les rassemblements ni les échauffourées à Gaza, Hébron et Ramallah jeudi et vendredi derniers. Les pourparlers en sont restés au point mort depuis que le sommet de Charm el-Cheikh en Egypte a été annulé, dans la nuit de mercredi à jeudi. Cette rencontre aurait dû voir les deux camps avaliser le plan établi par la Maison Blanche concernant l'avenir de la Cisjordanie. Voulant finir son mandat sur un succès, Bill Clinton proposait de rendre 95 % de la Cisjordanie aux Palestiniens, les 5 % restants étant annexés à Israël. La souveraineté palestinienne sur l'esplanade des Mosquées aurait été reconnue contre celle des Israéliens sur sa partie Ouest qui englobe le mur des Lamentations. Ehud Barak y est favorable, mais il ne dispose d'aucun soutien parlementaire.

Le 31, à Paris, 1 000 tambours se déchaînent à Beaubourg pour le passage au nouveau millénaire.

The Race entraîne des multicoques géants dans une course folle

« Club Med » et « Innovation-Explorer » bord à bord lors des qualifications.

Barcelone, dimanche 31

Bruno Peyron avait conçu dès 1993 cette course en équipage et « sans limite ». Sur les six maxicatamarans engagés, seuls cinq se sont alignés : *PlayStation* de Steve Fossett (le plus grand, 38 m de long et 1 036 m² de voilure), *Club Med* de Grant Dalton (33,50 m), *Innovation-Explorer* de Loïck Peyron (32,90 m), *Team Adventure* de Cam Lewis (32,50 m) et *Warta-Polpharma* de Roman Paszke (26,80 m). *Team Legato*, de Tony Bullimore (30,50 m), n'a pas achevé son parcours qualificatif. Il a sept jours pour le faire et partir. Après avoir passé le détroit de Gibraltar, les caps de Bonne-Espérance et de Leeuwin, le détroit de Cook et le cap Horn, l'arrivée se fera à Marseille.

9 janvier, Bruno Zevi
Célèbre dans le monde entier pour ses livres et articles de vulgarisation sur l'architecture, l'Italien Bruno Zevi (*22.1.1918) était un critique intransigeant. Antifasciste, il émigre aux Etats-Unis en 1940, où il devient l'élève de Walter Gropius et où il découvre l'œuvre de Frank Lloyd Wright dont il admire la modernité.

14 janvier, Alphonse Boudard
Voir page 7

19 janvier, Hedy Lamarr

Née Hedwig Eva Maria Kiesler le 9 novembre 1914 à Vienne, Hedy Lamarr – le pseudonyme qu'elle prit après son arrivée à New York pour fuir la montée du nazisme – se révèle en 1933 dans le film tchèque *Extase*, de Gustav Machaty, où elle apparaît entièrement nue. Devenue une star de Hollywood, elle arrête le cinéma en 1957 avant de finir ruinée.

19 janvier, Bettino Craxi
Voir page 8

28 janvier, Alfred Eton Van Vogt
De parents néerlandais, l'écrivain américain Van Vogt (*26.4.1912), l'un des fondateurs dans les années 40 avec Isaac Asimov et Philip K. Dick de la science-fiction moderne, est mort d'une pneumonie. Pour des dizaines de millions de lecteurs, il reste l'auteur du cycle du *Non-A*.

5 février, Claude Autant-Lara
Voir page 13

11 février, Roger Vadim
Voir page 15

11 février, Jacqueline Auriol
Voir page 15

12 février, Charles Schulz
L'Amérique a sans doute perdu son plus grand cartooniste, le créateur des *Peanuts*, le père de Snoopy et de Charlie Brown. Charles Schulz, né le 26 novembre 1922, avait annoncé que sa dernière planche paraîtrait le 13 février. 2 660 journaux ont publié ses bandes dessinées dans le monde.

18 février, Will
Voir page 17

21 février, Fritz Hundertwasser
Le peintre, architecte et plasticien autrichien Hundertwasser, adepte des courbes, est mort en pleine mer comme dans une ultime provocation (*Friedrich Stowasser/15.12.1928). Le fameux *Hundertwasser Haus*, un immeuble viennois qui allie écologie et fantaisie, avec ses jardins sur les toits, reste une œuvre majeure.

14 mars, C. Jérôme
Voir page 24

31 mars, Gisèle Freund
Voir page 30

6 avril, Habib Bourguiba
Voir page 32

8 avril, Claire Trevor
Après des études de dessinatrice, Claire Trevor (*8.3.1910) part pour Hollywood en 1933. A partir de *la Chevauchée fantastique* (1939), de John Ford, elle tourne avec les plus grands : Walsh, Dmytryk, Vidor... En 1949, pour *Key Largo*, de John Huston, elle est récompensée par l'Oscar du meilleur second rôle.

18 avril, José Garcimore

Né en Castille en 1940, ce magicien, musicien et fantaisiste avait toujours gardé son accent espagnol. Découvert par Jacques Canetti au cabaret Les Trois Baudets, il était devenu dans les années 70 un personnage familier du petit écran. Garcimore a participé avec Denise Fabre à de nombreuses émissions, et présenté des jeux dont *Restez donc avec nous*.

5 mai, Gino Bartali
Surnommé « Gino le Pieux » pour sa profonde dévotion, l'Italien Gino Bartali (*17.7.1914) reste toujours le seul cycliste à avoir remporté le Tour de France deux fois... à dix ans d'intervalle (en 1938 et en 1948). Eternel rival de Fausto Coppi, il avait aussi trois Giro à son palmarès sur les quatorze qu'il avait terminés.

7 mai, Douglas Fairbanks Jr.
Voir page 41

20 mai, Jean-Pierre Rampal

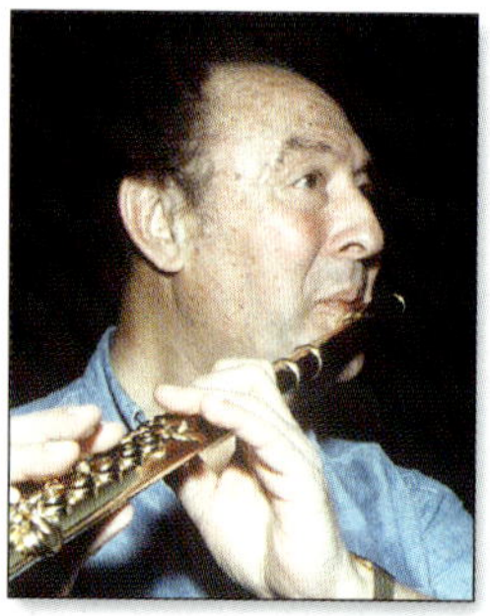

Fils d'un professeur de flûte, Jean-Pierre Rampal (*7.1.1922) entre au Conservatoire en 1943. Il obtient le premier prix de flûte en cinq mois, à l'unanimité. Dans les années 50, il est à l'origine de la redécouverte de la musique baroque, exhumant des œuvres de Rameau ou de Vivaldi qu'il interprète sur son instrument en or. Il inspira les créateurs, tels Francis Poulenc et André Jolivet.

21 mai, Barbara Cartland

La romancière britannique Barbara Cartland (*9.7.1901), la « Lady du roman rose », avait écrit 723 livres traduits en 36 langues depuis ses débuts en 1924, soit plus d'1 milliard d'exemplaires vendus. Elle était par alliance grand-mère de la princesse Diana. De deux romans par an dans les années 60, elle est passée à deux par mois dans les années 80. Chacun de ses ouvrages fermait « toujours la porte sur la chambre nuptiale ».

21 mai, Sir Arthur John Gielgud
Acteur de théâtre, de télévision et de cinéma, Gielgud (*14.4.1904) était un digne représentant de la tradition shakespearienne. Il avait été anobli par la reine en 1953 et fut l'un des acteurs préférés de Peter Brook au théâtre. Au cinéma, il s'est imposé dans plus de cinquante films dont *Jules César* (1952), de Joseph Mankiewicz, ou *Providence* (1976), d'Alain Resnais.

1er juin, Tito Puente
Légendaire chef d'orchestre latino, roi de la salsa (la sauce comme il disait), Américain d'origine portoricaine, Ernesto Antonio Puente, dit Tito (*20.4.1923), avait commencé à étudier le piano à 7 ans. Il crée son orchestre en 1948 et décroche son premier succès dès l'année suivante avec *Abaniquito*.

6 juin, Frédéric Dard
Voir page 50

10 juin, Hafez el-Assad
Voir page 52

15 juin, Jules Roy

Né en Algérie, l'écrivain pied-noir Jules Roy (*22.10.1907) était avant tout un non-conformiste : pétainiste combattant les Allemands, officier anticolonialiste... Après avoir quitté l'armée, en 1953, le colonel devient libre d'écrire sur l'Indochine (*les Belles Croisades*), avant de livrer ses plus belles pages sur l'Algérie, avec *les Chevaux du soleil*.

22 juin, Michel Droit
Voir page 56

27 juin, Pierre Pflimlin
Européen militant, Pierre Pflimlin (*5.2.1907) est mort à Strasbourg dont il fut le maire de 1959 à 1983. Il y présida aussi, de 1984 à 1987, le Parlement européen. Il a participé à quinze gouvernements sous la IVe République avant d'être « l'homme charnière » du général de Gaulle dans la mise en place de la Ve.

28 juin, Germaine Montero
Comédienne et chanteuse française, c'est en Espagne, où elle séjourna durant sa jeunesse et où elle avait rejoint la troupe de F. García Lorca, que Germaine Heygel (*22.10.1909) prit le pseudonyme de Montero. En chantant Prévert dans un cabaret parisien, elle fit scandale avec *Notre père qui êtes aux cieux, restez-y*.

29 juin, Vittorio Gassman
Voir page 59

1er juillet, la Bégum

Reine sans royaume, Om Habibah, née Yvette-Blanche Labrousse le 15 février 1906, à Sète, venait d'un milieu modeste : son père conduisait des tramways et sa mère faisait de la couture. Devenue Miss France en 1930, elle rencontre l'Agha Khan (le 48e imam des ismaéliens) en Egypte en 1938. Convertie à l'islam, elle l'avait épousé le 9 octobre 1944.

1er juillet, Walter Matthau
Complice de Jack Lemmon dans dix films, Walter Matthau (*1.10.1920/ Walter Matuschanskayasky) en aura tourné soixante-dix. Issu du Lower East Side, quartier pauvre de New York, il monte sur scène à 11 ans dans une troupe yiddish. En 1967, il a l'Oscar du meilleur second rôle pour *la Grande Combine*, de Wilder.

9 juillet, Henri Gault
Voir page 63

17 juillet, Pascale Audret
Sœur du chanteur Hugues Aufray, Pascale Audret (née Pascale Aufray de Cobios, 12.10.1936) avait débuté en interprétant *le Journal d'Anne Frank* au théâtre en 1957. La même année, elle atteint aussi la célébrité au cinéma avec *l'Ami de la famille*, de Claude Pinoteau, puis avec *le Dialogue des carmélites* en 1960.

22 juillet, Claude Sautet
Voir page 67

5 août, Alec Guinness
Voir page 71

9 août, Louis Nucera
Ami de Brassens, de Kessel et de Cocteau, parmi d'autres, l'écrivain Louis Nucera (*17.7.1928), chantre de la petite reine et amoureux des chats, est mort en selle, renversé par un automobiliste. Après la parution de son premier roman, *l'Obstiné*, en 1970, il a consacré deux livres au vélo : *le Roi René*, en 1976, et *Mes rayons de soleil*, en 1987. Nucera a été récompensé par de nombreux prix, dont l'Interallié en 1981.

12 août, Loretta Young

L'actrice américaine Loretta Young (*6.1.1913) a tourné quatre-vingt-huit films de 1927 à 1953. Elle a joué avec les plus grands acteurs : Clark Gable, Spencer Tracy, Cary Grant... En 1948, elle reçoit l'Oscar de la meilleure actrice pour *Ma femme est un grand homme*, de H. C. Potter. De 1953 à 1963, à la télévision, elle anime le « Loretta Young Show ».

19 août, Harry Oppenheimer
Le magnat sud-africain des mines d'or et de diamant Harry Frederick Oppenheimer (*28.10.1908) a dirigé pendant vingt-sept ans le groupe Anglo American - De Beers. Celui-ci contrôlait alors 90 % du commerce mondial de diamant brut. Même Nelson Mandela a rendu hommage à l'ancien patron de l'empire minier.

26 août, Odette Joyeux
Voir page 77

30 août, Joseph Lewis
Joseph H. Lewis (*6.4.1907) était parti à Hollywood pour y devenir acteur. Mais il commence comme assistant cameraman puis monteur avant de diriger nombre de westerns et de films d'action de série B. Il restera toutefois l'auteur de deux films cultes : *Gun Crazy* (1950) et *The Big Combo* (1955).

18 septembre, Gilbert Carpentier

Avec son épouse Maritie, Gilbert Carpentier (*20.3.1920) a formé le couple de producteurs de variétés le plus célèbre des années 60-80 à la télévision française. De « la Grande Farandole » (leur première émission en 1961) jusqu'à « N° 1 » (de 1975 à 1981), ils ont souvent dépassé les 50 % de parts d'audience.

21 septembre, Jeanloup Sieff
Maître de la lumière et du noir et blanc, Jeanloup Sieff (*30.11.1933) a rejoint le royaume des ombres. Ce photographe français se qualifiait de « superficiel ». A travers ses quatre thèmes favoris : la mode (il travaillait au magazine *Elle* dès 1955), le nu féminin, le portrait et le paysage, il s'attira les faveurs du public. Parmi ses portraits célèbres : Yves Saint Laurent, Coluche ou Mitterrand.

26 septembre, Baden Powell
Compositeur et métisseur de styles, le guitariste brésilien Baden Powell (*6.8.1937) était surtout le premier ambassadeur de la bossa-nova. En 1956, il livre son premier succès : *Samba triste*. En 1966, la musique d'*Un homme et une femme*, film de Lelouch, est adaptée de son œuvre.

28 septembre, Pierre Elliott Trudeau
Voir page 86

5 octobre, Pierre Bordas
Le créateur des éditions du même nom (*5.7.1913) était diplômé de HEC et avait commencé sa carrière dans la marine marchande. En 1946, il fonde sa société avec son frère Henri. En 1948, il lance avec André Lagarde et Laurent Michard la série de livres scolaires sur la littérature française qui fit son succès.

10 octobre, Sirimavo Bandaranaike
Voir page 94

18 octobre, Julie London
Avec trente-deux albums sortis en douze ans (1955-67), Julie London (*Julie Peck/26.9.1926) a affirmé sa voix intimiste, entre autres avec *Cry me a River*. Au-delà de la chanson, elle est devenue célèbre au cinéma en tournant avec Arthur Lubin, José Ferrer ou Anthony Mann.

6 novembre, Roger Peyrefitte
Voir page 102

10 novembre, J. Chaban-Delmas
Voir page 103

12 novembre, Franck Pourcel
Compositeur, arrangeur et surtout chef d'orchestre, Franck Pourcel (*14.8.1913) était l'un des musiciens français les plus connus à l'étranger. Sa formation s'était spécialisée dans la musique légère, connaissant un immense succès dans les années 60, avec des morceaux de Mozart et de Bach réarrangés et popularisés par les images de l'ORTF.

21 novembre, Emil Zátopek
Voir page 106

22 novembre, Théodore Monod
Voir page 106

22 novembre, Christian Marquand
Cet ancien jeune premier du cinéma français a fait ses premiers pas de comédien dans *la Belle et la Bête*, de Jean Cocteau, et fut le partenaire de Brigitte Bardot dans *Et Dieu créa la femme*. Très doué pour les langues, Christian Marquand (*15.3.1927) a eu une carrière internationale, en particulier aux Etats-Unis.

27 novembre, Jacques Sallebert
Diplômé de l'Idhec, correspondant de guerre, reporter radio en Chine en 1949, lors de la chute de Pékin, Jacques Sallebert (*20.10.1920) fit partie de l'équipe réunie autour de Pierre Sabbagh pour le lancement du premier journal télévisé français. Ce pionnier occupa tous les postes essentiels au sein des rédactions de la télévision, motivé par un souci constant d'indépendance.

17 décembre, Gérard Blain

Rebelle intransigeant, Gérard Blain (*23.10.1930) avait pris l'étiquette du « James Dean français » avec *le Beau Serge*, de Chabrol (1957). Il a joué dans quarante-quatre films, sous la houlette de Duvivier, Hawks, Truffaut, Bolognini ou Wenders... Mais Blain en a surtout réalisé huit, des *Amis* (1971) jusqu'à *Ainsi soit-il* (2000). *Pierre et Djemila* avait fait scandale à Cannes en 1987.

23 décembre, L. Leprince-Ringuet
Louis Leprince-Ringuet, physicien de renom et académicien, avait un grand défaut : la franchise. Sportif accompli, il osait dire les vérités qui dérangent le consensus mou, sur le nucléaire ou l'écologie. Il était né le 27 mars 1901, avait connu tous les drames du siècle et se voulait, pour cette raison, un défenseur acharné de l'idée européenne.

29 décembre, Jacques Laurent
Voir page 117

Index général

E

F

V

WXYZ

Index icono

Malgré toute l'attention qui a été apportée à cet index, des erreurs ont pu se glisser. Dans ce cas, nous demandons au proriétaire du copyright de bien vouloir nous en excuser et de nous notifier la correction aux fins de rectifications. La position des images est indiquée par des lettres : h = haut, b = bas, m = milieu, d = droite, g = gauche. L'agence Sipa Press a été abrégée en SP.